U0506149

宁波博物馆
NINGBO MUSEUM

孟建耀　主编

浙東文化

论丛

二〇一〇年　第一、二合辑

上海古籍出版社

《浙东文化论丛》编辑委员会

主　　管　宁波市文化广播电视新闻出版局

主　　办　宁波博物馆　宁波市文物考古博物馆学会

主　　任　陈佳强

编　　委　(按姓氏笔画排列)

邬向东　许孟光　李　军　李英魁　林士民　周庆南　孟建耀　祝来生　骆兆平
钱　路　徐良雄　徐学敏　徐建成　涂师平　董贻安　虞浩旭　褚晓波

主　　编　孟建耀

副 主 编　董贻安　涂师平

执行编辑　江婷婷

封面题签　启　功

封底篆刻　高式熊

出　　版　上海古籍出版社

日　　期　2011 年 6 月

目　录

Table of Contents

Research of Culture Relics

Research of Maritime Silkroad

Art Appreciation

Research of the Tianyi Pavilion

Research of Qin

Research of Tea Culture

Ancient Books and Documents

Research of Museum Volunteers

Research of Celebrities in Ningbo

编者按

在国家文物局、中国博物馆协会和宁波市委、市政府有关领导的大力支持下,在宁波市文化广电新闻出版局的悉心指导下,2010年11月8日,中国博物馆协会志愿者专业委员会、宁波博物馆在上海世博中心成功举办了国际博物馆协会(ICOM)第22届大会"全球博物馆志愿者开放论坛"。国家文物局局长单霁翔、国际博物馆之友联盟(WFFM)主席丹尼尔·本·南顿(Daniel Ben-Natan)、中国博物馆协会理事长张柏、国际博协执委李象益、宁波市人民政府市长助理林静国,国内外著名博物馆专家学者以及志愿者代表共200多人出席。该论坛围绕"交流·创新·进步——21世纪博物馆志愿文化与志愿精神"的主题,达成了"弘扬志愿精神,共享人类文明,构建世界和谐"的共识,诞生了具有中国话语权的《全球博物馆志愿者开放论坛倡议》,并举行了第二届"牵手历史——中国博物馆十佳志愿者之星"颁奖典礼。本次论坛得到了国内外博物馆界人士的一致好评,认为主旨创新,规格很高,组织有序,内容多元,成果丰硕,体现出了极高的运作能力和专业水准。

本次论坛旨在充分发挥宁波博物馆作为中国博物馆协会志愿者专业委员会秘书处所在地的引领职能,借助国际博协(ICOM)第22届大会这一享有"国际博物馆界奥林匹克"美誉的世界性平台,就当今博物馆志愿者文化的前沿理论、发展模式、成功个案及其精神内蕴等进行广泛深入的探讨,以推动全球范围内博物馆志愿者工作的科学发展。

本辑特设"全球博物馆志愿者开放论坛"专栏,刊登6篇主旨报告,以飨学界同仁和广大读者。

创新、交流、进步
——21 世纪博物馆志愿者、博物馆志愿文化和志愿精神

[以色列] 丹尼尔·本·南顿

十分感谢我们的中方合作人——中国博物馆协会和中国博物馆协会志愿者专业委员会邀请 WFFM 来共同合作参与于 2010 年 11 月 8 日举办的 ICOM 第 22 届大会全球博物馆志愿者开放论坛。就我而言，作为 WFFM 的主席，能与我欧洲、北美和南美的同事一起来参加此次论坛，是一次极好的与大家分享关于博物馆之友的一些想法的机会。博物馆之友对于一个博物馆的成长来说扮演着十分重要的角色，而他们将在 21 世纪乃至更长久的时间内对博物馆的发展产生深远影响。

我的这个发言不是一个学术性的研究，可能没有很多参考价值，不过，它是我对这次全球博物馆志愿者论坛所作的努力和贡献，主要探讨博物馆志愿者这一主题(图一)。

从维基百科(一种网络百科全书)中查到，"志愿服务"是指：人们无偿地为一个机构或活动提供帮助。志愿服务被认为是无私的行为，为的是提升人们的生活质量，同时，人们也通过这种行为来提升自己的技能、交朋友、寻求就业机会、娱乐或达成其他很多目的，这也被认为是自我价值的实现。

志愿服务的核心理念就是无偿劳动和服务，但是，从我后面所讲的内容里，你将会看到志愿者通过志愿服务会得到很多不同形式的"补偿"。

志愿服务渗透在现代生活的方方面面，在我们的日常生活中，各个方面都有志愿者的参与。比如，医疗(医院、急救服务)、抗灾、教育、青少年、下岗工人、老年人，当然还有文化和博物馆方面。

联合国教科文组织对"博物馆"下的定义是："博物

图一　国际博物馆之友联盟主席 Daniel Ben-Natan 在国际博物馆协会(ICOM)第 22 届大会"全球博物馆志愿者开放论坛"上作主旨报告

馆"指任何以保护、学习或通过其他各种方式来提升自我,尤其是对公众展示有娱乐或指导意义的物品或系列,以满足大众利益为目的的常设机构,如,以艺术、历史、科学技术为内容的馆舍,动植物园和水族馆等。

这一定义没有将在博物馆里两个最重要的角色加以详细说明,那就是被博物馆雇佣的专家和为博物馆提供无偿服务的志愿者。在当今社会,无论离开哪一方,博物馆都无法生存,更不用说发展。

ICOM,国际博物馆协会代表的是博物馆专家们;WFFM,世界博物馆之友联盟代表的是社会各个阶层为博物馆提供无偿服务的志愿者们。

今年五月,在里斯本,ICOM 和 WFFM 双方主席签订了一个备忘录。

我们都了解什么是 ICOM,那么,什么是 WFFM 呢?

WFFM 的目的,在 WFFM 的规章里有过一段表述,这个规章是 1975 年 6 月 15 日在比利时布鲁塞尔通过的,它是这么描述的:

WFFM 是为了促进国际博物馆之友协会之间的合作,以增进他们之间相互了解、交流信息和经验,使博物馆功能得到充分发挥,并使公众从博物馆受益的机构。

首先,这是一个由 19 个国家的博物馆之友联盟组成的国际组织,这 19 个国家分别为:阿根廷、澳大利亚、比利时、巴西、加拿大、智利、丹麦、法国、德国、希腊、意大利、韩国、墨西哥、挪威、葡萄牙、西班牙、瑞典、英国和美国。

WFFM 拥有分布在 22 个国家的 29 个协会成员(各博物馆之友协会),分别是:巴西、哥伦比亚、捷克共和国、爱沙尼亚、匈牙利、印度尼西亚、爱尔兰、以色列、立陶宛、卢森堡、新西兰、秘鲁、菲律宾、罗马尼亚、俄罗斯、新加坡、南非、西班牙、瑞士、泰国、美国和乌拉圭,同时拥有分布在世界各地的个人会员。

这是一个真正的世界联盟!

在我们明确了"博物馆"的定义,也明确了博物馆的"玩家"之后,让我们更多地考虑一下什么是博物馆志愿者。

这答案可能看起来十分简单,但是回归现实后,这会比想像的或看起来的复杂得多。

2008 年 9 月在耶路撒冷的 WFFM 世界大会上,我们深入探讨了博物馆之友、董事和志愿者之间的不同。结果,我们最终得出这些不同是因国家、博物馆的不同而不同的。但是,最关键的一点相同之处,是对他们来说,志愿者就是无偿提供劳动和服务的那群人。

有趣的是,不同的博物馆对这些有着美好意愿、为他们所服务的博物馆提供自己才干、精力、时间和心血的志愿者们,也有着不同的概念。对拥有董事会的博物馆来说,他们最高级的博物馆之友就是那些能左右博物馆决定并对博物馆负责的董事们。在这些博物馆,馆长都是由他们任命的,他们通过博物馆预算,决定展览内容和采购计划。

比董事下一个级别的是对博物馆捐助的人们,我们称博物馆之友。这种人群在北美的一些博物馆中广泛存在,当然也存在于很多其他国家中。我自己的博物馆,位于耶路撒冷的以色列博物馆,是一个拥有 50 万件藏品的世界级博物馆。其 60% 的运行经费、100% 的展览和采购预算,都是从博物馆之友中得来的。我们有一个遍布 16 个国家的世界性网络,每年筹集两千万美元资金。离开博物馆之友,以色列博物馆根本不能生存下来,更不用说朝着它现在正在发展的十分有意义的方向迈进。

但并不是每个国家或博物馆的博物馆之友主要由捐助者组成,其中有很多博物馆之友的组织,会很明确表达他们组成的目的并不是为博物馆筹措资金。他们主要的兴趣和活动就是从文化上和教育上支持博物馆。因此,他们会把他们的注意力集中于在其博物馆内组织文化和教育活动。引用一下 Nelly De Blaquier 在 2000 年的 Buenos Aires 世界大会上的话:"博物馆之友协会是由能代替博物馆员工做一些工作人员无法完成的任务,由志愿者组成的非盈利性非政府的组织。是博物馆和社会之间的桥梁。组织的成员都是社会人士。我们不能简单地认为他们的作用是为博物馆筹集资金。而事实上,正和这一点相反,他们是制造文化的组织,他们努力通过各种方式和活动去向公众灌输文化。"

这种方式是一种简而易行的支持博物馆的方式,也可以吸引更多的没有能力和资源筹集资金的志愿者参与到博物馆志愿服务当中来。这种方式在一些博物馆是受到欢迎的,但是也有一些博物馆的馆长会只选择接受经济支持,他们或把这些志愿者看作是对其博物馆组织的一些类似活动的挑战。

博物馆之友还在另外一个很重要的方面扮演着重要的角色,那就是代表博物馆向政府、潜在赞助机构以及公众拉动他们对博物馆的支持。

传统形式的志愿者是为博物馆提供基本服务。成百上千的志愿者在他们的博物馆中充当讲解员、咨询台咨询人员等等,或在图书馆、实验室或其他博物馆中有需要的部门中提供服务。

那么,谁组成了这些志愿者?

一般来说(当然还有青少年志愿者等等),志愿者都是那些退休后有了空闲时间,或者自己的孩子长大成人出门在外,但是他们却还有精力和兴趣,并有着为社会做一些无偿贡献的人们,尤其以女性居多。在很多国家,这种现象在他们的文化中根深蒂固,然而在其他国家,这只是刚刚开始出现的新事物。

这些人通常有着很高的才能和经验,这些对博物馆来说十分有价值。因此,退休的专家可以将他们的才能如修复、档案整理、会计甚至是设计和编辑等贡献给博物馆。

说句实话,人们来当志愿者,并不仅仅是他们有着无私奉献的精神。也有很大一部分原因,是因为作为博物馆的志愿者能给他们带来一种好名声,这种名声给了志愿者一种很大的心理满足,为他们的个人形象增光添彩。因为成了博物馆志愿者,他们充满活力,因为成了博物馆志愿者,他们的生活变得丰富,只要他们愿意,他们就能与更多的人接触和联系。

这对志愿者和博物馆来说是一种双赢局面。

让我们简单看一些博物馆及其志愿者的例子。

最典型的例子是在洛杉矶艺术博物馆(LACMA),这座博物馆是以美国西部最全最大的艺术博物馆闻名的。事实上,LACMA 是由志愿者在 1910 年建成的,当时是作为洛杉矶历史科学艺术博物馆的一个组成部分。

来自匈牙利布达佩斯美术博物馆的 Izabella

Czordas 在 WFFM 耶路撒冷第十三届世界大会中的演讲里,以"有什么可以帮您的么?"开始她的演讲。这就是布达佩斯美术博物馆在咨询台工作的 80 名志愿者对前来咨询的观众说的第一句话。回顾中欧地区志愿服务的历史,这真是一个巨大的成就。

因为 Izabella 提到了在"二战"期间,在中欧和东欧的共产党机构强迫人们去"志愿"为政府提供志愿服务。

因此,博物馆之友和博物馆志愿者对前苏维埃政体的国家来说是一个全新的概念,有些国家是在九十年代中期才开始有这个概念的。当今社会,引导和咨询成为传统的志愿者服务领域。在外语不是很流行的国家里,那些掌握外语的年长志愿者是十分难能可贵的。

在 1948 年建国的以色列,在这个年轻的国家中,在建成于 1965 年的以色列博物馆里,志愿者组织是博物馆最主要的部分。这个志愿者组织成立于 1974 年,拥有 360 名志愿者,远远超过了以色列博物馆员工的数量,他们每年为博物馆提供 72 000 个小时的工作量。以色列博物馆的志愿者涵盖了博物馆内所有的方面,从传统的引导、信息咨询到研究、图书馆、修复,以及到管理和博物馆部门协助工作。

ICOM 和 WFFM 都在各自的准则中提到了志愿者。ICOM 在其 1986 年通过并于 2001 年和 2004 年修订的准则中,在条文 1.17、1.18 和 6.8 中是这么说的:

1.17 博物馆管理者和志愿者:博物馆管理者应该对志愿者工作定一个政策,这将有利于促进博物馆员工和志愿者保持一种良性关系。

1.18 志愿者和其标准:博物馆管理者应保证志愿者在博物馆提供服务和活动时,他们熟悉 ICOM 制定的博物馆准则及其他法律道德准则。

6.8 支持社会组织:博物馆必须为社会的支持创造良好的条件(如博物馆之友和其他支持博物馆的组织),认同他们所作的贡献,并处理好博物馆员工和这些组织的关系。

当然,在 WFFM 的准则中对博物馆之友和博物馆志愿者有了更加深入的界定。引用一下 1996 年 10 月在墨西哥瓦哈卡 WFFM 世界大会时通过的准则:

1.1 博物馆之友,博物馆志愿者

博物馆之友:以任何方式支持博物馆发展、形象和影响的人。他们的行为是自愿的、无报酬的。他们出于道义,从经济上,或从事博物馆志愿工作,或贡献自己的专业知识,来支持博物馆的发展。赞助者,捐助者,志愿者,博物馆董事会成员和博物馆会员都可视为博物馆之友。

2.1 合作伙伴

博物馆之友和志愿者本着与机构合作的关系以公开的方式展开活动。

2.2 支持

博物馆之友和志愿者热情慷慨地支持其所属的机构及机构的活动。

2.4 满意度

博物馆之友和志愿者无经济上的利益与好处,保持他们的满意程度有助于维持其所属机构的发展和公众满意度。

对于博物馆志愿者还有另外三个值得探讨的方面,分别是志愿者招募、志愿者培训和志愿者管理。

在不同国家和不同博物馆,他们的志愿者招募工作都不尽相同。有些,会在媒体刊登招募广告,会在网络发布消息,会利用新的网络途径如 facebook、twitter 等来招募。其他都是通过口口相传,朋友带动朋友。第一种情况是博物馆采取主动出击的方式,而第二种则是社会采取主动,这是潜在的社会支持力。

有一个有趣的现象,在北美的一些博物馆,如在加拿大多伦多的安大略皇家博物馆,要成为该馆的志愿者,他必须先是博物馆的会员,而这个会员是要交会费的,在成为会员后,他才能申请成为博物馆志愿者。当然,据我所知,这种情况只存在于北美。

博物馆招募了志愿者,那么必须对志愿者进行上岗培训。即使大部分志愿者都有着不同的卓越技能和经验,但是对他们进行一些博物馆所需的技能培训还是十分必要的。

比如,在咨询中心服务的志愿者,他们首先得对博物馆的一些基本信息了然于心,这样才能解答观众的提问,如馆内各个展览在哪个展厅展示等。

再比如,提供志愿讲解服务的志愿者需要具备带着观众参观展览的能力,这就要求他们在上岗前,展览的设计师得先带着他们参观这个展览,并把自己的设计理念和展览中需要着重介绍的部分讲给志愿者听。不过这往往是说起来容易做起来难,因为一般设计师都把时间花在如何把陈列做好上,并不会有时间或耐心来指导这些非常需要在开展前接受培训的志愿者。

在一些博物馆中,当志愿者们被确定成为其博物馆志愿者组织的一员之前,是要求参加为期数月的培训的。如要想成为以色列博物馆的志愿者,他得先付费参加我们的培训,在培训结束后还得参加一个测试。这可能是一个特例,但是我们知道,当一个岗位有很多申请者的时候,我们就会采取这种方式来挑选合适的人选。同样,当加入一个组织不是那么容易的时候,那么成为这个组织的成员的荣誉感就会大大上升。

在我们招募和培训志愿者的时候,我们也必须确定他们是能服从组织的,是能够胜任我们交给他们的任务并完成使命的。

Peter Walton,英国博物馆之友联盟(BAFM)的志愿者管理部门的项目主管,在他最近的一篇文章《提升志愿者管理》(刊登在 BAFM2010 夏第 98 期的会刊里)中提到在英国现状下,英国的博物馆志愿者管理的三种模式:

1. 对待志愿者的招募和管理就同对待博物馆员工的招聘和管理一样。

2. 对博物馆之友如同博物馆会员一般对待。

3. 由一名博物馆专家专门对志愿者负责,志愿者这个团队是相对独立的。

显然,除了上述三种,我们还有很多管理模式,我们也无法评定哪一种是最好的模式,但对不同国家的不同博物馆而言,肯定会有一种最适合他们的模式。

以色列博物馆的志愿者是相当独立的,他们有两个"志愿者联络人"专门负责志愿者的招募、培训和管理。博物馆会给他们一笔预算,这可以让他们能雇佣一个秘书来负责具体的志愿者管理工作。

以色列博物馆之友的国际网络建设是由博物馆的国际关系管理发展部副部长(也就是我)来联络发展的,在博物馆领导层的指导下,负责博物馆大部分的经费来源。

以色列博物馆对其志愿者组织的重视、理解和肯定使这个运行模式到目前为止一直良好地运作着。

这让我确立了两个终极目标,是关于关注博物馆之友和志愿者与他们的博物馆和博物馆专家及员工的关系的。

第一,我们建议,博物馆重视博物馆之友和志愿者,他们越多地被重视,两者间越多地合作,人们作为博物馆之友和志愿者的时间将更长久,他们的积极性也会越高,他们所作的贡献也越大。双方在合作中的满意度会达到一个很高的水平。

第二,是关于博物馆专家和博物馆志愿者的关系。

很可惜,并不是在所有的国家和所有的博物馆,志愿者都被博物馆专家所认同、欣赏和欢迎的。这是因为他们没有很好地理解志愿者在博物馆所扮演的角色。他们所做的贡献并不仅仅是对博物馆的,同时他们也是在为博物馆的专家付出。我们很清楚博物馆志愿者不可能替代博物馆专家,所以就不应该把他们看成是对专家的一种威胁或挑战。他们是支持博物馆专家的,同时他们的技能和责任心也需要被专家肯定和赞扬。

博物馆和博物馆专家们能用诚心来接纳志愿者,这对双方都是十分有利的。

我们相信,21世纪,博物馆志愿者在数量上将会有很大增加并得到进一步的发展,也会在一些对博物馆志愿者这一概念才刚刚形成或起步的博物馆中得到很好的发展。

（作者系国际博物馆之友联盟主席）

中国的博物馆志愿者

陈燮君

志愿者对于博物馆,已经不是新鲜的话题。近几十年来,随着社会文明的进步,越来越多的志愿者走进博物馆,参与博物馆的教育传播等各项业务活动,在许多博物馆,志愿者已然成为博物馆不可缺少的组成部分。

中国也是这样。20世纪90年代,志愿者活动开始进入中国的博物馆,其主体主要是关心社会公益事业的高校学生。十多年过去了,目前,中国国家级博物馆几乎都有志愿者的团队在工作。志愿者的构成发生了巨大的变化,由大学生成员发展为社会的各个阶层。在志愿者的管理方面,也由情感为主发展为更加理性、更加规范。志愿者的工作内容虽然还是比较集中在教育传播的领域,但在一些博物馆,已经开始向更多的业务领域扩展(图一)。

图一　中国博物馆协会副理事长、国际博物馆协会第22届大会执委会副主任陈燮君在国际博物馆协会(ICOM)第22届大会"全球博物馆志愿者开放论坛"上作主旨报告

今天,我们在此讨论志愿者活动,其意义何在? 我想,应当是加深对这项活动精神高度的认识,明确我们

的目标,以及如何达成这一目标。

我想谈一下三个部分的问题:

一、志愿者是博物馆的智库,是 博物馆工作的组成部分

博物馆无庸置疑是智力密集型的行业,它需要文物研究、展览、社会学、管理学等多个方面专业性人才。同时,我们也知道,这样专业性的人才需要长时间的积累和培养,需要花费大量的人力、财力和物力。这样就形成了博物馆难以避免的智力资源的现实矛盾。要解决这个矛盾,我认为博物馆的志愿者是一个极佳的方式和途径。在社会上有着大量、各方面的专业人才队伍,博物馆所需要的智力资源基本上都能够在社会上得到补充。因此,如果博物馆能够将这些资源充分地利用起来,以志愿者的方式网络天下英才为我所用,无疑将缓解甚至解决大多数博物馆所面临的人才短缺问题。从这方面来说,如果越来越多的志愿者参与到博物馆的工作中,参与的范围越广,程度越深,博物馆也将得到更多可用、更全面的智力支持,博物馆也将得到更快的发展。

博物馆志愿者将为博物馆提供取之不绝的人力、智力资源。而且,随着这一事业的不断发展,志愿者服务将逐步扩展到博物馆的各个领域,深入到博物馆工作的内部,进一步提升博物馆服务社会的能力。

我国博物馆志愿者,是 20 世纪 50 年代开展起来的。对象分介绍、申请和特聘三种,其成员较为广泛,曾为许多博物馆的发展起过一定作用,但建立这种组织并真正开展活动的博物馆还不多,尚处于起步阶段,许多管理制度与策略有待学习制定,这方面的文献资料相对来说也比较匮乏。

上海博物馆的志愿者工作开始于 1996 年,当年新馆开放,观众骤增,于是从高校中招聘了数十名大学生青年志愿者,经过简单培训承担讲解导览工作。1998 年,上海博物馆被团中央命名为“青年志愿者示范基地”。随后,上海博物馆的志愿者逐步从青年扩大到包括退休者在内的各个年龄层次,成为一项全社会广泛参与的活动。

二、志愿者活动是博物馆面向社会的 开放程度的标志,也是更好为 社会服务的助推力

由于种种原因,长期以来,博物馆往往注重对物的研究,注重对典藏和研究的关注,这也造成了我们的博物馆从业人员忽略对人的研究、对社会的研究。我们做了大量的研究工作,但难以完全转换成推动社会进步和变革的积极力量,我们做了大量的展览,但是在展览之前没有做好观众是否喜好、能够产生怎样的社会效益的研究,在展览期间和展览之后也没有做好观众的调查工作,不知道展览的效果,不知道社会的反响,也就难以为下一个展览做好准备工作。可以说,现在许多的博物馆只是为展览而做展览,没有考虑到展览的目的,没有考虑到“博物馆服务社会”这样一个重要的历史使命。

当然,我相信现在有许多的博物馆已经意识到这样的缺陷,也正在逐步改进。同时,我认为,志愿者是博物馆改变这一现状、真正服务社会的最佳方式。志愿者是博物馆的一部分,属于博物馆,他们比一般的社会大众更加了解博物馆。同时,志愿者来自社会,属于社会,他们是博物馆的观众,志愿者是博物馆和社会之间的交集。因此,如果博物馆能够充分利用志愿者,我们将能够了解社会的需求、观众的喜好,把符合社会公众的高档次精品展览奉献给社会,积极发挥博物馆教育功能,让博物馆真正成为第二课堂,终生课堂。

应该说,志愿者活动是博物馆联系社会的纽带,是

博物馆面向社会开放的重要环节,也是走向社会的主要桥梁和纽带,是博物馆拆除围墙走向社会的步骤。对于博物馆洞悉社会的诉求、提升公共意识和服务意识,更好地为社会服务,实现人民共享文化的权利具有重要的意义,是推进博物馆现代化的新的生长点。

三、志愿者是博物馆推动和谐 社会建设的重要力量

崇尚和谐一直是中国传统文化的基本精神之一,也是中国古代重要的社会理念和政治理念,比如:孔子主张"协和人我",向往"君子和而不同"、"四海之内皆兄弟"的君子社会;孟子希望建设一个"老吾老以及人之老,幼吾幼以及人之幼"的和谐社会。

博物馆志愿者则是向社会提供志愿者服务的平台,是建设和谐社会的重要举措,是博物馆除了本身的教育影响以外,对和谐社会建设的另一种奉献。志愿精神既传承了中华民族助人为乐、扶贫济困的传统美德,又体现了社会主义道德的基本要求,具有鲜明的时代特征。

志愿者精神、志愿服务以及由此派生的志愿者组织体系和志愿服务网络已经成为促进社会全面健康发展的结构性因素。志愿者组织是社会组织、社会第三部门的重要组成部分。它是社会建设的重要领域。志愿者组织要在社会治理过程中发挥越来越大的作用。

(作者系上海博物馆馆长)

创新理念 提升内涵 融入国际
——走向 21 世纪的宁波博物馆志愿者发展模式

林静国

宁波博物馆于 2008 年 12 月开馆,作为中国博物馆界的后来者,它充分发挥"比较优势"和"后发优势",吸收、借鉴国内外博物馆志愿者的最新理论成果和实践经验,闯出了一条以国际化、专业化、社会化为核心与内容的志愿者发展之路。

一、宁波博物馆志愿者发展模式产生的时代与社会背景

宁波博物馆志愿者模式的产生是科学认知当今国际博物馆的发展趋势、熟谙中国博物馆的实情、符合快速推进的宁波社会建设需要和宁波博物馆自身抓住机遇、创新作为的结果。

(一)"博物馆服务社会"理念勃兴下博物馆社会责任的确立与实践是宁波博物馆志愿者发展模式产生的国际背景

21 世纪是博物馆的全球化时代,国际博物馆协会在近 50 年的发展中,对博物馆以"服务社会"的战略调整与变革,博物馆的社会责任成为国际博物馆界战略目标和践行原则,并成为历年国际博物馆日出现频率最高的主题。这既表明人类对博物馆在全球化时代所面对本质问题的自觉,也昭示人类为博物馆的回归与繁盛所拥有的智慧。

(二)博物馆实现免费开放和走向大千世界的时代要求是宁波博物馆志愿者发展模式产生的国内背景

2008 年中国博物馆实行免费开放政策,使公众的文化需求获得了极大的释放与满足。

2010 年 5 月 18 日,国家文物局单霁翔局长审时度

势、高屋建瓴地提出"今天中国的博物馆特别要注重从馆舍天地走向大千世界"的历史性命题,要求博物馆必须融入社会,要让更多的公众不仅参观而且还参与博物馆的建设和发展,成为社会的"市民博物馆"。

(三)宁波社会建设快速推进的发展态势是宁波博物馆志愿者发展模式产生的地域背景

宁波是一座历史悠久、文化深厚的国家级名城,书藏古今、港通天下的丰腴内涵造就了宁波心怀天下、和美社会的文化心态和城市个性。

在经济快速发展的基础上,宁波的社会建设与公民素质得到极大的提升,目前正在争创全国文明城市"三连冠"。

雄厚的经济实力、快速的社会进步和浓郁的文化气息造就了宁波志愿服务的文明大业。据最新统计,目前全市志愿者总人数已经超过 80 万,总服务时间达 3 500 万小时,志愿者已经成为宁波一道令人瞩目的文明景观。

(四)宁波博物馆志愿者发展模式的产生是宁波博物馆抓住机遇、勇于创新的必然结果

以"大资源观"、"市民博物馆"理念为先导,宁波博物馆以文化担当精神,科学地认知志愿者是社会公众融入博物馆的最佳途径与载体(图一)。

图一 宁波市市长助理林静国在国际博物馆协会(ICOM)第 22 届大会"全球博物馆志愿者开放论坛"上作主旨报告

宁波博物馆认为博物馆应当自觉承担起促进社会进步和文明发展的重担,在提升公民精神追求、文化素质等深层次方面做出独特贡献。而志愿者在经过博物馆这一"文明熔炉"的"精神冶炼"之后,将在让更多的人"请进"或"走出"博物馆的过程中,使志愿服务成为一种文化时尚、精神境界与生活方式。

二、宁波博物馆志愿者发展模式的核心与 内容:国际化、专业化、社会化

自 2008 年 12 月开馆以来,宁波博物馆在志愿者文化服务模式上做了"创新理念、提升内涵、融入国际"的探索,赋予了志愿者"文明使者"的意蕴,定位为"牵手历史、怀抱社会、走向国际的博物馆文化的播种机和宣传队",铸就了一支国际化、专业化、社会化的志愿者队伍,成为中国博物馆志愿者的佼佼者。

首先,宁波博物馆以全球视野和国际化运作引领志愿者文化服务,使志愿者建立之初就在高起点上向国际化迈进。2008 年 12 月,在宁波博物馆开馆仪式暨"携手 2010:宁波国际博物馆高峰论坛"期间,成功诞生了第一份具有国际化价值并受到国际博协主席康明斯女士和国家文物局单霁翔局长十分赞赏的博物馆志愿者"誓词"。以宁波诺丁汉大学外籍师生为代表的国际志愿者先后参与宁波博物馆的外语讲解、资料翻译、专业研究等,成为宁波博物馆与各国文化交流的"使节"。

其次,宁波博物馆以专业化的标准和要求打造高素质博物馆志愿者,构建了一支年龄梯度合理、专业结构科学、社会多元参与的专业化志愿者队伍。他们运用专业知识和特长,在博物馆的藏品保护、展品鉴赏、展览策划、活动组织、文物商品营销、学术研究、专业辅导、讲座开设等方面施展才华、奉献智力和创建功绩。目前,宁波博物馆已拥有注册志愿者 600 名,拥有由管

理经营、历史文化研究和收藏界的著名鉴赏家、专家、学者为核心的三位一体的专业志愿者队伍,铸就了宁波博物馆志愿者高素质、专业化的整体形象。

再次,宁波博物馆以志愿者社会化拓展博物馆的文化影响力和辐射力,形成了以社会志愿者为主力、以学生志愿者为后盾、以海内外著名专家、学者为核心的多元化框架,实行以自治化管理和流动式社会服务,按"定时、定岗、定责""三定"管理方略,对志愿者实施科学化管理,最大限度地发挥志愿者根植各社区的优势,成为社区与博物馆之间联系的桥梁。

三、走向 21 世纪的宁波博物馆志愿者

面对中国乃至全球方兴未艾的博物馆志愿者发展态势,宁波博物馆立志进一步拓展思路、做大做强,以更新的国际视野、时代认知和勇于探索的实践精神,努力开拓面向 21 世纪的宁波博物馆志愿者的科学发展路径。

（一）建立一支多元一体、融合文化建设与社会建设为终极目标的志愿者队伍

以融合文化建设和社会建设为引领,以国际化、专业化、社会化为范式,把博物馆志愿者发展与建设置于新世纪现代博物馆战略思考和体制创新中,最广泛地吸收社会各阶层的人士加盟到宁波博物馆志愿者队伍中,发挥他们多元的资源优势与专业特长,让他们更广泛、更深入地参与博物馆学术研究、展陈设计、经营管理等,在美化心灵、激发思想、开启智慧的同时,把博物馆文化反哺给社会公众,从而不断提升宁波博物馆服务社会的文化自觉与践行能力。

（二）率先于国内推出由社会资助、志愿者自治管理、以动态方式服务社会的"汽车博物馆"

为进一步实现博物馆的社会化,宁波博物馆将突破博物馆传统的"围墙"静态模式,创建"汽车博物馆",即打造流动博物馆,以动态的方式让博物馆终年深入到社区、学校、厂矿、营房等社会各个角落。而这个汽车博物馆又将完全由社会资助、志愿者自治管理,率先于国内实现"汽车博物馆"的志愿者化。

（三）进一步融入国际,推进博物馆志愿者国际交流的广度与深度

今年 5 月,宁波博物馆在中国博物馆协会指导下,代表中国博物馆协会志愿者专业委员会专程前往法国,与"国际博物馆之友联盟"主席就本次全球博物馆志愿者论坛进行会谈,这是宁波博物馆和该国际组织的首次接触,并取得了良好成效。目前,宁波博物馆正在积极准备相关材料,适时地向国家文物局和中国博物馆协会请示汇报后,通过规范有序的途径和名义向"国际博物馆之友联盟"递交加入该组织的申请,争取成为中国博物馆界第一家加入该国际组织的博物馆。

同时,宁波博物馆还将着眼全球博物馆志愿者的发展方向、理论研究与成功实例,自觉积极地参与国际博物馆志愿者的各类会议与活动,虚心学习,取长补短,交流合作,创新改革,共谋发展,让博物馆志愿精神春风化雨,润物无声,让博物馆志愿文化发扬光大。

（作者系宁波市人民政府市长助理）

博物馆理事会管理模式

[美国]莫雷·塔纳波尔

在美国,博物馆理事会组织(Museum Trustee Association)是唯一专门支持博物馆理事会的机构。从1985年起,我们就通过改进管理、招募和培训等手段为美国和加拿大的博物馆服务。

今天,我想在演讲中围绕理事会管理和责任,谈一下博物馆理事会的几个方面。

在美国,博物馆理事会中的成员几乎都是由自愿为博物馆贡献自己的时间、才能和财富的市民组成的,这种情况在世界范围内也呈现增长趋势。当然,如果政府为博物馆提供了一笔可观的年度运营经费,那么,政府也会在理事会占有一席之地。

Board Source最近做了一项调查,这是一项非营利性的调查,他们对包括博物馆在内的非营利性机构做了调查,对比了一些理事会的关于管理的几个方面,并且得到了一些有趣的结论。让我们一起看看这些结论。

理事长如何评价他们的理事会?

87%的理事长评价他们的理事会是有序的。

99%的理事长评价他们所属的机构是有序的。

91%的理事长相信他们的理事会对他们所属的机构起着积极的作用。

通过对理事长和理事会成员的调查,非营利性的理事会运行得最好。当要求理事会成员来对自己的理事会打分的时候,不出意料的,他们给的分数都比理事长来得高。

尽管如此,不管是理事长还是理事们都明确自己的职责和使命。理事会最核心的职责便是筹集资金、处理社会关系和管理理事会。

谁拥有高规格运营的理事会？一般是那些如同在博物馆理事会组织（Museum Trustee Association）的《领导与合作指导手册》中提到的，有着高于五百万美元流动资金的，拥有 15—22 个理事会成员的，能够自我评估的，理事长有较长任期的理事会。

筹集资金

在 46% 的慈善中，理事会成员对捐助都有着 100% 的参与度。

平均 74% 的理事会参与捐助活动。

68% 的慈善机构都要求其理事会成员做出个人的经济资助。

集资被视为理事会的首要工作，集资的方式方法需要被改善。

对慈善，资金筹集似乎成了理事会的责任，所以要明确这项责任有一定难度。大多数社会上的慈善机构，把集资的希望放在了理事会身上。2007 年，68% 的理事们都做出了捐款，这个数据是 1994 年的两倍多。而只有 46% 的理事长报告说理事会做了 100% 的捐款。

理事们似乎比起从别人处筹资来更喜欢自己给予。他们中 92% 的人喜欢通过发送信件，81% 不喜欢与人面对面劝说他们捐资，71% 不喜欢寻找潜在资助人，67% 不喜欢直接索要资助。但是董事们对这些集资方法都比较青睐。

理事会构建被列于理事会工作第二位，理事会的运行方式需要改进。

理事会性别比例

男性	57%
女性	43%

理事会年龄比例

小于 30 岁	2%
30—49 岁	36%
50—64 岁	49%
65 岁以上	13%

理事会职业分配比例

企业家	54%
公益家	20%
退休人员	13%
政府	8%
自由职业人	4%

近二十年，非营利性机构的理事会的构成在种族、性别和年龄的比例上一直保持着多样化的特点。很多机构一直尝试使自己的理事会多样化，以此来更好地服务所属的机构。理事会的大小、资金的多少会影响理事会中人员构成比例，但是各个不同的理事会发展的方向也不尽相同。

理事会大小和理事任期

理事会平均有 16 名有投票权的理事。

47% 的理事会中有少于 15 名有投票权的理事。

平均一个理事会每届任期为 3.1 年。

理事平均能连任 2.3 届。

14% 的理事长是从这些理事中产生的。

在过去的十年中，理事会平均由 16 个理事组成。当然，对每一个理事会来说都有最合适的理事人数。今年的 Governance Index 做了一个报道，指出对理事长来说，拥有 15 至 22 位理事的理事会运作起来是最好的。

对非盈利性机构的理事会来说存在着围城现象。大规模理事会的理事们大多希望自己的理事会能精减人员，小规模理事会的理事们大多希望自己的理事会能发展规模增补理事，然后那些规模为 15—22 位理事的理事会就觉得理事会大小正合适。

一般根据任期的规定，平均一个理事能在任 7 年。近些年来，一般理事能连任两届，三年为一届。但是，比起大规模机构的理事会来说，小规模机构的理事会，可能对年数的规定会比较宽松，有的甚至没有年数的限制。

对任期的规定和限制要求是为了保证理事会能拥有持续不断的活力。

理事长一般会比理事的任期短并且有更多的要求。理事长的平均任期每届为 1.8 年，一般可以连任 1.9 届；其他人平均任期为每届 1.7 年，连任 2.1 届。

理事长带领理事会对所属机构负责。理事长尤其会在筹资和工作时间上有更多的贡献，他们会比其他人多花两倍的工作时间（他们通常会花每月 20 小时，而其他人则为每月 10 小时），他们会为筹资做更多的准备（80% vs. 70%），他们会有更多经济方面的贡献（93% vs. 70%）。

理事会招聘

绝大部分的非营利性机构理事会都是自我管理的，所以新的理事会成员都是由现任理事选举产生。之外，26% 有自己的选举程序，涉及会员或章程等；6% 的理事会的理事由另外一个机构或政府任命；还有 5% 的理事会通过其他方式来组建。（这些百分比加起来凑不到 100% 是因为有些理事会在组建过程中不仅仅采取一种方式。）

理事会对招聘工作并不十分重视。这项工作是由理事长、常务理事和被指定的人员组成的小组来运作的，这就导致了具体操作上的一些局限性。

俗话说："你知道什么不重要，重要的是你认识谁。"通过统计，大多数的常务理事（54%）、理事长（37%）和理事（15%）承认，他们的任命是通过理事会中其他成员的关系。只有一些人（9%）是凭自己的实力进入理事会的，还有一些（1%）是通过理事会重组或理事会合并而进入理事会的。

理事会成员动机

理事长和理事以不同角度看待自己进入理事会后的发展，即使他们在当选后都立志完成所承担的使命。80% 的理事在工作和个人兴趣与信仰间寻找平衡点，而

61% 的理事长寻找各种方式方法去完成自己的工作。

他们认同专业技能是十分重要的。（理事长视专业技能为能不能当选因素中第三重要的因素，理事视其为第四重要的因素。）这些技能主要集中在商业管理（89%）、会计和财务（85%）和非营利性产业（76%）。

对非营利性理事会来说，这些工作都是自愿的，理事会是不会对其成员进行经济上的回馈。当然，也有11% 的拥有超过两亿五千万资金的机构会对他们的理事会支付雇佣费或进行经济上的奖励。

理事会培训和评估

74% 的理事会对新进理事有一个完整的一对一的培训；

52% 的理事会有一个书面的岗位要求说明；

93% 的理事对培训和培训信息感兴趣；

94% 的理事在培训完成后会留下来。

理事是培养出来的而不是天生的。要挑选合适的人来担任理事不是一件易事，但是一旦他们当选后，理事会就应该向他们提供评估和培训。

理事们有时候会不知道自己的工作是否符合理事会的要求，有可能在他们自己给自己打了 B 分的时候，理事长只给了他们一个 C+ 的分数。但好在 93% 的理事都乐于接受岗位培训。

上岗培训在当选之后就应该立即启动。理事都对工作时间（79%）和个人贡献（71%）有较好的认识，但是对组织的财务状况（66%）和理事会面对的最严峻的问题（63%）的认识就相对小很多。所以对他们进行培训有助于他们认识这些问题，也为他们更好地了解他们的组织提供了机会。

这些都在博物馆理事会组织（Museum Trustee Association）的《组建更好的理事会手册》（Building Better Boards Guidebook）中有论述。

会议

平均理事会每年会召开 6.9 次会议

平均每次会议持续 3.3 小时

平均理事会每年开会 16.5 小时

79%的理事会理事出席会议的人数为 75%—100%

48%的理事会会有年度假期

每个理事会都需要确定他们需要花多少时间在会议上能保证完成自己的任务。如果开会的次数减少，那么每次会议的时间势必要变长。规模小的理事会相对于规模大的理事会来说，会议频率较高（每年 7.2 次 vs. 每年 6.1 次），会议时间较长，部门也相对较少，常务理事开会的频率也比中大规模的来得频繁（每年 7.5 次 vs 6.3 次和 6.6 次）。

部门

理事会平均有 5.4 个部门

78%的理事会有书面的部门规定

27%的组织有一个咨询委员会

设立部门是一种有效完成会议决议的途径，并使得理事会能宏观把握全局。部门结构是根据需求来制定的，如同机构和理事会的规模。形式要根据功能制定，如需要怎么样的部门，部门需要什么样的人等。

只有 4%的理事会下面没有设定部门，9%的理事会有一至两个部门。大多数（59%）有三到七个部门，18%的理事会有八个及八个以上的部门。

理事会规模大小也影响了理事会下设部门数的多少，并且很多小规模的理事会没有特别设立部门。小的非营利性机构（资产小于 50 万美元）的理事会比起大机构的理事会对部门的组建和规划就小得多了。

大的理事会比起小的理事会来说会更多地拥有自己的执行部门（90% vs. 64%）。执行部门非常有用但也引来了一些问题，因为他们的角色就如同理事会中的理事会。数据显示，拥有执行部门的理事会召开会议时理事们的出席率会大大降低。

责任条款

93%的机构为主管和职员提供责任保险

88%的机构有利害冲突政策

69%的机构有书面职业道德表述

64%的机构有对政策保留解释权的规定

60%的机构有保密政策

理事会运用这些政策和规定来作为他们自己的行为准则和用来保护机构利益。有这些政策和规定的理事会远比那些没有明确规定的理事会来得高效和有用。

规模小的机构相对来说这种政策和规定会少很多，这也使我们认识到，资源越少对这方面的发展局限性越大。

88%非营利性机构有利害冲突政策，在 1994 年只有 61%有这种政策。87%的非营利性机构要求他们的理事会成员用利害冲突政策来保护自己，如在讨论、做决策等方面。三分之二（67%）的机构要求理事会成员每年提交一份公开说明，用来确保该机构的领导对利害冲突政策引起重视。

财务监督和公开

92%的机构有财政审查

85%的机构的理事会中有财务专家

54%的机构有审计部门

28%的机构把审计部门与财务部门分开运作

18%的机构会把 IRS990 表格放在他们的网站上

财务监督是理事会一项十分重要的工作。同时，在非营利性机构，主管认为财务监督这项工作十分重要，这些主管们需要处理复杂的财务问题，需要完成有重大意义的活动，并维持机构的正常运作。

理事会的职能也会把财务监督作为一项工作重点。通过调查，89%的理事会成员有商业管理的技能，85%的理事会成员有会计的技能，64%的理事会成员有投资的技能。

正因此，理事会成员在执行财务监督的时候都非常有自信。94%的理事都认为理事会能有效地监督机构的财务运行状况,92%的理事表示财务报告准确、及时、合理。但是,只有55%的理事给他们的理事会监督财务的工作给出了A,与此同时也指出其实他们对理事会这项职责是有担忧的。

非营利性机构的主管赞同理事会应该在五个方面加强职能：集资、理事会管理和多样化、制定战略计划、关注战略发展、理事会成员管理。当然,不同的理事会在具体操作上会有不同。

理事长和理事们对这些方面各自的重要性也有不同理解。

组织规划和挑战

99%的非营利性理事会有书面的职责陈述

78%的非营利性理事会有书面的发展陈述

79%的非营利性理事会有书面的战略计划

不过,制定战略计划这项任务需要被提升到更加重要的位置。

在当下,作为非营利性机构的理事会的理事长是非常不容易的。超过75%的理事长表示职责、发展规划、战略计划都是管好理事会缺一不可的先决条件。

战略计划对很多非营利性机构主管来说都是第一位的。调查显示,45%的理事长所属的机构在过去两年内已经有了新的战略计划。当问及他们觉得他们的理事会有什么地方需要改进,30%的人回答为战略计划,27%的人回答为关注战略发展。博物馆理事会组织(Museum Trustee Association)有编写《战略计划手册》(Guidebook on Strategic Planning)来帮助理事会提高战略计划这一块。

理事长和理事们都觉得,非营利性理事会面临最大的问题和挑战是资金和战略计划。财务关注的问题普遍是从削资、有限的预算到新需要、更多的可靠资金来源。集资的压力包括扩展集资来源、筹备活动、拉拢赞助和克服集资遇到的困难。

战略发展规划都有一些共性。主要是,理事长和理事们明确其理事会的使命和任务,明确机构的需求,制定战略规划。他们也需要明确一些更复杂的事情,如收入增长、提升品牌及重组管理模式等等。

理事长评估和补偿

74%的理事长他们的理事会会对其作正式的书面评定

67%的理事会他们的理事会成员全体通过给理事长一定的报酬

65%的理事会在类似的组织中会考虑薪水问题

94%的理事长对自己的工作感到满意

非营利性理事会有责任对其理事长作评定并由此来决定理事长的报酬。74%的理事会对他们的理事长有正式的书面评定,但是其中只有74%的理事会会把结果公布给所有理事。在提及对理事长的报酬这块就不太能鼓舞人心了,因为只有67%的理事会通过了对理事长做一定的报酬。

理事会不能低估其对理事长工作满意度评定的作用。很多理事长觉得理事会是对自己很有帮助(77%),而不是一个阻碍(78%)。有理事会评定的理事长们会比没有评定的理事长们对自己的工作感到满意(88% vs. 78%)。

而且,运行得较好的理事会理事长会比运行较差的理事长更满意自己的工作(97% vs. 73%)。

超过90%的理事们相信,理事会中有理事长能使理事会更好地运转。他们觉得这会使各项决定更科学(93%),交流更顺畅更真诚(91%),使机构更好地发展(91%)。

理事长对理事会的满意度会比理事们稍显消极。84%的理事们给理事会打了A或B的分数,只有68%的理事长给理事会也打出了同样高的分数。同样的,87%的理事觉得理事会能促使事情顺利进行,而只有78%的理事长有同样看法。

这其实也不意外,因为理事长和理事们对理事会有着不同的看法并扮演着不同的角色。有49%的理事长期盼在五年内这种情况能有所改变,只有30%的理事们觉得这个想法能实现。

博物馆理事会组织(Museum Trustee Association)看到了这些问题,并在过去的几年内编辑了4本手册和项目来帮助博物馆理事会成员们,这四个项目是:

1. 组建博物馆理事会

2. 领导角色

3. 行政转换

4. 战略思考及制定

如果大家对这些项目有兴趣,请点击我们的网站查看更多信息:www.mta-hq.org。

博物馆如果离开了这些理事会就无法生存、发展和兴旺。感谢大家的贡献。

(作者系美国博物馆之友联盟主席)

博物馆之友：致力于 21 世纪世界遗产保护

[西班牙] 爱尔莎·阿玛特里安

博物馆之友为何许人也？这个问题看似简单，实则不易，因为全世界的博物馆之友各式各样，扮演的角色也不尽相同。大致而言，博物馆之友是一些关注地域文化遗产推广，想要帮助他们喜爱的博物馆并愿意投入时间和资源来实现这个目标的人。他们这么做可能是出于一种社会责任感，一种想要投身文化领域的热忱，或仅仅是因为地理上的近便或是志同道合。除了和艺术界保持着特殊的关系，博物馆之友同样会以志愿服务的方式提供帮助。

如今博物馆事业空前繁荣，展陈丰富、占地广阔的博物馆遍地开花。博物馆的多样性以及随之产生的所有权形式、赞助方式和责任分化的差异使得这个庞杂世界的管理模式日趋多元，无法一概而论。

与此同时，各色博物馆之友组织所承担的工作种类繁多，其参与度的不同也对统一界定这些组织造成困难。不过博物馆之友有一个共同目标，那就是支持他们的博物馆，以志愿和无偿的方式致力于这些博物馆的发展及其对外认知度和影响力的提升。

这也是为什么庞大的博物馆之友网络在构建一种共同的博物馆人理念中发挥着重要的作用。博物馆发现它们得到了一群人的支持，这些人不仅对博物馆内在和整体文化氛围的感知相同，而且在多个领域内贡献他们的智慧和经验。由此，在向博物馆传达社区心声的同时，某些情况下博物馆之友得以将他们的工作延伸至博物馆的心脏：藏品。他们参与藏品的修复和征集，协助编制展览图录和藏品目录，甚至赞助新馆的建设或志愿负责它们的管理或生存。

为确保博物馆之友的贡献真正发挥其应有的作

用,国际博物馆之友联盟(WFFM)、西班牙博物馆之友联盟(FEAM)和其他国家的相关组织重新审定并分发了国际博物馆之友联盟于 1996 年第九届世界大会期间通过的道德准则。该准则明晰了博物馆之友组织在制定各项举措时所应遵循的原则,以便其与所支持的博物馆能够保持长期、明确的合作关系。博物馆之友联盟数量的持续增长清楚地表明社会正在逐渐成熟并愈来愈关注文化问题。欧洲的博物馆之友联盟就投入了大量的时间和精力用于确保那些周边还没有相关组织的文化机构同样能够享受到博物馆之友的帮助。

有很多博物馆之友组织尽管资源有限却开展了一系列高品质的文化活动,而这些文化活动是他们所支持的博物馆依靠自身实力所无法举办的。地市级中小型博物馆和大型老馆的博物馆之友拉近了它们和公众的距离,使其成为所在社区日常生活的一部分,并通过配有专人讲解的参观和其他社会活动吸引了大量的游客上门。

随着新世纪信息技术的发展,人与人之间的沟通方式发生了根本性的变化,人们的文娱生活习惯也随之改变。互联网包含的多样选择为中小型博物馆提供了一种通过传统方式很难获得的曝光度。

另一方面,新兴科技为残疾人带去了更大的便利,并有利于成长于数码时代的年轻人加入博物馆事业。它们同时带来了大量的教育资源,其形式、内容和影响远远超过单纯的藏品欣赏。

根据西班牙通信公司 Dosdoce 关于博物馆在网上曝光度的调查显示,近几年的科技进步在社会上引发的相关根本性改变已经对文化机构的管理产生了不可逆转的影响。建立在 WEB 2.0(博客、维基系列、播客、视频等)基础上的技术运用渗透我们的生活,改变着个人计划博物馆之行的方式。越来越多的人根据他们在网上搜集到的信息来决定是否参观某个目标博物馆或是展览。网络正迅速成为全社会最重要的信息渠道之

图一　西班牙博物馆之友联盟代表 Elsa Amatriain 在国际博物馆协会(ICOM)第 22 届大会"全球博物馆志愿者开放论坛"上作主旨报告

一,因此对于任何组织、博物馆或文化机构的发展和推广而言,合理运用网络通信工具至关重要(图一)。

建议和个人推荐曾经以口口相传的形式传播,互联网的到来使得这种传播方式的威力成倍增长。博物馆和博物馆之友的管理人必须清醒地认识到很多游客或成员在网上发表对于展览或活动看法的频率远比他们最初想象的要多。通过博客、维基、社交网络、链接等,人们交换着对于旅游、展览、饮食等的看法,并上传他们近期活动的照片和视频。

然而,很多"文化管理人"无视网络用户的观点,仍然按照他们自己的方式进行沟通。

本文所分析的文化机构中绝大多数对网络沟通持传统态度。它们的网站没有内部搜索引擎,没有在 Facebook 或者 YouTube 上建立相关介绍,也没有播客或是虚拟媒体接待室,因而无法将自己工作推向前台。多数情况下它们的网站只是介绍藏品、展览或者活动的"静止窗口",而不是一个注重和游客对话,为后代储存数据并加快信息传播的互动工具。

通过采访西班牙博物馆之友联盟(FEAM)中负责不同博物馆之友组织和其他文化机构的人员,我们发现公众对于参与这些机构工作的愿望十分迫切。通过

投身其中,人们会觉得和他们的组织或是博物馆贴得更近,从而两者之间的联系更为紧密。人们还认为只有广泛倾听和采纳多方意见,博物馆之友组织才能更好地为成员服务。

社交网络、博客、视频之类的新兴技术是一种上好的工具,能为博物馆之友组织提供附加值,实现其和成员之间更为紧密和持续的实时沟通。

大多数博物馆之友组织都经费紧张的事实并不意味着它们无法从这些新兴技术中受益。借助这些技术,博物馆之友组织甚至可以实现没有实地办公场所的虚拟办公。

这些技术最重要的特点在于它们易用、灵活、互动性强,改变了传统枯燥的文本形式,而且更便捷地提供趣味性强的优质文化信息。

我们还要注意到,互联网让地域走向全球。身在远方的人们得以通过网络接触到一个并不起眼的博物馆之友组织,并从中学到先进的做法,这是一件很令人欣慰的事。

如今博物馆之友组织和相关博物馆面临着怎样使这些新兴技术为我所用的挑战,因为他们必须接受这样一个事实:当今社会如果"你不是网民,你就不存在"。

说了以上这些,我想我们都会同意马德里完全大学艺术史教授 Maria Dolores Jimenez-Blanco 女士的观点:"只有通过对艺术品最直接的欣赏,我们所追寻的那个终极秘密才会得到揭示:艺术无尽,生命有限。"

没有什么能够替代对艺术品的直接欣赏,替代那种瞬时间和某件物品建立的对话——只因为后者陈列于博物馆中。和任何一件艺术品的近距离接触都会产生一种亲密感,将我们带到另一个时代,触动我们最深的情感。它让紧张的生活暂时停下,让我们感受到永恒和无尽。

正是为了追求这种终极体验,大小博物馆的博物馆之友组织纷纷开展各种文化活动和专题参观,目的就是为了通过高质量的游览活动让观众和展品建立起更为深层的关系。

过去三十年里,政府、博物馆、博物馆之友组织和其他文化机构所采取的一系列举措已经激发起公众对于保护、分享地域文化遗产的兴趣,文保意识已经跳出传统的专业领域深入普通大众。

在这短短的三十年中,我们的文化遗产已经不再是政府和公共团体的负担,而成了一笔社会和经济财富。

人们已经日渐认识到文化遗产是一种不可更新的有限资源,一旦破坏将造成无法弥补的永久性损失。保护好我们从祖辈那里继承下来的文化遗产已经成了全社会共同关注的问题。

除了博物馆之友,欧洲还有其他的文化组织直接参与文化遗产保护工作。这些组织尝试利用自身的影响开发旨在凸显文保理念的优质专题游览,并在周边建立起活跃的相关机构。西班牙就有几个类似的组织,例如"我们的西班牙"、西班牙城堡之友协会和古宅基金会。

正是基于对世界遗产保护和游览质量的关注,国际博物馆之友联盟和国际博协制定了相关道德准则,确保游览活动充分考虑到各种不同文化的需要,不仅尊重它们的过去,更了解它们的现在。

为确保这一准则的有效实施,国际博物馆之友联盟和国际博协在西班牙博物馆之友联盟的积极协助下,发表了一个旨在推动可持续旅游的宣言。这份宣言首次面世于西班牙马德里,观众包括出席一个由世界旅游组织、西班牙工业部和文化部等众多官方机构举办的国际盛会的政府机构官员,以及博物馆、旅行社、旅游组织的代表。该宣言引起了与会者的广泛兴趣,西班牙博物馆之友联盟随后多次应邀出席各种论坛对其进行深入探讨,极大地促进了该宣言在全世界的推广和实施。

欧洲的各个博物馆之友联盟均鼓励相关组织在成员和地方政府间推广这一宣言,以便集合各方力量推出与所到之处的地域遗产和文化更为和谐的游览计划。

最后我想强调的是,博物馆和博物馆之友正在经历的改变,不论是新兴技术的出现还是博物馆参观人数的增加,都应该成为其紧跟时代步伐并提供更佳服务的动力。

鉴于此,适应社会保护全世界文化和自然遗产的需要,我们必须在力所能及的范围内采取措施帮助传播博物馆理念,为后代留下我们的文化遗产。

尽管当今社会个人主义盛行,但令人欣慰的是还是有很多公民,例如博物馆之友,愿意无私奉献,迎接挑战,成为构建一个更为成熟的社会的基石。

我想请大家为全世界博物馆之友的那些无名志愿者鼓掌,告诉他们我们对他们组织未来的发展充满信心。

（作者系西班牙博物馆之友联盟代表）

志愿行为和博物馆
——巴西和南美现状综述

[巴西] 卡米拉·纳西蒙托

联合国将志愿者定义为："出于个人兴趣和公共精神,无偿为有组织或无组织的社会福利性或其他活动提供服务的成年人或未成年人。"

作为公共参与的体现,近几年志愿行为的影响不断增强,然而其在巴西和南美其他国家却尚未引起足够的重视。志愿行为是对公民责任、社会团结和个人提升的践行,是每个公民在为追求更好的生活而改进社会的过程中所扮演的角色。

志愿行为的历史

志愿服务并非仅见于当代(Wilson 和 Pimm,1996),这种理念古已有之。Hudson(1999,第 1 页)指出,城镇的兴起和随之出现的人口迁移催生了新的社会帮助方式。比如早期埃及人就有着严格的基于社会公正的道德准则。这类法令鼓励人们从事志愿服务,例如免费帮助穷人渡河。

作为主张教会对志愿行为的产生具有影响的学者之一,Hudson(1999)同时指出慈善行为的出现和宗教组织的兴起相吻合。

Pilotti 和 Rizzini(1995)同样强调了教会和志愿行为的关系:"参照盛行欧洲的理念和做法,天主教会众建立了美国最早的儿童护理机构。它们位于医院内或附近,主要财政来源为自愿捐赠,运行经费即从中支出。"

和美国以私人组织为主的帮困模式不同,欧洲的社会保障拥有广泛而全面的国家立法支持。与之相反,拉美"奉行国家干预主义,政府和天主教团体一起通过所谓的社会福利机构向有需者提供帮助"（Kisnerman，1983，第10页）。

就西班牙殖民地而言，Pilotti 和 Rizzini（1995）提到卡洛斯五世曾下达了一道在主要城市建立医院的皇家法令，指出基督教的行善对象是穷人和病患，国家协同教会的干预行为由此得到巩固。根据两位作者的说法，南美已知最早的"慈善医院"之一——我主耶稣基督的怜悯医院正是在这一时期建立。该院于1565年3月9日在厄瓜多尔基多建成开放，收容病患、遭弃儿童、孤儿、老人、无家可归者和精神病人。

巴西的志愿服务最早也是在经国家认可的宗教性活动中形成。显然，福利举措在源头上和天主教会有着密不可分的联系。经历了几个世纪的历史变迁，巴西的志愿工作最终形成了今天的面貌。福利机构的源起和目标各异：宗教性的，医护性的（医院、疗养院、收容所），教育性的；有用来协助移民的机构，也有二十世纪初始建的工会组织。

自二十世纪起，拉美的慈善组织开始受到政府干预。一战后，一些国家通过"福利国家"制度逐步推出旨在向穷困者提供帮助的公共政策。巴西也在那时制定了用以规范政府和慈善组织合作行为的法则，如《公用事业宣言》（1935）。政府同时采取相关举措明晰了社会权利（如《社会保障法》、《劳动法》）和慈善行为之间的区别。1942年，巴西援助联盟（LBA-Legião Brasileira de Assistência）成立，由第一夫人直接领导。

二十世纪六十年代，"福利国家"制度的终结促使巴西的志愿行为发生巨大的改变。七十年代，尽管大多数志愿活动仍然处于军权的影响之下，巴西首批非政府组织在欧洲相关组织的指导下出现，协助后者共同在第三世界推广发展项目。1979年，巴西政府推出"全国志愿者计划"（Pronav），目的在于借助全国的志愿团队为巴西援助联盟项目筹集资金。

八十年代中期，伴随着拉美和第三世界国家的民主化进程，新自由主义作为一种政治、经济、文化理念在西方兴起。国家财政随之减少了社会福利拨款，相关经费更多地由私有机构承担。至此，志愿行为的演化主要表现为一种存在于非政府组织、基金会、私企和国家之间的责任共担。

九十年代打开了新世纪的大门，也为想要为公共事务贡献己能的公民提供了一种新的志愿模式。1998年2月18日颁布的《第9608号法令》对志愿工作作出了法律规定，被认为是巴西志愿文化发展过程中的一大突破。在123个国家的拥护下，联合国宣布2001年为世界志愿者年，并举办多项活动来提高人们的志愿意识和行动能力（图一）。

图一　巴西博物馆之友联盟执委 Camila Nascimento 在国际博物馆协会（ICOM）第22届大会"全球博物馆志愿者开放论坛"上作主旨报告

分 类 数 据

南美志愿服务最常涉及的领域是：教育、福利、医护、文化、环保和公民权。

根据联合国的调查显示，2001世界志愿者年后巴西的志愿者数量从原先的2 200万增加到了4 200万。同样，Data Folha 的调查显示83%的巴西人认为志愿服务对国家的发展至关重要,人数较之前有了显著提升。巴西人已经将志愿行动视为行使公民责任的一种战略工具。

有调查显示(www. voluntarios. com. br),妇女占巴西志愿力量的绝大多数。而在多数发达国家,因为受到更为先进的志愿文化的影响,男性和女性志愿者的人数差距要小得多。

南美的志愿工作多集中在福利、医护和教育领域。巴西公民志愿服务类别的相关数据如下(根据倾向性排列):

巴西志愿服务领域分布

根据倾向性排列	比例
儿童看护	24.65%
教育	12.10%
协助和社会服务	7.85%
医院	5.36%
老年人及成人看护	4.97%
日托中心	4.78%
环境保护	4.76%
青少年看护	4.33%
健康护理	4.15%
文化	3.44%
人权和公民权	2.46%
残疾人看护	2.10%
自然资源保护	1.37%
体育	1.01%
妇女权益	0.55%
急救	0.23%
博物馆	**0.20 %**
污染防治	0.15%
康复中心	0.11%
其他	15.43%
总计	100%

来源:www. voluntarios. com. br(2007.8.31)

在多数南美国家,志愿者的年龄主要分布在 25 到 34 岁之间,其次是 18 到 24 岁之间。通过采访巴西圣保罗市主要博物馆内负责志愿和社教工作的人员得知,造成志愿者年龄如此分布的原因之一是年轻人多希望借助志愿服务找到工作机会。

巴西志愿者年龄分布

年　　龄	比例
17 岁及以下	0.81%
18—24 岁之间	22.14%
25—34 岁之间	45.36%
35—44 岁之间	18.11%
45—54 岁之间	9.47%
55 岁及以上	4.11%
总计	100%

来源:www. voluntarios. com. br(2007.8.31)

研 究 方 法

本报告的相关资料最初收集自圣保罗志愿者中心、学术调研、参考书籍和官网数据。2010 年 6、7 月间又开展了一系列采访并走访了圣保罗的几所大馆。圣保罗志愿者中心举办的相关研讨会从几个方面对社会团体中的志愿者管理工作进行了深入探讨。所有调研资料,包括采访、问卷、同博物馆工作人员以及志愿者的交谈和对他们的观察等,勾勒出当今巴西博物馆志愿工作的有趣概况。

南美博物馆之友联盟也受邀参与了调研并反馈了一小部分信息。最后,相关人士和文献资料也为本次针对南美博物馆的调研提供了不可或缺的帮助。

博物馆和志愿行为

对正处于社会和文化发展过程中的国家来说,博物馆的志愿工作能够为机构和社会带去诸多好处，包括：

- 联结愿意付出时间、精力、才智的公民和需要他们支持、帮助的博物馆；
- 将博物馆的需要转变成强化共同参与的机会；
- 有助于巩固志愿文化作为社会团结和公民道义的表达；
- 创造馆际交流和志愿者培训的机会；
- 提供博物馆所需，推进城市或地域文化的保护和提升；
- 促进志愿者的个人和职业发展；
- 发现潜在人才；
- 加深博物馆和社区间的联系。

通过走访圣保罗的几所博物馆得知，大多数博物馆没有正式的志愿者规划，甚至不提供志愿工作。博物馆对此的解释是志愿者并不具备所需的素质；同时，由于没有相关的政策或是明确志愿者工作的规划，志愿者即便受聘也无法完全施展才能。

很多博物馆对于招募志愿者所持的不情愿态度和它们自身对志愿工作缺乏认识有关。另一个重要原因是这些机构过去曾和志愿者有过不愉快的经历。一些被访人指出很多志愿者希望能在实践结束后留下工作，而这一愿望如果没有达成他们就会表现出不满。

南半球最重要的艺术博物馆之一，圣保罗艺术博物馆（MASP — Museu de Arte de São Paulo Assis Chateaubriand）就没有系统的志愿者规划。这家博物馆——其收藏早在 1969 年即被全国自然和文化遗产机构（IPHAN）列入名录——并未将志愿工作纳入其运行政策，只是在举办个别活动时发动志愿者参与。

若要使志愿工作得到加强就必须传播团结的理念和公民价值，圣保罗现代艺术博物馆（MAM — Museu de Arte Moderna de São Paulo）在这方面树立了一个很好的榜样。志愿者的协助对 MAM 至关重要，他们会

分担来宾接待工作，尤其是在周末免票游客数急剧增加时。该馆的志愿工作规划还包括社会包容，患有唐氏综合症的 Ney Francisco Bourroul（43 岁）现为其游客服务部的一名特殊志愿者。

身为圣保罗市最古老的美术馆同时也是全国最重要的美术馆之一，圣保罗州立美术馆（Pinacoteca do Estado de São Paulo）同样有着一个活跃的志愿者服务体系。该馆的首个志愿者 Mariangela Ometto Rolin 过去八年一直在馆内的商店帮忙。开朗的个性和精明的商业头脑使她为商店增色不少。Mariangela 说："我很荣幸能够成为美术馆的一分子。这份志愿者工作开阔了我的眼界。能够为社会做贡献让人感到满足，更别说我还能交到很多有趣的朋友。"

由于博物馆对于志愿者的需求仍然较小，因此志愿者的招募工作通常都是由博物馆自行操作，并不借助第三方中介机构。

为加快博物馆志愿文化的形成，切实发挥博物馆在社会发展变革中的重要作用，隶属于文化部全国自然和文化遗产机构的博物馆和文化中心部（DEMU）会同全国的文博机构开展了相关调研，证明人们对博物馆的志愿工作抱有兴趣。

2008 年 1 月，文化部通过 DEMU 和社会保障部签订了合作条例，旨在推行一个将退休人员引入巴西博物馆从事志愿工作的项目。为了使各个年龄层的人都能够参与志愿工作，DEMU 又协同圣保罗志愿者中心开设了博物馆志愿者工作管理研讨班。

趋势：企业志愿行为

眼下很多巴西企业对于社会和文化多样性认识的不断提高源于企业主社会责任意识的觉醒。很多企业主认为公民意识的提升能够促使社会重新审视自身的问题，或者至少想法去改善它们；将关系社会发展的核

心事务完全交由国家处理的做法并不奏效,哪怕他们仍就在为这种"外包"买单。很多企业已经开始主动投身所在城市或地区的社会性可持续发展事业。

全球化背景下,对价值观的研究被置于个人和工作地所处的文化环境之中(Lathan 和 Pinder,2005)。私营成分参与社会和社区事务的趋势越来越强。从上世纪九十年代起,所谓的企业志愿行为,即光点基金会所定义的"企业对其志愿为社区贡献时间和技能的雇员或者退休员工的正式的有组织的支持"愈来愈得到认可。

该现象在巴西的广泛程度尚不十分清楚,但根据巴西销售经理协会(ADVB — Associação de Dirigentes de Vendas e Marketing do Brasil)于 2005 年对 2 819 家大中小企业的调查显示,有 62% 的企业表示鼓励员工参与面向社区的志愿活动。

由非政府组织里约志愿者(RioVoluntário)在全国范围内对 100 家公司进行的名为"巴西企业志愿行为剪影"的研究显示,其中 96% 的公司认为开展企业志愿活动最大的好处是能够提升员工的士气。

然而,巴西私企的投资主要集中在福利、医护和教育领域。如下所示,针对博物馆的投资只占到 0.02%。

私企投资领域分布

领　　域	比例
儿童看护	17.45%
协助和社会服务	13.74%
残疾人看护	8.95%
教育	8.30%
日托中心	5.66%
老年人和成年人看护	4.20%
青少年看护	3.82%
人权和公民权	3.37%
健康护理	3.26%
社区组织	3.06%

续　表

领　　域	比例
康复中心	2.82%
公民权推广	2.26%
医院	2.02%
文化	1.82%
环境保护	1.58%
体育	0.75%
自然资源保护	0.53%
动物保护	0.51%
职业	0.40%
妇女权益	0.38%
急救	0.24%
博物馆	**0.02 %**
其他	14.86%
总计	100%

来源: www.voluntarios.com.br(2007.8.31)

我们需要为博物馆争取更多的投资和志愿服务。在巴西这样一个社会结构复杂的国家中,文化遗产的推广对于加快民主化进程具有重大的战略意义,而博物馆在其中承担着基础性的职责。为切实履行这一职责,博物馆必须随时准备着为社会及其发展服务。

未来公司的发展将主要受到三种要素的影响:运营质量,社会和文化责任,以及职业健康和安全。笔者认为还可增加第四种要素:企业和机构间合作能力的培养。合作意味着和谐共事,不仅达成公司的目标,而且实现人和机构的和平共处。

结　语

本文旨在呈现南美尤其是巴西博物馆志愿工作的历史和现状。根据文中转述的研究观点,志愿行为并非近代现象。几个学者指出了教会在志愿行为产生中的作用及其通过殖民地开拓对南美国家志愿文化的影响。

对仍处于社会和文化发展过程中的国家来说，志愿行为不仅对博物馆有益，而且对整个社会有益。

大致而言，巴西的博物馆志愿工作尚不十分普及，原因包括：志愿意识尚未深入人心，博物馆没有系统的志愿工作规划或不提供志愿工作，博物馆领导人思路分歧等。

最后，在非政府组织、基金会和私企间形成的责任共担表明全民志愿意识正日益加强，但针对博物馆的投资和志愿服务仍然不足。对一个社会结构复杂的发展中国家而言，博物馆在文化遗产保护和社会转型中具有极为重要的作用。

（作者系巴西博物馆之友联盟执委）

元代浙东学人袁桷的史学思想及实践研究

钱茂伟

元代史学研究现状的不足之一,表现为详尽的历史考察不够多。史学编纂本质上是一种主题建构活动,没有主题思想,不可能有建构活动。要研究袁桷史学,必须寻找并确定其主题。袁桷史学思想及其实践活动,主要是宋史资料的搜集与考订。宋、辽、金三史编纂,是元代史学的主线之一。对此,如没有一个全方位的深刻理解,就不可能理解袁桷史学的特点及其历史地位。本文拟将袁桷史学放在元代三史编纂的大背景中,对其史学渊源、史学理论与实践活动作全方位的考察[1]。

本文是一篇理解型史学之作,对理解型史学的探索,是笔者近年关注的事。笔者坚持认为,必须理解古人,才可以评古人。用今天的史学理论逻辑,寻章摘句,编织成文,表面上全面,实际不着要害。因为,片言只语,有的是别人的话,有的是不重要的话。只有抓住了其人的核心思想,展开分析,才有可能捕捉到要点。也必须放到特定的背景下,才能理解古人。只有深刻理解了,才有资格评说,这就是理解型史学。

一、关心宋史编纂的动因

袁桷关心宋史编纂的直接因素有二,一是时代因素,二是家族因素,三是老师因素。

1. 宋亡后,宋代历史记忆的保存,成为当时南方士人关注的大问题

修全史是国亡以后提出的。元初史学,国可亡史不可亡意识的加强,是一件值得注意的现象[2]。可以说,国亡史作,已经在汉人文化圈中初步形成一个共

识。人可亡,历史不可亡。如此可以推出,国可亡,史不可亡。于是,学人们纷纷主动承担起保存史实之责。

2.强烈的史官传承人意识

袁桷(1266—1327),字伯长。因一度在吴兴读书,构清容轩,故自号清容居士[3]。袁桷是王应麟朋友袁洪(1245—1298)的儿子。袁氏是四明世家,南宋时期出过袁燮(1144—1224)、袁韶、袁甫、袁商诸名流。袁氏家庭环境优越,家中藏书丰富,这为他的自学创造了条件。袁桷有一个观点:"夫子作《春秋》,讥世卿,史非世官不能。"[4]"昔司马迁、班固,皆以父子相传,遂能成书。刘知几、刘𫗧、刘赞,咸以家世旧闻,撰成《史通》、《史例》。"[5]南宋时期,袁氏家族曾出过四个史官,袁燮"专修宋史,具有成书",袁韶、袁甫、袁商"俱以尚书修撰实录",这是袁桷相当引以为豪的。作为史官后裔的袁桷,从小就有着强烈的史官传承人意识,特别重视宋代历史资料的收集与整理。他的最大愿望是搜集资料,考订资料,编纂几部资料集,为宋史的纂修奠定基础。

3.遗民对袁桷的影响

袁桷生活的时代,正是科举中断的时代,"自惟志学之岁,宋科举已废,遂得专意宋史,亦尝分汇杂书、文集及本传、语录,以次分别。"[6]这段材料提供的信息表明,由于当时没有科举的压力,使得袁桷得有机会接受文史之学。所以,他走的是私塾教育之路。"公生富贵,为学清苦,读书每至达旦"[7],可见读书相当用功。南宋灭亡时,袁桷才10岁,自然亡国感受不深。再说,其父袁洪降元,在元朝做官,故而没有遗民意识。不过,袁桷周边是一群遗民,其家是世食宋禄的大族,所以也多少受了一些影响。其父为袁桷聘请了多位名师,如王应麟、戴表元、舒岳祥、胡三省、徐天民等。袁桷天性兴趣广泛,博极群书,不免有贪多之弊。自称"余少读书有五失焉:雅观而无择,滥阅而少思,其失也博而寡要;考古人之言行,意常退缩不敢望,其失也懦

而无立;纂录史籍之故实,一未终而屡更端,其失也劳而无成;闻人之长,唯恐不及将疾趋从之,而辄出其后,其失也欲速而过高;好学为文,未能蓄其本。……又失之甚者也"[8]。由此说明,袁桷早期注意文史学习,只是文学功底不足,史学没有耐心,贪多消化不了。至元二十六年(1289),因宁海杨镇龙起义,波及四明,袁氏逃难,家中着火,藏书全毁。通过此件事的打击,袁桷有所觉悟,认为:"夫为学之道,用志不能不一,用力不能不专……乃思前之五失,一旦而悟,将从事于内,以求自得之实。"[9]由博而专,由知识的消费而知识的创造,是袁桷悔悟后读书态度的重大调整。三十岁前几年,"复贯穿经术,他如琴书、医药诸艺,深得其理"[10]。由此可知,袁桷进一步由文史而扩大到经术、艺术与医药诸艺。

在几位老师中,王应麟对袁桷的影响最大。"先子命桷受业门下十年"[11],袁桷自12岁开始师事王应麟,22岁离开,前后在王应麟门下学了十年。初入门时,袁桷还是一个小孩,故"不过随众习句读已耳"[12]。其后,随着年纪的增加,学习的内容越来越丰富。"桷以蒙昧,请业门下。反复可教,授以端绪。有疑必开,有谬必举。语其平生,载出载处。"[13]如此,袁桷较多地接受了王应麟的学问,自称"桷承教于深宁先生者弥厚"[14]。后人把这一段经历称为随王应麟"讲求典故、制度之学"[15]。王应麟是他最为钦佩的老师,"少小不自持,曲学尊芜繁。举觞一醱之,为言护深根。先天有至理,能使月窟温。谈笑袭师训,讵知雪齐门。"[16]当王应麟去世时,弟子们都很痛心,袁桷作祭文来悼念。袁桷官翰苑时,"欲悉以其所著书进于朝廷,因循不果"[17]。显然,袁桷有所忌讳。晚年,与王厚孙也有交往,推荐他参与修地方志。泰定二年(1325),极力支持出版王应麟的《困学纪闻》,且作序推荐。时人也说袁桷"近师深宁王先生,授以文献渊懿,深有警发,尤长于论史,悉究前朝典故,人扣之娓娓谈不倦"[18],"自宋南

渡而后,吾乡学者以多识相尚。文清得王氏之传,其于近世礼乐之因革,官阀之选次,朝士大夫之族系,九流诸家之略录,俱能溯源执本,得其旨归。浙河以东,于斯为盛。"[19]由此可见,王应麟的学术,直接奠定了袁桷的史学基础。

南宋灭亡以后的相当一段时间内,南方士人出仕之路中断,更不太可能进入朝廷做官。袁桷是幸运者。元贞元年(1295),30岁的袁桷出任丽泽书院山长。三年后的大德元年(1297),经人推荐,袁桷得以担任翰林国史院检阅官,有机会到大都的朝廷做官。之后在武宗、仁宗、英宗时期先后担任国史院编修官、翰林直学士、侍讲学士。袁桷"廿载神京汗漫游,玉堂深处得无愁"[20],虽然是一个没有实权的翰林官,但符合袁桷理想。做史官是袁氏家族的传统,自然也是袁桷的理想,"三入承明愿已酬"[21],说明袁桷是相当满意的。到北京做官,使得南方学人袁桷得"接见中原文献之渊懿"[22]。"在翰林三十年,上《郊祀定制十议》,纂修《三朝大典》,酌定宪令,疏请购宋、辽、金三代遗书。一时制词碑版、高文典册,多出公手。"[23]泰定初年,袁桷辞官归故里,"期为全人"[24]。泰定四年(1327)八月三日卒于家,享年62岁,谥文清。袁桷一生著述甚丰,主要有《易说》、《春秋说》、《四明高僧传》、《延祐四明志》、《清容居士集》等。

总体上说,袁桷的人生道路是顺利的。《自赞》道出了袁桷的晚年生活感受:"讷文词而三直承明之庐,拙骑射而五游朔漠之域。居安以穷牺爻之变,比事以纠麟经之释。至于见几归田,服恬淡而守贞白,识者谓为知止,而独慊然犹以为有形迹也。"[25]三为史官,五游漠北,知难而退,保持气节,晚年得安静地从事《春秋说》与《易说》的写作工作,这些是多数南方士人做不到的,自然也是袁桷相当引以为荣的事。"余尝谓,审乎人情,酌乎事变,非《春秋》其谁准?感而通天下之故,则《易》之用,其与是相并。始于《春秋》而终于《易》者,

邵子之学也。"[26]这正是袁桷晚年专攻《春秋说》与《易说》的理由所在。不过,有得必有失。另一首《自赞》道出了袁桷的遗憾:"幼承父师之准绳,壮缉文献之渊懿。守先天之中为初心,究三圣之易为一致。气弱而词愈卑,学疏而用益疑。寥寥两京,耳受目接者,不能绍传,吁,何可言!"[27]修史未成,个人专著未成,生前热闹,身后没有理想的作品传世,这使袁桷在中国学术思想上的位置大为逊色。

二、宋史编纂过程及流产之因

袁桷重视宋史资料的搜集与整理。要求修宋史,这不是袁桷的自我标榜,而是真实的想法。袁桷比较务实,他不急于修宋史,而更重视宋史资料的搜集与整理。袁桷关注宋史,经历了由宋代袁氏家族史到宋史的转型。

1. 关注宋代四明家族史

少年时代的袁桷,曾与族叔袁褒(1260—1320)一起搜集四明家族历史资料。"方至元十五六年间,故家犹亡恙。海盐(指袁褒)时年二十,桷年十四五,私相议曰:'宦族久当圮,宜薪为传远计。'未几,正献宅火,留城南,遂各尽昼夜,浚源钩思,探索幽隐,以黜陈辞为己任。考闽、蜀、东浙、永嘉、湖南、江西之儒先,合其异同,不在于贵耳。杂书袭讹,辑言行者尊之,吾与子所当辨。"[28]四明的发迹,主要是宋代之事。至元十六年(1279)二月,南宋流亡政权结束,汉族士人复国彻底绝望。袁褒、袁桷叔侄意识到世家大族面临着重新洗牌,宋朝下的"宦族"将衰落,必须编纂四明宦族历史,为长远的传承作打算。为此,他们有意识地搜集各地资料,辑录其言行,加以考辨。这部书,就是《四明衣冠盛事录》。"君(杨鹏举)之外孙袁伯长(袁桷)出示所手抄吾乡《衣冠盛事谱》,阅之,既信乎所闻之可证,科目绝续之交,吾党穷通之机,实有关系。盖谱存则脉存,脉存

则虽秦火不能灭。"[29]

2. 关注宋代历史

国亡史作,已经在汉文化圈中形成一个共识与传统。袁桷说:"推原前代亡国之史,皆系一统之后史官所成。"[30]南宋彻底灭亡以后,宋代全史的编纂任务也提上议事日程。"世祖皇帝时,江南大臣有奏言:'国可灭,史不可灭。'上甚善之,命史官修辽、宋、金史,时未遑也。"[31]根据郑思肖《大义叙略》,至元十九年至二十年间(1282—1283),"闻叛臣在彼,教忽必烈僭,俾修纂大宋全史,且令州县采访近年事迹"[32]。由此可知,要求修大宋全史,是南宋降臣提出的。由于宋代有完备的官修制度,留下了完备的历史记载,"宋自建隆迄于嘉定,实录编年,纪志表传,盖数万言。其未成书者,第宝庆、咸淳之事而已"[33],所以,修宋史的资料基础是相当好的。只是,宋元之交一段历史记载不全,所以,元政府下令地方政府搜集这段历史的资料。修宋史,在大部分汉人看来,是元政府的事。不过,也有部分汉人以此为己任。郑思肖就相当不放心元政府的行为,他亲自动笔撰写了《大义叙略》,建构起自己心目中的宋元之交史。另有一部分汉族士人认为,易代意味着政治利益圈的重新组合,原来的圈子被打破,新的圈子在形成之中。易代之后,某些敏感的问题可以说了,原来被遮盖的内容可以揭开来,可以大胆地写出相对客观的宋史,譬如曹毅(1259—1310)与袁桷就有这样的思想。庐陵人曹毅虽为巡检司官,"独有志于述礼乐、征文献"[34],"以史事自任"[35]。"每言宋有国三百年,礼乐文物、名臣硕儒,皆表表可纪。国亡,史多散失。乃慨然自任,著书若干卷,未及脱稿而卒"[36]。袁桷称曹毅宋史稿:"不瞀于昔时之议论,自成一家。其贯穿出入,年经月纬,诛其私心,附以旁证,莫能逃遁。"[37]至正三年(1343),遗稿由其子送史馆,"众皆爱其法书简严,而叹先生不及与于论撰之列也"[38]。当时袁桷"以是自任",所以俩人志趣相当投机,"尝约,吾二人当

必任是事"[39]。不过,袁桷当时年纪太轻,兴趣过于广泛,一直无法专一,因而出现"纂录故实,一未终而屡更端,其失也劳而无成"[40]现象。纂录故实,就是编纂宋代历史资料集。一本未编完,又去编另一本,屡次如此,结果劳而无功,编纂成绩出不来。"余之书多无成者,岂古人所谓'沃土无善民'之说与?"[41]24岁那年,"不幸西城火灾,旧书尽毁"[42]。此后,"以余之识闇志荒,不复能有成矣"[43]。虽然宋史资料集没有编完,但袁桷在史学实践中精通了宋史。至30岁袁桷出任丽泽书院山长时,戴表元就说袁桷:"天资高,文章妙,博闻广记,尤精于史学。"[44]

袁桷的出仕,相当大的一个动机是寻找修宋史机会。"昔年委闾巷,初不愿禄仕。紬书探异门,拟作前国史。"[45]也就是说,袁桷初以修宋史为己任,不想做官,后来考虑到是做史官,才勉强答应的。入仕之后,袁桷长期在朝廷担任史职。成宗大德初,他被荐为翰林国史院检阅官,因熟悉掌故、文笔流畅而受到同僚的赞赏。仁宗延祐年间,升应奉翰林文字兼国史院编修官,之后任翰林院直学士。在职期间,袁桷多次参与史书的修纂,主要是预修《成宗实录》、《武宗实录》、《仁宗实录》。袁桷在史馆近二十年,心中念念不忘的是宋史资料的搜集与编纂。元统一后,多次动议修宋、辽、金三史,但均未成功。至仁宗延祐间(1314—1320),"将纂修辽、金、宋史,馆中以遗书亡轶为说"[46]。于是,大臣们在进行中讨论修史问题,太常博士虞集(1271—1348)提出:"三史文书阙略,辽、金为甚,故老且尽,后之贤者,见闻亦且不及,不于今时为之,恐无以称上意。"结果,"典领大官是其言,而亦有所未遑也"[47]。于是"至今十余年间,未遑有所笔录者,良以旧史多阙轶"[48]。袁桷看在眼中,急在心中,尤其担心资料散佚,使宋史的编纂留下不少缺憾。57岁那年,袁桷终于找到了机会。当时,英宗锐意进取,丞相拜住(1298—1323)信任袁桷,"尤重公学识,锐欲撰述辽、宋、金史,

责成于公。公亦奋然自任,条具凡例及所当用典册,陈之"[49]。至治二年(1322),袁桷上《修辽金宋史搜访遗书条列事状》,认为"凡所具遗书,散在东南,日就湮落,或得搜访,或得给笔札传录,庶能成书,以备一代之史"[50]。由此可以看到,当时袁桷也知道修史条件不成熟,当下的急务是搜集资料。那么,当时有否有展开史料搜集工作?从苏天爵"我国家尝欲撰次宋、金旧史,故家子孙多微弱弗振,遗文古事,往往放失,无所稽考"[51]来看,应该已经开始。可惜运气不好,次年八月,发生"南坡之变",英宗被刺杀。泰定元年(1324),袁桷本人也致仕回家。"念至事益非,委命以修己。勿为众所讥,不如道旁李。"[52]如此,搜集资料之事也不了了之。

三、袁桷的史学思想及成绩

1. 宋史编纂思想

袁桷尤其重视材料的考订。《修辽金宋史搜访遗书条列事状》,名义上是辽、金、宋三史,实际只及宋史。因为袁桷"生长南方,辽、金旧事,鲜所知闻",此为其短。袁桷相信"中原诸老,家有其书,必能搜罗会萃,以成信史",所以没有详谈。即便宋史,也主要谈了北宋史,南宋史涉及较少,不知何故。这篇事状,共有19条。前8条可以理解为本纪的处理,涉及了北宋九朝历史上存在的诸问题,后11条涉及了年表、世家、载记、列传、志的编纂原则及参考书目。《修辽金宋史搜访遗书条列事状》开列书目156种,这些宋朝名臣文集及杂书记载,翰林院"悉皆遗缺,亦当著具书目,以备采择者"。由此可见,这些是翰林院没有的备采书目。

在笔法上,强调实书,"实书以示后,其义自见"。认为"宋世九朝,虽有正史,一时避忌。今已易代,所宜改正"。主张一些大事大非问题,要求一一改正。避讳部分,要求复原与补写。袁桷指出《宋太祖实录》有两

部,各有长短。赵普参与了太宗夺位之争,《宋史·普列传》无一语及之,惟李焘《巽岩集》所载《赵普别传》透露。《三朝正史》,记载多有谬误。洪迈《四朝史》"多所避忌,立传亦有芜类,所宜刊削,当直书徽宗亡国之罪"。"徽宗违盟契丹,童贯复燕城,正史回避,所合改正"。"徽、钦围城受辱,北行遭幽,正史不载"。"元符至元祐事,赵鼎虽于绍兴改正,亦有隐讳"。这一思想,在别处也有反映。"宋祚历三百馀年,经国之纲领,治迹之盛衰,实书以示后,其义自见。深文巧避,多出其子孙,而为国讳者,掩而益彰。沿袭不决,何以传信?"[53]只有可信的资料,历史作品才能久传。"实录乃加谥以后书,必有臣传,亦有字数限式。宋元丰以后,《日历》坏于王安石;建炎以后,《日历》坏于秦桧。至咸淳之谬,尤不足据。然遗书旧闻,皆足考证。若欲讨论,非经月议论不可。"[54]袁桷认为史料有不直之处,必须加以考订,而考订是要花时间的。袁桷这一史料态度,有可取之处。前人留下的史料,不管是政府的或私人的,多有现实利益的考量。换了一个时空以后,剔除其中的现实利益考量,回归理性,恢复历史的真实,这正是历史学可作为之处。史料是建构史学的基础,但本身不是史学。

在体例上,推崇世表、年表,肯定司马迁《史记》与欧阳修《新唐书》,要求宋史也列表。宋初归降宋朝的诸王传,要求作《世家》。因宋朝领土范围小,四夷各有政权,要求立《载记》。列入叛臣传的李筠、李重进、韩通,要求改为忠臣传。诸方僭窃如李顺、方腊、王则、赵谂,侬智高,"宋史悉讳,今宜会萃立传"。列传资料选择上,首实录小传,"纂修史传,必当先以实录小传,附入九朝史传。仍附行状、墓志、神道碑,以备去取。"志部分,涉及了较难写的礼乐、历志、地理、兵、刑、徭役、漕运、度支、职官、艺文志,各自指出了具体的问题及改进之处。如礼乐,"史志所载,止于一时,而诸家所陈,罔有纪载。其乐志,止详于乐髓《新经》;礼书,若元丰

《集议》,未之有载。其书尚在,可备讨论"。兵、刑、徭役、漕运、度支,"随俗施政,莫敢偏废。……所宜博采奏议及食货等书,以备作志"。职官志,"神宗元丰以前,官制似唐,亦有增损;元丰以后,官阶、勋爵,分为二途。史志虽详,难便检阅"。艺文志"自元丰后,该载未尽。宜以今世所行书籍,备载旧制进呈者入书目。亦当以《馆阁书目》为主,分类补入"。

由此可知,袁桷对宋代史料研究有成绩,他的修史意见相当具体,自然也相当专业。前人认为"是皆本诸故家之所闻见,习于师友之所讨论,非牵合剽袭、漫焉以趋时好而已"[55],这样的评价是相当准确的。袁桷的《修辽金宋史搜访遗书条列事状》是袁桷对宋史资料可信度的一份调查报告,集中体现了袁桷的重视宋史材料的搜集与考订思想。要求对宋史资料进行考辨,这是袁桷的高明之处。

2. 强调实书,反对褒贬

在《春秋》学研究上,袁桷继承了邵雍、程、朱以来的传统,坚持《春秋》录实事而善恶自见论。"《春秋》书法,惟吾邵子知之,'录实事而善恶形乎其中者'是也。"[56]指出:"褒贬论《春秋》,解经者失之。作史者祖之,则益失其旨矣。"[57]袁桷肯定纪事的《通鉴》:"司马编年之法,当时较量极费力,然既谓之编年,不得不尔。终建安而始魏,亦自有深意,但不合谓诸葛公入寇耳。朱文公帝蜀自正,但后连书晋事,又不可晓。若书大夫扬雄卒,大与《春秋》书法不同。莽为乱臣贼子,《春秋》未有书家臣之礼。仆尝谓'正统'二字,于经无所见,《尚书》止有'大统'二字,汉历法有'三统'二字。后人泥正统之说,故皆不通前后,遮护不得。律以大义,则汉以后皆当缺书。若用编年备事,温公之法尽矣。邵氏《经世》以不书事,故可模糊无罅漏,然此老少年先从《春秋》下工夫,终占得道理端正。"[58]由此可知,袁桷强调《春秋》纲常大义,反对正统论。认为邵雍《皇极经世书》虽以说理为主,但因从《春秋》大义入手,所以

处理得当。这里提出了一个十分有意思的问题,纲常论与正统论是可以分开的,用春秋大义即可处理历史问题,而不必用政治色彩过浓的正统论。而当时的发展趋势则是,以纲常论与夷夏论入正统论,如郑思肖。袁桷的《修辽金宋史搜访遗书条列事状》没有涉及三史正统论。我们又注意到,元初,先是提出修辽、金史,后是宋史,说明当时没有三史正统之争的问题。这个问题是元末提出的,这是此前讨论三史正统论时没有弄清楚的。

3. 编纂了一部名志

袁桷留下的史学成果,主要是《延祐四明志》。《延祐四明志》20 卷,马泽修,袁桷纂。成书于延祐七年(1320),至治元年(1321)刊。马泽,字润之,延祐六年(1319)任庆元路总管。元统一后,原有的宋代四明志书已经不能够适应新时代的需要,"然而郡志缺落,其遗帙未备焉"。袁桷出身世家,文史修养深厚,对家乡风土掌故更是谙熟,是修志的不二人选。于是袁桷受马泽的嘱托,对四明方志进行续修[59]。志分二十卷十二考,分为沿革、风土、职官、人物、山川、城邑、河渠、赋役、学校、祠祀、释道、集古十二考,各考之下又详分子目,今本缺城邑考、河渠考上、下共三卷。志书详细记载了古代四明地区的州郡沿革、职官人物、山川物产等等,目的在"先牧民之本,推其沿革,览其山川,知昔时得人之盛,宫室户口之无恒,释道遗文之盛衰,是皆足以增其咏叹焉者矣!"是书后世评价甚高,四库馆臣称赞道:"其于乡邦旧典,尤极贯串。志中考核精审,叙述清晰,不支不滥,颇有良史之风。视《至元嘉禾》、《至正无锡》诸志更为赅洽可称。"[60]

有学者指出:以考为类目名称,是受到马端临《文献通考》的影响。这种模仿史志、政书的形式,以书、志、考、略、典为名设目的方志,自元代出现后,逐渐流行,遂成方志的一种类型。此前的三种四明方志体例尚不够成熟,《延祐四明志》以郡为纲,事以类聚,体例

非常恰当。因此,四库馆臣云:"义例明简,最为有体。"如沿革考分辨证、境土两目,城邑考分城、公宇、堂宅、亭、楼阁、台榭园圃、递铺、社、乡都、镇、市、坊巷、桥道14目。

全祖望认为,《延祐四明志》只给降元者赵孟传、谢昌元作传而未给抗元人士袁镛作传,是颠倒是非,"党于降元之徒也"[61]。其实,这种看法有失偏颇。影响袁桷选择立场人物的因素,既有传统价值观的影响,更有宋末元初社会现实的刺激,当然也有袁桷身处元代的实际,而立传者也确有可传之处[62]。袁桷不给袁镛立传,家族利益是一个关键因素。袁镛是西门袁氏,袁桷是南门袁氏,据说袁桷祖父袁似道曾想与袁镛通谱,但袁镛没有答应,说明两家之间关系不洽。再说袁洪降元,袁桷因为父亲的原因没有为袁镛立传,也在情理之中。徐时栋在《宋元四明六地校勘记》中的说法值得肯定:"谢山嫉恶出于性,成几微之失,容有疾之已甚者。而后人则当平情以论古,不当随声而附和也。"[63]

四、袁桷的史学地位

宋元的宋史与明清的明史,情况不同,可以作一些比较研究,从中发现一些有趣的现象。虽然南宋人对北宋历史有兴趣,编纂过《续资治通鉴长编》与《东都事略》之类作品,但总体上私修不如明代。这可能与官修的完备有关。宋朝的官修制度比较完善,有二体国史。既然官修不缺,民间自然不必在意,总认为国史是政府的事,民间不必操心。而明朝相反,官修残缺,逼着私人越职来修国史,由此成为一股风气。由于南宋以来民间没有修宋史的传统,所以,南宋灭亡以后,民间也没有急着修宋史。

修大宋全史,早在元初已经提出,但一直没有认真执行,主要的因素是"互以分合论正统,莫克有定"[64]。大家忙于正统之争,结果到元末修宋史时,没有做过像

样的修史准备工作。考察元代三史编纂历史过程,就可以发现,袁桷较早地做了详尽的专业研究工作,无论是理论还是实践,均有首创之功。袁桷在宋史编纂上的成绩,表现为四点:

一是提倡三史分修。袁桷没有明言,但其提案称为《修辽金宋史搜访遗书条列事状》,可见三史是分修的。不过,当时三史如何修的意见一直没有统一。

其次影响了《宋史》体例的设计。元末脱脱主修的《宋史》,许多材料与体例问题的处理吸收了袁桷的意见。如立宰辅表、宗室表,设世家、周三臣传,就全部采纳袁桷意见。

其三,影响了虞集、苏天爵。虞集年龄略小于袁桷,"与四明袁公伯长最厚,尽交友之义。尝追考故国士大夫德业之盛,各述其乡邑之旧而论著之"[65]。虞集一直关注三史修纂工作,尤其是三史资料的搜集。仁宗延祐间(1314—1320),"有旨修辽金宋史"[66],虞集上言搜集三史资料,算是自己对修三史的呼应。此后,"常以为意,遇有见闻,必谨识之"[67]。天历、至顺之间(1328—1332),曾提出:"今当三家各为书,各尽其言而核实之,使其事不废可也。乃若议论,则以俟来者。"[68]此议得到史馆诸公的认可。泰定元年(1324),31岁的苏天爵(1294—1352)由袁桷推荐入史馆纂修《英宗实录》。苏天爵自己说:"昔者,天爵为太史属,侍会稽袁公、蜀郡虞公,闻说故国世家衣冠人物之懿。"[69]时人赵汸也称苏氏:"早岁入胄监,登禁林,接诸老儒先生绪言,最为有意斯事。尝取三国史志、文集,总其编目于前,而合其编年于后,事之关于治乱存亡者,则疏而间之,题曰《宋辽金三史目录》,所以寓公正之准的,肇纂修之权舆也。后虽出入中外,不克他有撰录,而所至访求遗文,考论逸事,未尝少忘"[70]。所谓"诸老儒先生",正是袁桷、虞集诸人。"最为有意斯事",指的是编纂《三史目录纪年》。从上下文来判断,此事应是泰定初年入史馆以后之事,这是苏天爵的学

术起步之作。其书名称,时人谈得更多的是《辽金纪年》,而不是《三史目录纪年》。笔者的看法,两书应为同一书。至顺二年(1331),王理称:"苏君常闵宋氏以来,史官不得尽其职,载笔之士多乖故实,宋人详而多曲笔。又以比时辽金,简而径,事多湮昧。于是,著其故实,辑其阙漏,别为《辽金纪年》。"[71]当时,袁桷关注宋史,因受成长空间与知识背景的局限,未及辽金史。苏天爵是北方人,"多藏书,习知辽与金故实,暨国朝上公硕人家阀阅谱系事业碑刻表章"[72],活动空间与知识背景,可以弥补此不足,所以苏天爵重点关注三史中的辽、金之事。这说明,苏天爵明显受袁桷、虞集诸人的影响,才关心三史,写成《三史目录纪年》、《三史质疑》的。难怪到至正初年开始修撰三史时,大家相当怀念袁桷,"众独于公追思不忘"[73]。

其四,积累的资料,为修史奠定了基础。修三史时,派使者分行各地,网罗遗文旧事。负责江南遗书采访的是危素。"至正四年,素奉使购求故翰林侍讲学士袁文清公所藏书于鄞属,其孙晔同知诸暨州事,方以事往海中,待之久而后还。"[74]此时,"江南旧家尚多畏忌,秘其所藏不敢送官"。袁桷孙子袁晔爽快地拿出了家中藏书"数千卷",为三史的修成创造了条件。袁晔也因进遗书于朝,擢为秘书监著作郎[75]。

(作者单位:宁波大学)

注　释

※　本文为宁波市浙东文化研究基地 2008 年度课题"王应麟及其深宁学派研究"阶段成果。

[1]　有关袁桷的学术成果,目前有卢萍《袁桷及其史学》,《广西社会科学》2008 年第 5 期;杨亮《袁桷生平、学术渊源及心路》,《殷都学刊》2006 年第 2 期;杨亮《袁桷年谱》,广西师大 2004 年硕士论文;杨亮《宋末元初四明文士与诗文研究》,河南大学中国古典文献学 2007 年博士论文;孙瑜《袁桷的学术传承、政治生涯及社会网络——元中期南士境遇之管窥》,北京大学历史系 2000 年学士论文,见网络;纪宁《袁桷〈延祐四明志〉人物立传问题浅议》,《青海师范大学学报》2008 年第 2 期。

[2]　详参钱茂伟、王东《民族精神的华章——史学与传统文化》,北京图书馆出版社 2004 年,第 99 页。

[3]　杨亮《袁桷生平、学术渊源及心路》,《殷都学刊》2006 年第 2 期。

[4]　(元)袁桷《清容居士集》卷三〇《海盐州儒学教授袁府君墓表》,"四部丛刊初编"本。

[5]　袁桷《清容居士集》卷四一《修辽金宋史搜访遗书条列事状》。

[6]　袁桷《清容居士集》卷四一《修辽金宋史搜访遗书条列事状》。

[7]　(元)苏天爵《滋溪文稿》卷九《元故翰林侍讲学士知制诰同修国史赠江浙行中书省参知政事袁文清公墓志铭》。

[8]　袁桷《清容居士集》卷二二《袁氏新书目序》。

[9]　袁桷《清容居士集》卷二二《袁氏新书目序》。

[10]　(元)戴表元《剡源戴先生文集》卷一二《送袁伯长赴丽泽序》。

[11]　袁桷《清容居士集》卷三三《先君子蚤承师友晚固艰贞习益之训传于过庭述师友渊源录》。

[12]　(元)孔克齐《至正直记》卷四《四明厚斋》。

[13]　袁桷《清容居士集》卷四三《祭王尚书》。

[14]　袁桷《清容居士集》卷四八《书张侍郎孙祖传存靖斋铭后》。

[15]　(元)苏天爵《滋溪文稿》卷九《元故翰林侍讲学士知制诰同修国史赠江浙行中书省参知政事袁文清公墓志铭》。

[16]　袁桷《清容居士集》卷五《王叔载以江梅有佳实托根桃李场为韵见贻次其韵》。

[17]　袁桷《清容居士集》卷二一《王先生〈困学纪闻〉序》,《四库全书》文渊阁本。

[18]　《至正四明续志》卷二《人物》。

[19]　(清)李邺嗣《甬上耆旧诗》卷三《学士袁文清公桷》。

[20]　袁桷《清容居士集》卷一二《远客三年亲友简绝独开元邻僧以书茗相寄》。

[21]　袁桷《清容居士集》卷一二《寄城南友人》。

[22]　苏天爵《滋溪文稿》卷九《元故翰林侍讲学士知制诰同修国史赠江浙行中书省参知政事袁文清公墓志铭》。

[23]　李邺嗣《甬上耆旧诗》卷三《学士袁文清公桷》。

[24]　袁桷《清容居士集》卷三〇《袁州知事孔君墓志铭》。

[25]　袁桷《清容居士集》卷一七。

[26]　袁桷《清容居士集》卷二一《邓淳翁春秋集传序》。

[27]　袁桷《清容居士集》卷一七。

[28]　袁桷《清容居士集》卷三〇《海盐州儒学教授袁府君墓表》。

[29]　陈著《本堂集》卷四七《书四明衣冠盛事录后》。

[30] 袁桷《清容居士集》卷四一《修辽金宋史搜访遗书条列事状》。

[31] (元)虞集《道园学古录》卷三二《送墨庄刘叔熙远游序》。

[32] (元)郑思肖《心史·大义叙略》,见陈福康《井中奇书考》附录,上海文艺出版社2001年,第526页。

[33] (元)苏天爵《滋溪文稿》卷六《曹先生文稿序》。

[34] (元)杨维桢《东维子集》卷六《曹士弘文集后序》。

[35] (元)吴师道《礼部集》卷一八《题牟成父所作邓平仲小传及济邸事略后》。

[36] (元)苏天爵《滋溪文稿》卷六《曹先生文稿序》。

[37] 袁桷《清容居士集》卷二八《曹士弘墓志铭》。

[38] (元)苏天爵《滋溪文稿》卷六《曹先生文稿序》。

[39] 袁桷《清容居士集》卷二八《曹士弘墓志铭》。

[40] 袁桷《清容居士集》卷二二《袁氏新书目序》。

[41] 袁桷《清容居士集》卷二二《袁氏新书目序》。

[42] 袁桷《清容居士集》卷四一《修辽金宋史搜访遗书条列事状》。

[43] 袁桷《清容居士集》卷二八《曹士弘墓志铭》。

[44] 戴表元《剡源戴先生文集》卷一二《送袁伯长赴丽泽序》。

[45] 袁桷《清容居士集》卷五《王叔载以江梅有佳实托根桃李场为韵见贻因次其韵》。

[46] 虞集《道园学古录》卷四〇《题宋岳飞墨迹》。

[47] 虞集《道园学古录》卷三二《送墨庄刘叔熙远游序》。

[48] 虞集《道园学古录》卷一一《孟同知墓志铭跋》。

[49] (元)苏天爵《滋溪文稿》卷九《元故翰林侍讲学士知制诰同修国史赠江浙行中书省参知政事袁文清公墓志铭》。

[50] 袁桷《清容居士集》卷四一《修辽金宋史搜访遗书条列事状》。

[51] 苏天爵《滋溪文稿》卷二八《题马氏家藏宋名公尺牍后》。

[52] 袁桷《清容居士集》卷五《王叔载以江梅有佳实托根桃李场为韵见贻因次其韵》。

[53] 袁桷《清容居士集》卷二八《曹士弘墓志铭》。

[54] 袁桷《清容居士集》卷四二《答高舜元十问·问作史及编年实录凡例》。

[55] 苏天爵《滋溪文稿》卷九《元故翰林侍讲学士知制诰同修国史赠江浙行中书省参知政事袁文清公墓志铭》。

[56] 袁桷《清容居士集》卷四二《答高舜元春秋七问》。"录实事而善恶形乎其中者",见邵雍《皇极经世书》卷一三。

[57] 袁桷《清容居士集》卷二八《曹士弘墓志铭》。

[58] 袁桷《清容居士集》卷四二《答高舜元经史疑义十二问》。

[59] 袁桷《清容居士集》卷二一《四明志序》。

[60] 《四库全书总目》卷六八。

[61] (清)全祖望《鲒埼亭集》卷二三《宋忠臣袁公祠堂碑铭》,《四部丛刊初编》本。

[62] 纪宁《袁桷〈延祐四明志〉人物立传问题浅议》,《青海师范大学学报》2008年第2期。

[63] 卢萍《袁桷及其史学》,《广西社会科学》2008年第5期。

[64] 虞集《道园学古录》卷三二《送墨庄刘叔熙远游序》。

[65] (元)赵汸《东山存稿》卷六《邵庵先生虞公行状》。

[66] 虞集《道园学古录》卷一一《孟同知墓志铭跋》。

[67] 虞集《道园学古录》卷一一《孟同知墓志铭跋》。

[68] 虞集《道园学古录》卷三二《送墨庄刘叔熙远游序》。

[69] 苏天爵《滋溪文稿》卷二八《题马氏家藏宋名公尺牍后》。

[70] (元)赵汸《东山存稿》卷五《题三史目录纪年后》。

[71] (元)王理《国朝名臣事略序》,见苏天爵《国朝名臣事略》卷首。

[72] (元)宋本《滋溪书堂记》,苏天爵《国朝文类》卷三一。

[73] (元)苏天爵《滋溪文稿》卷九《元故翰林侍讲学士知制诰同修国史赠江浙行中书省参知政事袁文清公墓志铭》。

[74] (明)危素《说学斋稿》卷三《鄞江送别图序》。

[75] (元)苏天爵《滋溪文稿》卷九《元故翰林侍讲学士知制诰同修国史赠江浙行中书省参知政事袁文清公墓志铭》。

礼乐之兴与亡国之恨的交织
——黄宗羲晚年的内心矛盾

方祖猷

黄宗羲自康熙二十年左右承认了清廷统治的合法性,在其著作中经常出现"顺治"和"康熙"的年号,并与朝廷高官叶方蔼、昆山三徐来往频繁,甚至在《山西右参政吁之丘公墓碑》里,出现了"王师下江南"的字眼,他为什么在晚年出现这样大的转变? 这在他康熙三十年八十二岁时所作的《靳熊封诗序》中说:"方今将兴礼乐"[1]这句话中可以找出思想原因。所谓礼乐,即帝王的制礼作乐,其制定的政治和社会制度,有达到儒家典范的意思。东汉高诱注《吕氏春秋·孟夏》的"礼乐":"礼所以经国家,定社稷,利人民;乐所以移风易俗,荡人之邪,存人之正性。"说康熙帝方兴礼乐,意谓朝廷的统治政策已由过去的夷狄之道转而为中国之道。他在《留书·封建》中说:"古之有天下者,日用其精神于礼乐刑政,故能致治隆平。"康熙帝的右文政策,不是正符合这一精神吗? 他在《靳熊封诗序》文中的"礼乐将兴"的话,表明黄宗羲对清廷右文政策的认同。

然而康熙帝短短十几年的右文政策,是否能抚平清兵入关近二十年内对汉民族的大量屠杀、掳掠,摧残经济,破坏文化,使前明礼乐制度带来的社会治平荡然无存,从而造成他心底里的深刻的伤痕呢? 对黄宗羲来说,似乎是很困难的。他一方面守定"遗民"的底线,一方面在诗文中常流露出对前明的留恋,并在行动上有所表示。在他病衰几度垂危的晚年,他处于既认同当今的礼乐复兴,又心怀亡国之恨的矛盾中。

他在行动上坚守遗民底线,表现在康熙二十八年他拒绝参加绍兴府的乡饮酒礼之邀。

乡饮酒礼,是上古的礼制。出于《礼记》卷三《王制》,它属"王者之制",即帝王行政制度之一,为在乡退守官员养老设置的一种礼节。《王制》规定："养耆老以致孝。"其礼节为"耆老皆朝于庠。元日，习射上功，习乡上齿，大司徒帅国之俊士与执事焉。"朱熹弟子陈澔在《礼记集说》中注："庠，则乡之学也。耆老，乡中致仕之卿大夫也。"地方长官在乡学内，邀请退休耆老参加射礼和饮酒礼。在举行乡饮酒礼时，可以让在乡的士人参观。《礼记》卷十《乡饮酒礼》指出，参加乡饮酒礼的"耆老"，须六十岁以上，黄宗羲时年八十，在年龄上完全符合规定。然他并非朝廷致仕的大夫，本不该邀请他，因他曾受康熙帝特旨礼聘，所以绍兴地方官不敢怠慢，邀他参加乡饮酒礼。黄宗羲自然不能参加，否则他就成了清廷的退休官员，他的"明遗民"最后一道防线就被突破了，故他在《与李郡侯辞乡饮酒大宾书》中力辞。表面理由是"秋季一病，去死无几，以是龙钟潦倒，行止须人"，而乡饮酒礼乐须"进骖中度，升降辑。竟日无倦"而后可，这对八十岁的老人来说，体力上难以应付。其中还有一个理由，他说：

> 义蒙圣天子特旨，召入史馆。人之义，召之役则往役，笔墨之事亦役也。义时以老病坚辞不行，圣天子怜而许之。今之乡饮酒，亦奉诏以行者也。假若应命而赴，召之行，则避其劳而不往，召之为宾，则贪其养而饮食衎衎，是为不忠[2]。

他内心深处对前明的留恋，在他病衰的晚年，时常流露于诗文。康熙二十六年，他七十八岁时，有《应炯先九十寿》诗，应炯先为前明天启七年举人。他有感而发，写下了"铜人有泪秋风急，商女无知夜月明。多少兴亡云过眼，销除姑妇一残枰"[3]的诗句。魏明帝青龙元年八月，诏宦官牵车取汉武帝墓前的铜制捧露盘仙人，拆盘将载铜人时，据说铜人潸然泪下。后来唐李贺有《金铜仙人辞汉歌》记载其事，说："魏官牵车指千里，东关酸风射眸子。空将汉月出宫门，忆君清泪如铅水。衰兰送客咸阳道，天若有情天亦老。"南朝陈后主生活奢靡，日与宠妃幸臣游宴作乐，令宫女唱《玉树后庭花》

的艳词，不问政事，致使国亡。唐杜牧有《泊秦淮》一诗讽刺："烟笼寒水月笼沙，夜泊秦淮近酒家。商女不知亡国恨，隔江犹唱后庭花。"黄宗羲"铜人有泪秋风急，商女无知夜月明"诗句所表达的，正是魏灭汉、隋亡陈那样的亡国之痛。但对照文天祥的"铜雀春情，金人秋泪，此恨凭谁雪"（《念奴娇》）诗句，其悲愤之情，斗争的意志，就有较大差距了。

康熙二十七年，他已年近八十，从昆山抄阅传是楼藏书回来，时督学王揆表章前明天启、崇祯的忠节，立六贤书院于绍兴，这"六贤"指黄尊素、刘宗周、施邦曜、倪元璐、祁彪佳、周凤翔。六贤中除黄尊素死于天启奄难，施邦曜、周凤翔死于北京闯难，其他三位都死于抗清之难。黄宗羲特至六贤书院拜祭，他有《蠡城拜六贤书院》诗，诗中说：

> 六贤讲院揭碑坊，六十年来一电光。
> 郡守中秋来致奠，孤儿重九自拈香。
> 风翻菱浦寒烟满，雨湿牵牛翠带长。
> 为读碑文来下马，更无人不叹兴亡！
>
> 一堂香影自萧疏，正值有司将事初。
> 同是千秋亡国恨，分为三帝纪年书。
> 灵旗拂处涛江暗，朱鸟来时鬼宿虚。
> 后死无人追往事，空留明月照庭除。[4]

"六十年来一电光"，"空留明月照庭除"，表示无奈之情，但这无奈之中，掩不住积压在他心中"更无人不叹兴亡"和"同是千秋亡国恨"的幽怨之情。

这首诗也告诉人们，他将千秋亡国之恨寄托于他所写的"三帝纪年书"，在这诗句后他自注："天启、崇祯、弘光。"诗句说明黄宗羲这时还在写有关天启、崇祯、弘光三朝的史书。这本史书，后称为《明史钞》。康熙三十七年春，他逝世后三年，他的弟子万斯同在京修史，请假回里省亲，顺道往余姚，访黄百家，在其黄竹浦寓所，看到了这部书。黄百家说："（斯同）已见先遗献晚年所著《明三史钞》，大喜曰：'此一代是非所关也。我此番了事，归来将与汝依此底本，另成《明朝大事记》一部，如何？余心甚快之。"[5]但因万斯同后猝然卒于京师，此志未遂。知师者莫若其徒。黄宗羲在《明三史钞》中所表达的正是痛于故国之亡的"国可灭，史不灭"的史学思想。

在《蠡城拜六贤书院》"灵旗拂处涛江暗，朱鸟来时鬼宿虚"的诗句，表面上是形容六贤书院建成之日的祭奠礼节。其实暗地里流露出亡国的悲痛。"涛江"，暗指钱塘江。《史记》卷六十六《伍子胥传》：吴王夫差受谗杀伍子胥，"子胥告其舍人曰：必树吾墓上以梓，令可以为器，而抉吾眼悬吴东门之上，以观越寇之入灭吴也。"唐张守节《史记正义》注，后越灭吴，越军在临江北岸立坛杀白马，祭伍子胥。"越军开示浦，子胥涛荡罗城，开此门"。后人因传说伍子胥怨恨吴王，驱北为涛，这就是钱塘江江潮，又称"子胥涛"。宋《淳祐临安志》卷十《浙江》："又按《夫差内传》，吴王赐伍子胥死，乃取其尸，盛以鸱夷之革，浮于江中，子胥因随流扬波，依潮来往，荡激崩岸，势不可御。于是仲秋既望，杭人以旗鼓迓之。"黄宗羲"灵旗拂处"表面上祭的是六贤，心底里祭的是前明。"朱鸟来时鬼宿虚"，这句很难理解，但是，如果与黄宗羲在《复芹堂记》的"岂不知其师平时之饮食在坠露落奠……原若化为朱鸟、飞鸣过之，不受汝招也"相对照，他心里的秘密，就容易破解了。屈原的弟子宋玉有《招魂》赋[6]，以神话的口气，说天上、地下如何可怕险恶，而家乡又如何美好，招屈原魂魄归来享受安乐的生活。然而，化为朱鸟的屈原魂魄来的时候，看到的都是一片虚幻，"鬼宿虚"，当然飞走了，"不受汝招也"。也就是说，黄宗羲表达的是他坚决以遗民自处，不受清朝任何官职之招的心意。

康熙二十七年，他还有《赠诸暨傅平公》诗一首，中说：

> 身挂麻衣能不染，心非蜡烛未成灰。

已将前梦留《心史》，不惜人言是怪魁。[7]

"身挂麻衣不能染"好理解，"麻衣"指平民穿的衣服，宋谢翱《青薪亭》诗"归路逢樵子，麻衣草结裳"。如衣服染上颜色，成了彩服，就有可能成了官服。"不能染"，自然指不到清廷做官。唐李商隐《无题》诗有"春蚕到死丝方尽，蜡炬成灰泪始干"句。黄宗羲稍改其句，成"心非蜡烛未成灰"，意义就大不相同了，是他的什么心情尚未成灰呢？难道是早年推算胡翰十二运得出二十年交入"大壮"的壮志吗？自然有可能。因为六年后，在他临死前一年，他在《破邪论》中还念念不忘胡翰十二运的推算。不过他的"壮志"，已像从苏州井中打捞上来被锢在铁匣的宋遗民郑思肖所作遣责元朝的《心史》[8]那样，属于"前梦"了。

正是在这一年某天的夜里，他忽然梦见了顺治二年与他一起在钱塘江畔"划江之役"中共同抗清的战友王正中，醒来后不觉泪湿衾被。有《梦王仲挚》诗一首，中有

> 当年共有荒鸡志，今日唯闻邻笛音。
> 梦里数行知己泪，醒来犹自湿孤衾。[9]

"荒鸡志"，一般来说，鸡鸣三更，在三更前啼的鸡，称"荒鸡"。东晋祖逖和刘琨，有匡复晋代之志，俩人听到荒鸡之鸣，共同起而舞剑。黄宗羲用此典故，回忆起自己与王正中当年复明的壮志，不过现在已听不到荒鸡之鸣了，于是他在梦中哭醒了，梦里的泪还沾湿了衾被。日有所思，夜有所梦，可知缠绵于其心的仍是亡国之痛。

康熙三十年，他忽然接到当年在海上共同抗清的吴钟峦子吴裔之来信。他自然回忆起他从亡鲁王监国于浙东健跳所，因清廷有录不顺命的明遗民家口之令，他不得已陈情监国回里，时吴钟峦驾三板船相送十里之外，呜咽而别的情景，他再一次泪湿，赋诗二首：

> 荒村接得纸零星，四十三年梦又星。（自注：己丑至今四十三年。）

战鼓夫人充健卒[10]，朝仪宗伯领诸生。（自注：皆当日事。）

寒琴坠水声犹在，（自注：其地为宋高宗坠琴处，渔人得之以献，高宗流涕久之。是时诸公共赋此题。）孤蝶经围血尚颓。

三板洋中三千里，至今耿耿此时情（自注：余行时，先生乘三板船来别）。

十里洋船上下潮，一杯相对话漂摇。

马兰万树遮荒岛，饥鹈千群泊乱礁。

公已千秋传信史，我开九裹冷诗瓢。

宫人何事谈天宝，清泪能无湿绛绡！（自注：乱礁洋，文公有诗。）[11]

两首诗都是回忆早年海上抗清情景，只是最后一联道及了黄宗羲目前的心情，"宫人何事谈天宝"，是从唐元稹《行宫》"白头宫女在，闲坐说玄宗"诗句演化而成。天宝之乱是唐由盛转衰的关键。安史之乱后，天宝年间进宫的幼女，现在已白发苍苍，她们在宫中谈论唐玄宗的往事，成了用以打发时间的闲话。可是黄宗羲却不同，这些往事，都同他血肉相连，抗清的艰苦与失败，对他来说，有切肤之痛。虽然星换月移，时间过去已有四十三年，对他来说，往事仍历历在目，并未随时间而消磨掉，感情之强烈。使他老泪纵横，"清泪能无湿绛绡"。

二年前，黄宗羲咳嗽严重，晚上睡不着，他作《卧病》一诗说：

骚屑三秋不自宁，半床明月照零丁。

何缘肺气秋涛壮，载尽人间许不平。[12]

八十老翁，于世何求，有什么人间不平事，如秋涛那样在他胸中起伏？这当不是别的，应是亡国之恨。可是，康熙三十一年，他有《哭相国徐立斋先生》诗，说"天章照茅檐，耄倪皆惊赫"，又流出对清廷右文的认同。可以说，在黄宗羲晚年他的幽怨的亡国之恨，和他对清廷方兴礼乐的欢迎，这两种相互矛盾的感情，一直缠结在他的心中。

（作者单位：宁波大学）

注　释

[1]《黄宗羲全集》第十册《靳熊封诗序》，浙江古籍出版社 2005 年本。

[2]《全集》第十册《与李郡侯辞乡饮酒大宾书》。

[3]《黄宗羲全集》第十一册《南雷诗历》卷四。

[4]《黄宗羲全集》第十一册《南雷诗历》卷四。

[5] 黄百家《万季野先生斯同墓志铭》，《碑传集》卷一百三十一《万斯同》。

[6]《招魂》的作者和招何人之魂，学术界有不同看法，这里以黄宗羲自己的看法予以分析。

[7]《黄宗羲全集》第十一册《南雷诗历》卷四。

[8] 元末明初陶宗仪著《辍耕录》称宋末元初郑思肖（字所南）悲宋室之亡，作书十卷，名《心史》，中多诋刺蒙古事，锢书于铁匣，沉于苏州承天寺井中。明末崇祯时，寺浚井后发觉，上于巡抚张国维，张刻之印行，一时传为异事。万斯同《宋季忠义录》记载此事。

[9]《黄宗羲全集》第十一册《南雷诗历》卷四。

[10] "战鼓夫人充健卒"，当指以军解鲁王健跳之围的水军大将阮进之女。钱谦益《牧斋有学集》的《投笔集·小舟惜别》有"娘子绣旗营垒倒"句，自说："张定西（张名振）谓阮姑娘，吾当派汝刀侍柳夫人。阮喜而受命。舟山之役，中流矢而殒，惜哉！"

[11]《黄宗羲全集》第十一册《全祖望选本南雷诗历》卷五《得吴公及（自注：名裔之，霞州先生子）书》。

[12]《黄宗羲全集》第十一册《南雷诗历》卷四。

从《洋烟考述》谈对姚燮的再认识

袁 慧

一、姚燮及其所处的时代背景

姚燮(1805—1864),字梅伯,号复庄,又号大梅山民、野桥、疏影词史、复翁、二石生等,镇海人。

《镇海县志·人物·传略》(中国大百科全书出版社 1994 年 11 月第 1 版)称:"崇邱乡人,生于城关谢家塘。"北仑区《名人档案》则云:"姚燮为北仑小港姚张村姚家斗人,出生于镇海城关谢家塘。"其实两者并无实质性矛盾,北仑地处镇海江以南地带(甬江口之东南),后因宁波市区扩展,镇海撤县并市,分设镇海、北仑两区,均成为宁波市直辖区之一。

姚燮一生勤读博学,诸凡经传子史、道藏释典、稗史杂家,无不观览;诗文、书画、戏曲、音韵、小说评点均有深厚造诣。(民国)《鄞县通志·文献志·寓贤纪略》记载:"公车北上,公卿争与之游,名益藉藉。大学士阮元以其词如白石姜夔,画如煮石山农王冕,赠号'二石生'。"

道光十四年(1834)乡试中举,入京会试,数次均未中式。由于科举屡挫,乃绝意仕进。此时家境又复困苦,终年为生计奔波。在京师期间,一度担任过位卑品低的中书舍人。明清际,内阁中书科设有中书舍人一职,职责仅为缮写文书;亦有在史馆从事抄写工作的。尽管职位不高,但接触档案资料的机会较多。

鸦片战争期间,镇海、宁波相继陷落,乡土沦亡,国家危殆,亲友罹劫,姚燮挈妇将雏,奔走流离,历尽颠沛,写下不少揭露侵略军暴行、投降派丑态,以及歌颂抗战英烈、反映人民苦难、揭示鸦片战争前后中国社会主要矛盾的诗篇。情辞悲愤激昂,成为浙东抗英斗争的不朽史诗。1842 年,先生迁居鄞县之鄞江桥(《鄞县通志》称光霱,其地也),与朱立淇同纂《四明它山图经》。后移居城中心鉴桥南(《鄞县通志》作"寓郡城之甘霱",即今苍水街与解放北路交会处,旧有小河,称甘霱)。不久病剧,"借寓城北玉清道院",闭户休养五月有馀,病愈后因自号"复庄"。

晚期流寓杭、苏、京、沪等地(在沪上居住较久),以鬻画、售字、撰文维持生计,吟有"寒衣在典不可赎,赤手思炊米无宿"等写实诗句。燮结交极广,手头稍宽,即流连吟咏,征歌游宴;囊中羞涩,即闭户作画。其画仕女、花卉、翎毛多出上品,意境奇特,尤精墨梅,款篆"还我原姿"、"方寸千里",市人争购之。人称"大楳(梅)先生"。咸丰三年(1853),离沪返乡,在小浃江北浒(今属北仑区)葺修息游园,在此潜心著述并继续从事书画创作。1860 年,太平军迫近甬地,先生避至象山,与欧景辰兄弟及王荺兰等组织红犀馆诗社,被推为诗社祭酒。

先生为人和易亲近,对后学循循善诱。鄞人董沛、郭传璞等均曾师事先生学习经史,后皆成浙东名家;郭巨(今北仑区郭巨镇)余贤治从先生学画梅,得其亲传,自号"瘦梅子"、"小梅",以示崇仰之深。任渭长的画,由于姚燮的鉴赏赞誉而更享盛名。任渭长也曾住大梅山馆作画,画了一百多幅《姚燮诗意图》。

晚年致力戏曲小说,又雅好音乐,精通音律,能自谱曲,著有《退红衫》、《梅心雪》、《苦海航》等传奇多种,并撰有《今乐考证》十三卷;编纂有《今乐府选》五百卷。该二书在中国戏曲史和剧目著录上具有特殊重要的地位。燮又以"大某山民"署名,评点《红楼梦》,为清代著名红学评点家之一。他盛赞"雪芹曹氏以函古盖今之学,撰空前绝后之书"。一生勤于著述,卒前数日,尚在编辑《蛟川诗系》,撰《蛟川先正小传》。遗著有《疏影楼词》、《复庄诗问》、《复庄骈骊文榷》等四十馀种。《清史

稿·文苑传》赞其诗"苍凉抑塞,逼近少陵,骈体文亦沈博绝丽"。先生诗文、书画"流落半天下"。在旧居"东冈别墅大梅山馆中,藏书万卷。今亦散落各处"(1994 年出版《镇海县志》第二十八编《人物》P875—876)。墓在崇邱剡岙泗洲寺后。

纵观姚燮一生,少年成才,在文学艺术和学术研究上均有卓越建树。然而,他最值得称道的成就,就是为后人留下了篇幅众多的反映民间疾苦以及外敌入侵带来的严重祸患的诗作与论著(包括搜集辑录的资料),揭露、鞭挞了封建专制王朝的腐败无能,殖民主义侵略者蚕食中国贪得无厌的豺狼本性。姚燮生活的年代,正值大清帝国从表面繁荣兴盛走向衰落的转折点,也是中国近代史的开端。姚燮亲历第一次和第二次鸦片战争,深知国家存亡忧急,同胞备受欺凌,人民处于水深火热之中的现实处境;又经历过太平天国战争,感受至深。他与当时坚决主张禁烟、敢于抗强御侮、思想进步的名流,如林则徐(1785—1850)、黄爵滋(1793—1853)、龚自珍(1792—1841)、魏源(1794—1857)等,基本上属于同一代人物(年齿差距在一二十岁之内)。他了解的情况,多为亲历亲见和来自民间的第一手资料,可信度高。他的功名职位虽不及林、黄、龚、魏诸家,然而位卑未敢忘忧国,同样怀着"天下兴亡、匹夫有责"的抱负,又服膺梨洲先生倡导的民本思想,"臣民之责,为天下,非为君也;为万民,非为一姓也"(《明夷待访录·原臣》)。故能尽己之力,发挥文学艺术和史学方面专长,操如椽之笔,奋起投入战斗,为迭经战乱、饱经忧患的底层民众"鼓"与"呼"。

笔者认为对姚燮的评价,可归纳为十六个字:爱国诗人,南画宗师(姚燮的作品,以诗意入画境,以画境传诗意,独具意趣,别开生面,为南派画坛之珍品,被众弟子尊为"南画宗师"),词曲名家,史坛异军(浙东史学的一匹异军突起的"黑马")。再补充申述一个自己的观点:甬人素有"儒商并重、重儒而不轻商"的人文传统。

甬人课督子弟勤学苦读,谋求学而优则仕;万一科场受挫,则仿效陶朱,移志货殖。甬商勤奋俭朴,诚信昭然,并善于开拓创业,敢为人先。他们藉滨海渔盐之利,港口舟楫之便,造船事业历史悠久,(张道渊在1933年第3卷第9期《国风》杂志上发表的《宁波市在国际通商史上之地位》一文考证:"于越所献之舟,乃是构造较常舟完备伟大之海船也,其船当造于宁波。")商通万国,贸易鼎盛,商埠繁荣,"宁波帮"迹遍全球,闻名遐迩。达则身居庙堂,兼利天下;不遇于时则另辟蹊径,改业从商,而致富之后仍不忘兴教办学,助桑梓莘莘学子成器成材。姚燮虽未直接投身商贸,然在通衢大埠卖字鬻画,习以为常,说明其商品意识与理财观念还是不缺的,这也是浙东文人传统特色之一吧。

二、《洋烟考述》的内容特色及史料价值

对于姚燮的著作,包括诗篇、乐府、词曲、音律、小说评论等,近代以来,已有多人做过论述研究;然而对他在史学方面的建树,却很少有人道及。

其真正原因之一是该书从未梓印,亦无任何钞本流传,仅此一份手稿,即朱鄮卿先生原藏、今归天一阁者。笔者查阅《全国善本书目录》及王重民撰《中国善本书提要》等著录,均没有提到别的图书馆亦藏有同样的稿本或钞本,因此可以肯定,此稿本乃是海内外唯一之本,其学术价值和文献文物价值之重要,是不言而喻的。

本书系姚燮亲笔缮写,共八卷,约六万言(图一)。半页十一行,行二十三字。左右双栏。稿纸为安徽宣纸。版心印有黑白相间的花鱼尾,注明卷数及页码,末端镌有"上湖草堂"字样(此四字预印在专用稿纸上)。版框13×18.5厘米。内文以行楷书写,端正清晰,笔法俊逸,劲力内涵,刚柔相济,一气呵成。姚燮习惯以带有锋芒棱角的笔画起笔,此稿书法意韵与他平时风格

图一　《洋烟考述》封面

吻合。稿本经精心校对,很少有讹字、衍字与脱漏;偶有笔误,改正时先用细淡墨痕作小圆圈勾画,旁注清晰的改正字样,很难发现有浓墨重抹的痕迹。我馆藏有梅伯书画作品多件,经参照核对,确认是姚燮手笔。每卷之首,均自题"息游园稿本"字样,可见此稿是他绝意仕进之后,退居故里潜心著述,亲笔缮写而成的。更为难能可贵的是,稿本上端空白处,有先生亲笔题写的补充或注释十馀处,更增添其学术价值,并进一步证实此乃姚燮手稿无疑。

此稿每卷卷首,均钤有"萧山朱鼎煦所藏书籍"朱文印及"五十以后藏"白文印,亦有钤"鼎煦"、"萧山朱氏"、"别宥斋"等方形白文章。封面题签《洋烟考述》八卷,别宥秘笈",为鄮翁手笔。

细细体会《洋烟考述》的内容特色,笔者认为至少可归纳为以下五个方面:

其一,材料完备,内容集中,分类明确,查阅方便

无论一般读者还是专业研究者,需要这方面资料作参考时,大体上都能在本书中各取所需,无须再煞费苦心旁搜穷索。如大臣们关于禁烟的奏议,皇帝御批,以及由此而制订的禁烟律法,包括章程与条例(习称

"律例"），在第一卷《恭述圣谕律宪》、第五卷《筹办查禁疏请事略》中，基本上能一览无遗。

卷一内，最早收录的为嘉庆二十年三月二十三日（1815年5月2日）根据御史蒋攸铦奏议而制定的《查禁鸦片烟章程》，以及准予颁行的上谕。接着有道光三年八月（1823年9月），旗员大臣明山的奏章，道光皇帝即时批准的谕旨："著该督抚严饬该管文武，在关津隘口留心查办，并令地方官实力稽查。如本省私种罂粟花采熬鸦片及开设烟馆，即严拿究办，不得假手书役，致滋索扰。其置食鸦片，无论官幕、营弁、兵丁，一经拿获，照例惩办。至地方官拿获（吸食烟土者），量予鼓励；不行查拿者，酌加处分……"而最引人注目和最具代表性的则是鸿胪寺卿黄爵滋的几次奏折（图二）。

图二 《洋烟考述》卷一

黄爵滋是力主禁烟的名臣之一，与林则徐齐名。进士出身，历任御史、鸿胪寺卿、大理寺少卿、通政司使、刑部侍郎等显职。道光十八年（1838），向皇帝力奏《请严塞漏卮以培国本疏》，痛斥弛禁论者，力言若不"堵塞漏卮"、雷厉风行实行严禁，则必将"以中国有用之财，填海外无穷之壑，易此害人之物，渐成病国之忧，日复一日，年复一年，臣不知伊于胡底！"随后又提出了

"必先重治吸食者"的坚决禁烟主张，对业已上瘾的烟民，准给一年期限勒令戒烟，若一年以后仍然吸食，即为不守法之乱民，当置之重刑。奏疏呈上后，道光帝（旻宁）赞其"非汝痛发其端，谁肯如此说话"，遂委林则徐为钦差大臣，赴广东查禁鸦片。

鸦片之流入中国，最早肇自南宋，明代后期（万历至崇祯年间）逐渐增多，至清乾嘉间，进一步有所发展，至道光年代，更一发不可收拾，呈现燎原之势。对于禁止鸦片（烟土）走私流入，加强巡海缉私与关卡严查至关重要。惩处烟贩、烟馆以及贪贿卖放之官员、胥役、兵弁等，早有律法明文规定，只是前订律例往往失之偏宽，跟不上形势的发展，需要不时修订，加强禁烟力度，方能奏效。如道光十九年（1839）颁发的《禁鸦片新例》，共有三十九条，较《旧例》条文增四倍以上（《旧例》九条，在卷一中亦有全文收录），处罚力度亦随之加强。因篇幅有限，仅录《新例》第一至第五条，以资说明。

——沿海奸徒开设窑口，勾通外夷，潜买鸦片烟土入口，囤积发卖图利，一经审实，首犯拟斩立决，恭请王命，先行正法，仍传首海口地方悬竿示众；为从同谋及接引护送之犯，并知情船户，均拟绞监候。该管各员知情者，革职；失察者，降级、罚俸有差。

——海口员弁兵丁，受贿故纵，拟绞立决；其未经得贿徇纵者，发新疆地方，系官弁充当苦差，兵丁为奴。如讯不情实，系失于觉察者，兵丁杖一百，徒三年；文武员弁、关督等有失察者，降级有差。

——开设窑口并合伙兴贩者，以造意者为首，馀俱从论。

——沿海奸徒，寄存夷船烟土者，照开设窑口从犯治罪。其寻常兴贩烟土案内，究出知情受寄之犯，减首犯一等治罪。

——得财卖放鸦片烟土案犯之官役人等，与

本犯一体治罪;赃重者,计赃,以枉法从重论。吏部查拏获兴贩及吸食之犯,如有吏役人等得财卖放,照该犯罪律轻重,失察之该官降级罚俸有差。

本书卷五载有《林文忠公疏略》、两广总督林文忠公《粤中通商事宜疏》及道光二十二年(1842)靖逆将军奕山奏疏等,内容涉及与贩卖洋烟(鸦片)主谋者英吉利外交、贸易、海关监管等交涉斗争过程,亦值得重视。如《粤中通商事宜疏》这份奏疏,分析对当时的错综复杂国际形势,揭露夷人故意将贩卖害人之鸦片走私与正当通商贸易混为一谈的惯施伎俩。林则徐在痛陈利弊之后,认为必须澄清种种糊涂观念,洞悉夷情,坚决彻底实行严禁,并加强沿海防范,以"上崇国体,下慑夷情"。

其二,广采博闻,中外兼收,视域宽广,内容翔实

凡国内外新闻媒体报道,诸如《澳门月报》、《米利坚报》、《福州夷报》、西刻《中外新报》(香港第一份中文报纸,教会主办,1858 年创刊,由当时的香港《孖剌西报》印刷出版。最早的主持人有黄胜、伍廷芳)等,本书均有较详尽的摘录转载;并引用不少个人著作,如《俄罗斯与印度构兵记》、《梁兆壬随笔》(《两般秋雨庵随笔》),俞礼初《(正燮)《癸巳类稿》等,不下数十种。

因内容繁多,仅摘录个别章节作举例(括号内为笔者所注)。

西南海之亚非利加边地(今印度洋沿海地区),若孟迈(今译孟买)、孟搭拉(今译马德拉斯。1801 年英国统治印度南部,马德拉斯成为商业和行政中心。今为印度工业中心之一),皆英国属藩。南海之新加坡、新埠、美洛居(中世纪印度尼西亚苏门答腊古国,以盛产香料闻名)、三佛齐(即室利佛逝国,亦是中世纪印度尼西亚苏门答腊古国之一),皆其分岛。孟搭拉产大土,孟迈产小土(大烟土与小烟土的简称,指未经熬制的鸦片即鸦片烟的半成品);英国不产鸦片,亦不食鸦片,而坐

收鸦片之利。

孟搭拉即孟加腊,或作明绞劳,《海录》(清杨炳南著。书中介绍船员们前往东南亚、欧美各国的见闻,是第一部中国人以亲见亲闻叙述外国情况的著作)作明呀喇,英吉利所辖地。周围数千里,西南诸番一大都会也。其所产鸦片有二种:一曰"公斑",或作"公班",皮色黑,最上;一名"巴巴第古喇",色赤,稍次之,皆中华人所谓"乌土"也。皆出其属邑,地名叽旦拏,亦作八拿叽地古喇,或叽地古喇。徐氏《瀛环志略》(该书为近代系统介绍世界史地知识的名著。作者徐继畬,对亚洲、欧洲和北美洲的介绍颇详,对南美洲、大洋洲和非洲也都有所记述。他还在书中对欧美民主政治制度作了比较系统的叙述)云:"孟加拉辖三部:西北曰'巴哈乐阿拿',为米图之麦哈尔,其地多种罂粟;又曰缅甸之西,两藏(西藏分为前藏和后藏,习称"两藏"。前藏辖拉萨、昌都等城市及周边地区,后藏辖日喀则及整个藏西北地区。历史上前藏为达赖统治的地盘,后藏为班禅统治的地盘)之西南,曰'五印度',即汉时之'身毒国'。"(《史记·大宛传》:当时称印度为身毒【梵文 Sindhu 译音】)。《山海经》记载:"西方有天毒国。"《汉书》记载:"从东南身毒国,可数千里,得蜀贾人市。"(《后汉书·西域传》记载:"天竺国一名身毒。")除西北界沙碛外,多沃土,宜五谷,宜棉花,宜罂粟花。乾隆十七年(1752),英人以大兵攻其东印度之孟加拉,灭其地,属为藩国,由是渐并诸部落,得五印度全土,归英辖者十之七焉。粤商回述曰:"孟阿(加)拉地宜种植,其鸦片烟四季种收,周流不息。"魏氏(魏源)《海国图志》曰:"孟阿腊(即孟加拉)东印度部落,设有鸦片公司,凡巴达那默那出产鸦片,均归入公司,由公司发售出口明呀喇海国。"《闻见录》作珉

呀。"(《海国闻见录》作者陈伦炯,凡南洋濒海各国远若明呀剌、曼哒喇萨、孟买等国,近若吉兰丹、丁加罗、柔佛、乌土国,以及海中三佛齐、葛留巴等,风土人情、物产等均有记述。)

其出曼达萨拉者亦有二种:一名金花红,为上;一名油红,次之。按曼达拉萨,或作马搭剌,一作马达拉斯大,《瀛环志略》(清徐继畲著)作麻打拉萨,孟加拉西南地,《海国图志》作厘加那特,领小部落二十有一。居斯土者,为雪那里种类。《海录》云:"在明呀剌西南,由葛里沿海陆行约二十馀日,产鸦片。"

印度西界曰孟买,粤东称为港脚;其东北曰根的士,即米图之甘勒士,界内有埔拿城,本马拉他之都城,米图作马卢洼,一作马卢林。嘉庆年间,英人灭之。其地产鸦片甚多。按孟买,一作孟迈,本新的亚三部落之一。其首城名疴日音,为鸦片总聚之地,每年运出二万馀箱。《海国图志》曰:"英夷市埠曰曼达萨拉,曰孟买,皆产鸦片烟,与孟加腊埒,各国不得代分其利。"又云:"麻尔洼产鸦片,中国谓之'白皮'。"

当时本国民众新闻渠道闭塞,无法获知国内外时事讯息,读姚燮《洋烟考述》,对于鸦片烟的流入与不断扩展的过程,有了一个基本的了解,启发国人认识其为害之烈,禁绝烟毒之刻不容缓。

其三,警世揭弊,忆痛汲训,指人迷津,发人猛省

笔者掩卷沉思,深感梅伯先生既有一颗赤忱爱国之心,复有深眷黎元拳拳之情。先生用心良苦,收集众多事例,辑录大量资料,条分缕析,痛陈吸食鸦片之无穷祸害。他从产地源头说起,阐明鸦片流入中国之途径与方法,指出该物虽有医药上暂时镇痛、止咳、止泻、提神等功效,若一旦染上成瘾,犹如疽之附骨,去之极

难,终至耸肩鹤背,形销骨立,家无宿粮,妻儿号寒,父母弃养,倾家荡产。吸食者本人则混迹烟场,任人冷讽热嘲,乞讨烟屎残渣,艰难度日,一副非人非鬼模样。直至油枯灯尽,一命呜呼,草殓荒冢,任人唾骂。他还痛切地指出,在通商夷国中,英吉利为最强,该国政府以贸易为手段,将大量烟膏初制品源源不绝输入中国,中国的白银、银元则无休止地汩汩外流,而英国本身则是禁止国人吸食鸦片的。细想一下,侵略者罪恶用心,不就昭然若揭吗?

本书卷二《述原委、产制》、卷四《述入中国市贩流弊》、卷六《述私议》、卷七《述诸家劝戒文辞》等,均选载有关内容,促人猛省。

本书中收录大量资料表明,以英吉利为首的西方殖民国家,一边利用南亚、中东等殖民地种植鸦片之原料罂粟,一边输出半成品烟土,以中国为最大买家,无穷无尽榨取大量钱财和物资,同时又毒害中国人民,使不少人变成积弱无能的"东亚病夫",实在令人揪心(图三)!本书中详列自嘉庆元年至道光二十二年(1796—1842),共运进中国之鸦片计三十三万六千又七十箱,

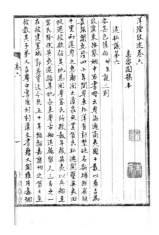

图三　《洋烟考述》卷六

每箱银五百圆,共银一十六千八百零三万八千五百圆,皆非现银不以货易者。合众国人(合众国即花旗——姚燮原注)培端(彼得)云:"二十三年至二十六年(1823—1826),约进九万箱有奇;二十七年进四万一千箱;二十八、二十九年进九万九千箱。"三十年至咸丰二年(1830—1853),虽无确数,然每年亦约五万五千箱之数,则三岁之中,又得十六万五千箱,每箱之银不下数百圆,皆为西人捆载出外洋(而)去矣。要之,烟土之进,每岁加增,则中国之银即逐时减少,吾未识减至完尽复将何以为国? 有此,斯世者能不于此猛省欤!

其四,博采遗闻轶事,反映民俗民风

本书第七卷《诸家劝戒文》,劝说上瘾诸君,应从速痛下决心,戒绝烟瘾,走出苦海,回头是岸。文中历数鸦片为害之深重,戒烟过程之艰难,必须狠下超乎寻常的大决心,方能脱胎换骨,重获新生。卷中采集了很多正反两方面的例子,棒喝劝说上瘾者愈早戒绝愈好。可是,从民间中搜集来的故事,有真人现身说法的,亦有离奇失实的,其中有的还夹杂着某些迷信成分,把鸦片鬼死后的阴魂不散,刻画得活灵活现。这在当时民智未开的封建社会里,是难以完全避免的。

本书第三卷有《述风习器具》一篇,对民间吸食鸦片器具描述甚详。所谓吸食鸦片之器具,习称烟具,包括烟灯、烟枪、烟扦、烟盒等,其制作工艺及功能大有讲究,书中以专章叙之。

尤其是本书中有几处对当时宁波城内烟馆分布等情况、吸烟情状的叙述,较为具体详尽,为研究地方史及民俗学者,提供不少第一手资料,今摘录如下:

> 吾郡有东渡门至西门一直大街,约三里馀,其街旁小巷多住□家,向之售烟膏觅利者,不过三四十所,十年以来,增至四百馀家矣。每家自辰刻至四更馀,彼往此来,有日以百人左右计者,则上引私吸之人,其数殊不容计。若吾邑自大南门外,南至江口(指三江口),东至东门,西至白家铺,周围

不及三里,而业此者六百馀家;南门内东城根,不过百馀烟灶,一年之内,业此者已有六七家。其他郡邑,准此以例推之,诚有不可胜诘者。

嘉庆年间,宁波之吸雅烟者不过千百人中之数人,其时鸦烟未入浙江,仅有私贩广东客于年中来甬须一二次吸食者,需日用若干,先将银饼交客者,客到广东,照各人所需之数售好(应是"买好"),仍赴甬江,照单散分,且甚秘密。至道光年中,受此毒者,已有百人中五六人之数;至于今者,不吸者十人中不过五六人耳。而烟箱之入浙口,遂等于嘉庆间之粤矣。

吾邑江北村某既贫,无力吸烟,向所识乞灰,日吞之。久之,其人死,以薄棺殓置丛中。不半载,棺崩裂,骨外露,有见者生恻隐心,拟收埋之,启其骨,见中有黑屑一堆,皆烟灰与烟壳也,盖吞积藏府(腑)所未化者,计可一畚。故有谓无力吸烟而吞灰过引,必须将灰过淋,斯吞之不致受内积之病。亦有乞淋头过引者。淋头俗呼龙头,盖淋烟后火泥脚也,取去淘制为水,以至竹签、针、菜诸物,挽熬为膏食之。噫,亦苦海矣!

对于烟馆之内幕,烟客之构成,烟具之种类,制造之精巧,烟膏煎制之技术,烟土烟膏充分利用之窍门,染毒上瘾之过程,吸毒上瘾者之种种丑态等,稿中均有淋漓尽致的描述。总之,归根到底说明一点:吸毒使人变鬼,彻底戒毒方可脱胎换骨,重获新生。

其五,循循善诱,坚断烟之志;授人良方,奏戒毒实效

本书最后一个特点是,姚燮始终坚持以人为本、治病救人的指导思想。对于交友不慎、意志薄弱、误入歧途吸食鸦片成瘾者,哀其不幸,痛其不悟,然不若世俗之人,一味责备,甚至冷讽热嘲,幸灾乐祸,而是晓之以理,动之以情,导之以方,冀其迷途知返。又千方百计,搜求解烟良方,指点上瘾者走出误区,洗心革面,重新

做人。先生真可谓煞费苦心,尽责尽力矣。这些均可以从卷八《述断引方药》中察觉出来。

他收集和推荐的戒烟良方,是经过慎重选择的。一是合乎《黄帝内经》、《本草纲目》等经典医籍的医道和药理;二是用循序渐减排毒之法,辅以温补固元,只要持之以恒,定能奏效;三是尤重行之有效的验方,如粤东名医汪质庵,他本身亦有吸食鸦片历史,以后痛下决心戒绝烟瘾,其所用之方当然更富于实效。

姚燮存仁者之心,有贤者之怀,智者之才,编撰这样一部匡时济世的著作,不仅在当时可以发挥作用,对后人研究中国近代史和探究乡邦文献者,亦大有裨益。

附注:

关于本书参考用书说明:本文的主要依据是姚燮手稿本《洋烟考述》原文,其次是中华书局1977年12月初版、由赵尔巽等编撰的《清史稿》。《洋烟考述》提到的许多人物,如蒋攸铦在《清史稿》卷三六六(列传一五三),林则徐在卷三六九(列传一五六),奕山在卷三七三(列传一六○),黄爵滋在卷三七八(列传一六五),魏源在卷四八六(列传二七三,即"文苑"三)等。此外,用得比较多的是方志与一些常用工具书,如光绪《鄞县志》,民国《鄞县通志》,改革开放之后编纂出版的《宁波市志》、《鄞县志》、《镇海县志》等。至于工具书,除《辞海》等以外,还有《中国历代人名大辞典》、《全国古籍善本书目》、《中国善本书提要》(均系上海古籍出版社出版)等。为使阅读方便起见,笔者即在原文之后,以括号加注形式加以注明,因此不再另立"参考书目",请谅鉴。

(作者单位:天一阁博物馆)

关于生态博物馆的一点思考

苏东海

生态博物馆是国际博物馆中的一种新型博物馆，它与传统博物馆的根本区别在于文化遗产存在的方式不同。传统博物馆是把文化遗产的精品聚集在博物馆中保护与展示它，而新型的生态博物馆中的文化遗产则是生活在它的原生地之中，由它的文化主人保护它、享用它、展示它。新博物馆的出现是文化遗产的两种不同的客观存在造成的，它不是谁发明的，而是文化遗产保护观念向更广大的民间普及的结果。这种新博物馆以生态博物馆为代表，不断地推向文化的原生地。它不是处于退潮之中，而是处于涨潮之中，它的影响和生命力正在上升之中。

中国的新博物馆也在发展之中。中国的生态博物馆正从贫穷的山村向富裕地区的农村发展，扩大着生存的空间。社区博物馆和生态博物馆一样，也是新博物馆的载体。近些年，社区博物馆在中国发展很快，北京、南京、沈阳、郑州等大城市都在发展社区博物馆，把文化遗产的保护延伸到社区的领域中去。值得特别注意的是行业博物馆的兴起，许多行业建了自己的行业博物馆，保护与传承自己的文化传统。例如那些拥有自己独特的传统技术的行业，建立博物馆展示自己的无形遗产，扩大行业的价值。我认为这种行业博物馆也体现着新博物馆的思想及其实践。应该把生态博物馆、社区博物馆、行业博物馆看作新博物馆领域的姐妹博物馆。

最后，我要表达一种观点：传统博物馆与新博物馆虽然处于文化遗产的两种存在之中，但它们并不相互排斥，而应该相互补充，使文化遗产保护的力量更加强大。中国政府是鼓励多种文化形式的和谐发展的。国际理论界也正走向包容性理论发展。我相信,传统博物馆与新博物馆会走向共同繁荣的康庄大道。

(作者单位:国家博物馆)

打造城市之心　走向大千世界
——宁波博物馆"心语神工——国际雕刻珠宝艺术大展"启示

莫意达

上个世纪九十年代开始,新一轮声势空前的博物馆建设热潮在全国范围内兴起,各省、市、县都在博物馆建设上投入了大量的资金,其新建、扩建、改建的博物馆达百座之多,现代化的馆舍和设施为我国博物馆的跨越式发展奠定了良好的基础。在硬件条件不断改善的同时,中国博物馆界也在不断探索着如何激活、提升资源,实现有限资源效益最大化;如何把博物馆的建设发展和整个城市的发展进行有机的结合;如何把博物馆融入到我国正在逐步推进文化体制改革并由此推动我国经济、社会发展等一系列的重大理论与实践问题中去。2010年5月18日,国家文物局单霁翔局长在广州提出:"今天中国的博物馆特别注重两个方面的发展,一个是从数量增长走向质量提升,另一个就是从馆舍天地走向大千世界。"这为我国博物馆指明了今后发展的方向和思路。

宁波博物馆于2010年7月28日开始举办的"心语神工——国际雕刻珠宝艺术大展"是宁波博物馆自开馆以来展览模式的全新尝试,不论是展览的内容、宣传还是展览的设计、布置,都努力践行着博物馆从馆舍空间向大千世界的实质性跨越。

一、把大千世界纳入馆舍空间,打造城市之心

宁波博物馆作为开馆不久的副省级城市性博物馆,不论是藏品资源还是专业研究、博物馆管理人才都和许多老馆、大馆存在着比较大的差距,这是宁波博物馆在比较长的时间内不得不面对的难题。但也正是这

样的境况使宁波博物馆没有历史的包袱，能够以一种初生牛犊的干劲，充分利用"后发优势"和"比较优势"，实现跨越式发展。提出"大资源观"理念，强调"三博"观点，充分利用国内外一切可以利用的资源，把大千世界纳入到馆舍空间，打造宁波的城市之心。

1. 拓宽展览内容，强调"博物"

所谓"博物馆"，特别是对综合性博物馆来说，是指收藏、研究、展示所有体现人类多元化文明的物化场所。但是，由于某些原因，目前许多博物馆只注重于体现人类历史的文物展览，而忽视甚至排斥体现现代文明的许多优秀展览，这就从一定程度上限制了博物馆功能的发挥。宁波博物馆开馆之初就提出"宁波博物馆是以展示人文历史、艺术类为主，具有地域特色的综合性博物馆，是包揽璀璨夺目的本土文物精粹和国内外人类文化瑰宝之文化殿堂"，这就使得宁波博物馆能够以广阔的包容性接受各类展览，体现出一种文化胸襟。

"心语神工——国际雕刻珠宝艺术大展"所展出的是目前国际上独一无二的珠宝类型——雕刻珠宝。它首先是一个现代雕刻展，作者充分运用了现代光学、色彩学、冶金术、镶嵌术、切割术等多种学科与技巧，展品无不体现出艺术家巧夺天工的雕刻技艺；其次，它是一个珠宝艺术展，其所用的材质都是比较昂贵的钻石、宝石、水晶及钛合金、贝母等。这样一个融合了珠宝、雕刻两大艺术类型的展览所展示的是一件件富有禅意和旺盛生命力的珠宝艺术品，现代艺术在这里得到了充分的彰显。宁波博物馆引进这样一个展览，不仅拓宽了展览渠道、丰富了展览类型，为社会公众展示了多样的人类文明样式，同时也打破了博物馆以考古、文物展为主的传统办展模式。可以说，此次"心语神工"展览是宁波博物馆在展览类型上的一次大胆突破，是重新定义"博物"概念，把"大千世界"纳入"馆舍空间"的初次尝试，做到了在向社会公众展示中国古代艺术无穷魅力的同时也将当代的优秀艺术作品展示给大家（图一）。

图一　2010年7月28日，"心语神工——国际雕刻珠宝艺术大展"在宁波博物馆开幕，珠宝雕刻艺术大师陈世英先生向宁波博物馆捐赠一对"梁祝化蝶"珠宝作品

在展览期间，陈世英先生还向宁波博物馆捐赠了其为宁波量身定制的蝴蝶珠宝作品——"梁祝"，并将之作为宁波城市的象征在宁波博物馆永久展示。"以举办展览，带动捐赠藏品"，这样一个模式正逐渐成为宁波博物馆征集藏品、弥补藏品资源不足的一种重要方式和手段。

2. 吸纳专业人才，彰显"博才"

任何博物馆的人力、物力、财力资源都是有限的，但为社会和谐服务的工作是无限的，这就产生了用"有限"去满足"无限"的矛盾。解决这一矛盾的做法就是要跳出自身局限，通过管理创新、能力提升等手段，增强博物馆致力社会和谐的贡献率。博物馆是人才密集型单位，需要大量的研究、管理人才，但就宁波博物馆而言，没有像许多老馆那样有着多年的人才资源和人才储备，人才短缺无疑成为宁波博物馆健康快速发展的瓶颈。为解决这一难题，宁波博物馆提出"博才"理念，揽天下可用之才为我所用。

"心语神工——国际雕刻珠宝艺术大展"对宁波博物馆来说是一个全新类型的展览。不像文物展览，珠宝展览对灯光、设备等有着特殊的要求。为了解决这样一个难题,布置出一个符合国际标准的、高规格的珠宝展览,宁波博物馆邀请首都博物馆专家进行设计,并由香港世英腾韵国际有限公司的专业珠宝布展人员进行布展。宁波博物馆还借用香港世英腾韵国际有限公司珠宝展览专用的灯光,解决了人才和设备短缺的难题,实现了精品展览和精品布展的完美结合。在解决难题的基础上,通过观摩专业人士现场操作,宁波博物馆在布展、设备等各个方面的人员得到了一次难得的学习和实践机会,这也成为人才培训和人才积累的平台和形式。

与此同时,宁波博物馆继续以往的做法,一是聘请本次展览的展品的创作者、国际著名华裔珠宝设计大师陈世英先生为荣誉顾问,继续扩大宁波博物馆"智库";二是以"东方讲坛"为平台,邀请陈世英先生来馆讲学,充分发挥我馆智力资源作用。

二、从馆舍空间走向大千世界,以"博能"回馈社会

传统博物馆作为一个文化单位,往往只扮演一个自娱自乐的"行业角色",工作出发点、思维视野往往只专注于器物,只局限于本行业,很少关注人,关注全社会。面对当今经济全球化、政治多极化、文化多元化的大趋势,博物馆的角色要转变,工作思维要转变,它不仅仅要做好博物馆自身的事,还可多做有利国家、有利社会、有利城市的大事。宁波博物馆提出"博能"理念,强调博物馆应该积极服务社会、回馈社会。开馆一年多来,宁波博物馆不以馆舍空间为束缚,不失时机地积极跳出小圈服务大局,而此次"心语神工——国际雕刻珠宝艺术大展"更是为宁波博物馆从馆舍空间走向大千世界提供了极佳的契机。

1. 面向世博的宣传打破空间限制

2010年,世博会在上海举行。宁波博物馆一直在思考如何借助世博会这个平台跳出宁波,面向长三角、面向全国,乃至面向世界宣传宁波和宁波博物馆,而"心语神工——国际雕刻珠宝艺术大展"这样一个国际级的珠宝艺术展则为宁波博物馆提供了非常好的宣传亮点,跨出了从馆舍空间向大千世界的重要一步。2010年7月21日,宁波博物馆在上海世博园城市未来馆举办"心语神工——国际雕刻珠宝艺术大展"新闻发布会,邀请了北京、上海、台湾、香港等众多重量级媒体,面向全球发布了展览信息。而在发布会前,宁波博物馆更是在面向全球发行的上海《文汇报》上整版宣传本次展览,让更多的人了解此次展览,了解宁波博物馆。

2. 从展示艺术美走向推动人文美德

无论是古代文物展还是现代艺术展,博物馆首先展示的是多样化的人类文明,是人类创造的或天然形成的美,让观众在参观中得到美的享受。在此基础之上,博物馆必须突破形式的美,凸显内涵的美,实现美德的宣扬,把美德传递到大千世界,为推进和谐社会做出贡献。

"心语神工——国际雕刻珠宝艺术大展"首先所展示的是现代珠宝艺术、雕刻艺术的美,从工艺、材质等多个方面给予观众美的享受。在形式美之中,内涵丰富的美德则是其最为主要的亮点。惟妙惟肖的十八罗汉所彰显的是我国隽永的佛教哲学,是佛教普度众生、服务社会、回报社会的美;美轮美奂的蝴蝶所展示的是我国忠贞不贰的爱情之美……整个展览,西方的哲学思考,东方古代佛道哲理,现代人生的思索与拷问,所有这些都无形中将美德推向了大千世界,观众在形式美中得到了美德的熏陶。

3. 独特的开幕式突破常规束缚

突破并不仅仅意味着突破馆舍空间的限制,同时也意味着突破博物馆常规做法的限制,走向大千世界,从大千世界寻找灵感和动力。开幕式是一个展览对外

开放的起点，也是展览对外宣传的亮点和重要契机。但是，经过多年的发展，博物馆展览的开幕式已经逐步形成了领导讲话、剪彩这样一个定式，没有大的改动和创新。宁波博物馆根据此次珠宝展，突破常规，用结合了珠宝秀、舞蹈、音乐等节目丰富多彩的晚会作为展览的开幕式，不仅吸引了大量的观众前来，更是让展览打破展馆的限制，走向社会的各个角落。

　　如果说馆舍空间是博物馆的基础，那么大千世界是夯实这个基础的源流，只有不断从大千世界获取资源，并积极利用大千世界的资源，把大千世界纳入到馆舍空间，这个基础才能够不断地充实和巩固；如果说馆舍空间是起点，那么大千世界则是博物馆的方向和服务目标，只有从封闭的馆舍空间走出来，面向大千世界，服务大千世界，博物馆才能真正体现其社会核心。"心语神工——国际雕刻珠宝艺术大展"是宁波博物馆把大千世界纳入馆舍空间、又从馆舍空间走向大千世界的实质性一步，也是宁波博物馆打造城市之心、不断向前发展的重要方向。

（作者单位：宁波博物馆）

编者按

今年是我国明末清初著名思想家、史学家、教育家、天文学家黄宗羲诞辰400周年。9月25日，由宁波市文广新闻出版局、宁波市社科院、宁波市行政学院联合主办，宁波市文化研究会、宁波市历史学会、宁波市文物考古博物馆学会联合承办的第四届"浙东文化论坛"成功举行。来自北京、上海、杭州以及宁波本地的百余位专家、学者出席了此次研讨会，提交学术论文79篇。会议期间，与会专家、学者围绕"黄宗羲·甬上文化·传承与发展"这一主题，就黄宗羲的思想内涵、历史地位以及对甬上文化的影响等问题，发表真知灼见，进一步发掘黄宗羲学术思想的历史价值，阐释其时代意义。

本辑特设专栏并遴选4篇优秀论文刊登以飨读者。

浅说宁波招宝山佛教东传遗迹之谜

陈伟权

一、招宝山摩崖石刻之谜

宁波甬江出海口北岸有座招宝山,山中旖旎的自然风光和丰厚的人文景观汇集。1984 年,当地人们在清理山中风景时,发现山体南侧有摩崖石刻,横排着的六个标志符号,说字不像字,似画并非画,如作咒符看,也难解其意;符号全长近 7 米,均高约 1.2 米,且笔画清晰,镌刻于哪个朝代,更无从查考。曾有人考证六个大字为印度古老的兰查体,译音为"唵嘛呢叭咪吽"[1]。

古代佛教从印度传入中国,后来我国在与境外交往中,又传至东南亚国家和地区,或境外人士来华学佛取经,或由华人出洋传经,前者如日本遣唐使最澄,后者如我国的鉴真大师。但佛教东传除了陆路是否还有海路?招宝山的佛教遗迹启示,有可能佛教中的密宗从海上传入我国,而宁波则是其输入的港口。本文提出这一论点,密宗由宁波古港口东传,纵然并非妄说,且囿于史料局限,暂不说这是唯一,但至少也可以说是传入的途径之一。曹厚德先生在二十年前提出:"此石刻对研究招宝山历史及当时佛教流传情况有一定参考价值。"在研究佛教的交往史中,高僧和专家将会更加深入地研究。

二、密宗由航海东传之说

目前史学界普遍认为,佛教密宗由中亚传入黄河流域,但也不排除经航海由水路从长江流域传入的可能。

佛教由印度传入中国的途径,僧人来往主要通过冰天雪地的帕米尔高原,大小雪山和沙漠地带。《高僧传》卷十四说,他们"忘形殉道,委命弘法",但路途遥远艰险。另外还有一条路线,从航海水上输入我国,上世纪九十年代,湖南省传来的消息也佐证了由水上输入的史实。

1995 年 5 月,据新华社消息,《文汇报》报道了湖南省"岳阳市君山摩崖石刻鉴定会",题为《湘发现我国最早梵文石刻——改写了佛教密宗东传路线》,据鉴定会专家介绍,"君山石刻约为公元 5 世纪所刻。刻字为古梵文,五至七世纪流行于印度。其刻石时间早于河南龙门石窟的梵文石刻。

"此石刻位于君山南麓龙口东侧崖壁,长 1.7 米,宽 1 米,阴刻。所刻二字字迹清晰,中以横线相隔。据专家考证,二字均表吉祥,左字汉字标写为"唵",它代表宇宙、月亮,认为万物由它产生,印度不论什么教徒,凡诵经均先念此字;右字汉字标写为"吽",表示所请诸神都请到了。

"专家认为,这个发现进一步确证当时佛教密宗在洞庭湖区盛行。同时它可能改写佛教密宗东传路线。"[2]

新华社消息说改写密宗东传路线说的是"可能",事隔 25 年后的今天来看,也许当时地处中原的岳阳市鉴定会上,未能找到密宗东传的航海登陆口岸,如今在宁波古代的港口码头附近、甬江出海口的招宝山摩崖石刻向人们昭示密宗遗迹,由当年的研究口径"可能"则趋向"肯定"。

三、密宗登陆甬江口的依据

招宝山佛教遗迹是密宗由航海水路传入中华大地的有力佐证。它在宁波登陆,沿着长江流域向西传播,着重有以下五方面的依据和理由:

1. 东南佛国包孕了佛教密宗之地。密宗在我国南北朝时期,在印度产生,同时也开始传入中国,到唐代最为兴盛。由水上传入一支,习惯于把东海说成南海,普陀山为南海观世音的道场,也是这种说法所至。自古有"浙西山水浙东佛"之称,这也许成了密宗东传登陆的向往之地。浙西富春山水与桂林山水、三峡山水并列,为我国三大山水胜地之一,《富春山居图》乃为国之瑰宝。而浙东佛教更有"东南佛国"之称,"南朝四百八十寺,多少楼台烟雨中",宁波天童寺、阿育王寺、雪窦寺、普陀山及天台山等古刹多为全国著名丛林,留有佛教胜迹,从古阿育王寺到密宗输入,自有其源远流长的传统。但是长期以来,东南佛国彰显的是禅宗,对于密宗的研究甚少。招宝山的摩崖石刻提示了我们,密宗在东南佛国也有其一定的地位。

2. 浙东自古有舟楫之利,便于航海。从河姆渡的河港到现代宁波舟山的海港,在这漫长的发展演变过程中,据史料记述,宁波造船业历来发达。从原始社会到战国末年,我们勤劳勇敢的祖先,在不断提高生产力的岁月中,制造出许多船只及航行工具[3]。越王勾践(公元前 497—465 年在位)所述越人的习性时说:"水行而山处,以船为车,以楫为马,往若飘风,去则难认。"[4]春秋战国时代,南方多水上作战,浙东一带越人造船技术极高。公元前 482 年,越国乘吴王夫差远赴北方,和晋君相会在黄池之机,派范蠡和舌庸率领越国海军沿海北上,驶入淮水,以断吴王归路[5]。公元前 473 年,越灭吴后,范蠡恐怕勾践忌他功高,携西施隐居宁波东钱湖后,又从越国浮海逃至齐国(山东)[6]。越国灭吴后,从会稽迁都琅邪(山东胶南市琅邪台西北),琅邪是当时航海的一个重要港口,越国迁都时有"死士八千人,戈船三百只"[7]。可见当时甬句东(浙东)海上交通已发端,时至唐宋明清,浙东以现在宁波为出海口的造船业已相当发达,海运来往频繁,从招宝山所在的甫江口出海的大船,宁波造的有北宋神舟,往来于朝鲜半岛。发达的造船业提供了航海安全,吸引了僧人,引得密宗东传,这在情理之中。

3. 甬江口为密宗东传提供了优越的地理环境。甬江口的招宝山有"浙东门户"、"宁波屏障"之说。古往今来,海上交通发达,凭借帆船就可与东南亚各国和国内南北通航。"其广也,东达高丽、日本,南达琉球、交趾,西连吴会,一瞬可航,北抵登莱,片帆直指。"[8]自唐代开始,随着海上茶路启航地的开辟,海内外人士认识浙东宁波港口多风平浪静、不冻不淤,为密宗东传创造了不可多得的地理环境。以至鸦片战争前夕,英国人也经过6个月的调查,把宁波列为五口通商之一,甬江口和后来的上海吴淞口一样,在上海还没有开埠之前,明州(宁波)港不仅商贸繁华,也为僧人传经学佛提供了方便。

4. 密宗东传与僧人航海经历相关。我国佛教注重由中亚路线传入的研究,这也许是受唐玄奘向西方取经的影响所至。密宗作为佛教的八大宗派之一[9],与天台宗、禅宗、律宗等并列,历史上出现过许多高僧及其弟子,值得关注的是这些高僧及其弟子多有航海经历。中国密宗在唐朝正式建立,其中印度高僧善无畏(637—735)从南印度海滨研习密宗,后由水路搭乘商船游历中国,传授密宗,得到唐玄宗的信任,南印度高僧金刚智(671—741)经泛海抵洛阳,此后金刚智的弟子不空秉承先师遗名,率弟子僧俗37人乘昆明舶于唐天宝六年航海来弘扬密法[10],此后密宗弟子纷纷来到中国。试想,近海的印度南部高僧及其弟子,不可能放弃水路,舍近求远,穿越印度北部走高山沙漠来中国传教。这从一个侧面反映了密宗东传的僧人行踪。

5. 密宗与禅茶的联系密切。密宗诵经要符合佛教规诫,既要能消除疲劳,又要补充"过午不食"的营养,茶叶中的各种丰富的营养成分,有提神生津的药理功能,自然使茶成为密宗僧人最理想的平和饮料。西藏佛教多系密宗,从海上传入,沿路必带去茶叶,包括浙东绿茶。宁波是茶叶主产区,茶叶品质高,为密宗僧人一路西行包括去西藏带去好茶提供了方便,至今西藏人特别嗜好品茶已成风俗,西藏人人均年消费突破3公斤,在全国处于领先地位。

四、浅释密宗六字真言

以宁波为主的东南佛国,佛教底蕴丰厚,这与宁波为海上茶路启航地密切相关。根据宁波的地理优势、航海工具及人文茶事,我们对招宝山的佛教遗迹大致可作以下描述:

招宝山摩崖石刻的密宗六字真言,又称六字大明咒,最迟在唐代中期,浙东东南佛国中已有一定地位,后来不及禅宗五大派之一的曹洞宗,分析有两个原因,一是中国密宗在唐代正式建立,日益兴盛,在西藏生根,一般称喇嘛教,中原地区到宋辽时代则日趋衰落,不为人们所重视;二是禅宗势力最大,全国寺院十有八九属于禅宗范畴,而且密宗的有关教义也逐渐融入在禅宗之中,至今密宗在各地影响不大。招宝山的密宗六字真言启示我们应作进一步探讨,为此,也有必要把六字真言的内容作一浅解。

密宗六字真言的梵文(唵嘛呢叭咪吽),分别代表观世音的"佛部心"、"宝部心"、"莲花部心"和"金刚部心",六字真言中包容了观世音菩萨微妙的本性,可成就佛的最高境界。其大意为身心一致,专意于佛。慈悲为怀,大彻大悟,可消除人生的烦恼与障碍,达到清净明智、纯洁无暇。

密宗又称密教,为释迦牟尼对自己亲属说的秘密真言。佛教认为,坚持长期吟诵六字真言会有感应,借助茶的功用,更可以领悟六字真言的丰富内涵,达到只可意会难以言传的功效。

(作者单位:宁波市社会科学联合会,宁波市社科院)

注　释

本文在写作过程中,曾得到过宁波七塔寺定昌法师及其弟子帮助,特此致谢。

[1]　《镇海县志》,中国大百科全书出版社。

[2]　1995 年 5 月 6 日《文汇报》。

[3]　章巽著《我国古代海上交通》,新知识出版社。

[4]　《越绝书》,"四部丛刊"本卷八。

[5]　《国语·吴语》。

[6]　《史记·越王勾践世家》。

[7]　《吴越春秋》、《越绝书》。

[8]　《蛟川形胜赋》。

[9]　《中国文化史》,上海古籍出版社。

[10]　《中国佛教》中辑,东方出版中心出版。

论姚江文化现象

戴松岳

唐以前的中国政治、经济、文化重心都在以黄河流域为中心的北方地区,与此相对应的是著名人物多生自北方。中唐以来,以长江中下游为中心的南方地位日益上升,经济富庶,人文荟萃的江浙地区在南宋以后逐渐成为令全国瞩目的经济繁荣、文化鼎盛之地。南宋时,浙江地位扶摇直上,成为全国首善之区。浙江在北宋时仅有进士1 602人,占全国总数的8.6%,而南宋时却有5 765名,占31.7%,居全国各省之首。此后历明清两代,江浙人物之盛长冠各省,故被誉为"财赋重区,人文渊薮"。而在这"人文渊薮"之中,以姚江(浙东运河东段)为纽带的沿江三县余姚、慈溪、鄞县更是以空前绝后的科举奇观震惊天下,在明代近三百年间,以"科举金三县"的形象灿烂于中国的科举史和中华文化史上,成为一个世代相传的地域传奇。

一、科举史上的旷古奇观

明代是中国科举制度首先完备的朝代,在其277年间,共举行89次进士考试,录取进士共24 876人,其中浙江3 458人,占全国六分之一。而在全国的355名巍科(状元、榜眼、探花、会元)人物中,浙江也有73人,仅次于包括江苏、安徽两省的南直隶(87人)。而鄞县、慈溪、余姚三县在明代共有进士921人,其中,余姚369人,鄞县297人,慈溪255人;并有状元5人,榜眼9人,探花5人,会元4人,共23名巍科人物,分别居全省的27%和33%。在全国仅有的9个进士人物超过200人的科举强县中,唯有这三个县以姚江为纽带,紧密相连,浑然一体。囊括浙江科举强县,居全国科举强县前列,其人数竟超过土地辽阔的广东省(857人)和文化发达的南直隶中的安徽地区(902人)。其进士人数之众,鼎甲名位之高,巍科人数之多,实为中国千年科举史上空前绝后的壮观,可谓是名副其实的科举"金三县"。

在明代89次殿试中,浙江共有20人登状元,而"金三县"中有5人,分别为成化十一年乙未科余姚县谢迁、成化十七年辛丑科余姚县王华、嘉靖二年癸未科慈溪县姚涞、嘉靖十四年乙未科余姚县韩应龙,万历甲辰科慈溪县杨守勤。榜眼浙江也有20人,而"金三县"中有9人,分别为鄞县的杨守阯、丰熙、余本、陆钶、葛世振和余姚县的黄珣、孙清、孙陞、毛惇元。探花浙江有14人,"金三县"有5人,分别为鄞县的余有丁、慈溪的袁炜、王应选和余姚的谢丕、胡正蒙。而在会试中独夺桂冠的会元里,浙江有19人,占全国的五分之一,而"金三县"又有4人,分别是慈溪的袁炜、杨守勤和余姚的胡正蒙、孙铖。又如在明代能两中元魁的全国仅60人,而金三县却有8人,几占七分之一,分别为鄞县杨守阯,成化乙酉解元、戊戌榜眼;余姚黄珣,成化辛卯解元、丙戌榜眼;余姚谢迁,成化甲午解元、乙未状元;余姚谢丕,弘治辛酉解元、乙丑探花;余姚孙清,弘治(顺天)戊午解元、壬戌榜眼;慈溪袁炜,嘉靖戊戌会元、探花;余姚胡正蒙,嘉靖己未会元、探花;慈溪杨守勤,万历甲辰会元、状元。这其中余姚的谢迁、谢丕还是全国仅有的两例父子两中元魁中的一例。

"金三县"的科举优势在浙江各县中表现的尤为突出。明代的浙江乡试共举行88次,而"金三县"中的鄞县有解元10名、慈溪有解元6名,余姚有解元12名,三县解元(乡试第一)共28名,占全省三分之一。这三县参加顺天(北京)和应天(南京)的乡试生员也远远超过他县,鄞县人郑宏、余姚人谢丕、孙继光还分别中顺天和应天乡试的解元。在乡试中,这三县的中举人物不仅多出他县,而且常常名列前茅。特别自成化至嘉靖的四朝中,全省共举行34次乡试,而三县却有14个解

元,占41%。其中成化自元年至十三年的5次乡试中,解元都是鄞、姚两县考生。成化元年的乡试,解元鄞县人杨守阯,第二名余姚人石塘;成化二十二年乡试,解元鄞县人孙钥,第二名慈溪人杨子器,第三名余姚人翁健。在正德十四年的乡试中,前七名中有六人是这三县考生。在乡试中获得的优势地位也体现在全国的会试和殿试中。如在明正德九年(1514)的殿试中,浙江中进士57人,而三县却有23人,其中鄞县10人,慈溪9人,余姚4人,超过三分之一。为此,慈溪县人还特地在县城(今慈城)建九凤联飞坊以志纪念。明代杰出的人文地理学家王士性对这一奇特的科举壮观惊叹不已,在其人文地理名著《广志铎》卷一中赞叹说:"江南山川盘郁,其融结偏远处则科第为多,如浙之余姚、慈溪,闽之泉州,楚之黄州,蜀之内江、富顺,粤之全州、马平,每甲于他郡邑。"(《广志绎·方舆崖略》)正是这种科举鼎盛、人物荟萃的壮观,赢得了当时人们的普遍关注和倾慕,明代时即有"姚江人物甲天下"之说。这既是对当时绍兴府余姚县人物的称颂,也是对同是姚江流域的宁波府鄞县、慈溪县的肯定,是对这以姚江为纽带的科举金三县的定评。

二、一条闪光的人才金带

以科举为表象的姚江文化现象的另一特点是思想的解放和文化的发展。自明代开始的在沿姚江(浙东运河东段)的余姚、慈溪、鄞县三县在这一时期形成了四百余年地域文化异常发达,文化交流异常活跃,各类人物竞相出现,文化士族比邻而立的"姚江文化现象"。在这一现象中,不仅出现了科举"金三县"的奇观,并形成了一条闪光的人才金带——姚江人才带。出现了著名的政治家金忠、桂彦良、谢迁、屠侨、屠滽、杨守陈、张邦奇、赵文华、袁炜、姚镆、余有丁、沈一贯、孙如游、孙镳等;思想家王阳明、黄宗羲、潘平格、朱舜水、万斯大、

沈光文等;文学家乌斯道、屠隆、屠本畯、周朝俊、陈束、郑真、沈明臣、陈沂、周容、李邺嗣、吕天成、叶宪祖、郑梁、郑性、姜宸英、裘琏等;史学家万斯同、全祖望、邵廷采、邵晋涵等;书画家张楷、吕纪、陈远、丰坊、金湜等;抗清英雄钱肃乐、张苍水、魏耕、王翊、冯京第、孙嘉绩、王江、董志宁、华夏等,以及其他难以枚举的重要人物如朝廷重臣、封疆大吏。

以朝廷重臣而言,尚书居文官之首,明代不设宰相,尚书之权尤重,故有"文到尚书武到督"之谚。在明代,全国共有 9 个县的进士尚书超过 8 人,浙江却有 2 个县在其列,分别是余姚县 15 人和鄞县 12 人。余姚 15 人为谢迁、王华、黄珣、陈雍、王守仁、魏有本、李本、孙昇、翁大立、赵锦、孙铖、陈有年、孙鑛、沈应文、孙如游。鄞县 12 人为陆瑜、屠滽、杨守阯、杨守随、张邦奇、闻渊、屠侨、张时彻、汪镗、余有丁、沈一贯、赵彦鲁。慈溪尚书虽不及姚、鄞两县,但也有 7 人,为冯岳、姚镆、王来、赵文华、袁炜、张九德、冯元飚。在这些居于政坛高端的官员后面是难以数计的进士、举人和读书人,以及讲学、向学的社会风尚。正是在这一基础上,产生了以王阳明为宗师的姚江学派和以黄宗羲为领袖的浙东学派。王阳明的弟子遍及全国,而黄宗羲创立的浙东学派其主要活动地点则在姚江三县,尤以鄞县为多,甬上证人书院则是他聚徒、传道授业的重要场所。著名学者、维新派代表梁启超对这种"二百年间,硕儒辈出,学风蕴被全国及海东"的现象赞叹不已。

再以文学创作中的戏剧作家而论,姚江沿岸的余姚、鄞县、慈溪也是名家辈出,佳作迭现,自明代昆山腔这一正声出现后,执中国剧坛牛耳二百多年,剧本的撰写便成为有才华的文人学士们抒发才情学问的工具。这一时期,杭州、嘉兴、湖州、宁波、绍兴五府和苏南的苏州、松江、常州三府构成全国戏剧作家最多的地区,而浙西南的金华、衢州、严州、处州却没有传奇作家,仍流行义乌腔和弋阳腔。在传奇作家中,成就最大的是鄞县的屠隆、周朝俊和余姚的吕天成、叶宪祖。屠隆著有《凤仪阁乐府》,内有《彩毫记》、《修文记》等。周朝俊有《红梅记》传世,其塑造的李慧娘为中国戏剧史上不朽的复仇女神。存目有《香玉人》、《李丹记》两种。叶宪祖一生创作传奇 7 种,其著名者有《玉麟记》、《金锁记》、《双修记》等,杂剧 24 种,其中有合称为《四艳记》的《夭桃纨扇》、《碧莲绣符》、《丹桂钿合》、《嘉梅玉蟾》和《生死缘》、《易水寒》等,被称为明末剧坛"一代搴旗手"。吕天成著有传奇《烟鬟阁传奇》15 种,并著有戏曲理论著作《曲品》。稍后的慈溪作家裘琏则有传奇作品《四韵事》和杂剧《女昆仑》等,被誉为"宁波的汤显祖"。他们以及难以数计的诗人构成了晚明浙东文坛的盛况,延及明清之际,又成为全国诗社最多的地方。

这条人才金带一旦形成一种自身的生命机制后,又不断地扩张升华,成为一种连绵不绝的文化现象,据人才史专家研究,在自秦以来全国人才最密集的 52 个县市中,姚江两岸的余姚、慈溪、鄞县都位列其中。而在近代五口通商后,随着上海的崛起,素有经商传统的鄞慈各大家族迅速适应形势,黄宗羲倡导的"工商皆本"的观念和外来工业文明相互激荡,使素有商贸之风的鄞慈商人与镇海商人以乡谊为纽带,在上海大显身手,形成现代中国最有影响的工商集团——宁波商帮。在这四百年的嬗变演进中,以科举奇观和人才金带为特征的"姚江文化现象"作为一个文化标本已具有永恒的意义。这个现象是指文化士族毗邻而居,互通声气,互通婚姻,互相交流,互善其说;各类人物竞相出现,各尽其才,各显其能,各建其功,从而在明清时期以姚江流域为范围人才高度会聚,多方面发生重大影响,进而以某种事物,甚而多方面的发展促进和影响全国的文化现象。这个现象在漫长的中国历史中也是一个例外,一个历史的奇迹。

三、奇迹何以发生

"姚江文化现象"的发生固然有许多原因,诸如经济的发达、文化的繁荣、城市的发展等,但最特殊的原因是全社会重视教育的氛围形成的教育优势和文化士族间相互交流而激荡生成的思想深度、学术成就,这是"姚江文化现象"的基础。

明清时期的余姚属于绍兴府,慈溪、鄞县属于宁波府,但由于姚江(浙东运河东段)直贯三县,使之以姚江为纽带形成了闻名全国的人才密集区域,其地域之间的特质也互相交融,形成更为广阔的地域文化背景。这一地域背景甚至异于同府各县却趋同于姚江两岸。明末绍兴学者张岱在《夜航船》序中说:"余想因吾八越(指绍兴府所属会稽、山阴、诸暨、萧山、上虞、嵊县、新昌、余姚八县)惟余姚风俗,后生小子,无不读书,及至二十无成,然后学习手艺。故凡百工贱业,其《性理》、《纲鉴》,皆全部烂熟,偶问及一事,则人名、官爵、年号、地方枚举之,未尝少错。"同时代的鄞县人李邺嗣和万斯同也有同样的记载。李邺嗣在《鄞东竹枝词》中说:"邱版易经人一册,儿童尽读唐宋文。"万斯同在《鄞西竹枝词》中也说:"田家有子皆知学,仕族何人不织麻。"而在《宁波府志·风俗》篇中同样记载慈溪的学风:"青衿之士,亦皆过于菲陋,不羞韦葛;皆旦闭户诵经,绝鲜他营。"清雍正《慈溪县志》说明代慈溪"学校之士,弦诵声洋洋出金石,自兹科第接踵,巍然浙东望邑"。这种全社会重视教育、注重读书的现象在明代恰恰发生在姚江两岸的余姚、慈溪、鄞县三县,从而形成连续四百多年的"姚江文化现象"。这其中,以世家大族为核心的文化士族示范作用尤为突出。这三县都有名重一方的文化士族。

在鄞县,著名的文化士族在宋代是楼氏、丰氏、史氏、郑氏等,在明代则为杨氏、陆氏、张氏、屠氏等,以镜

川杨氏为例,鄞县文化士族的特点便可窥见。杨氏以礼诗传家、忠孝报国。杨氏自杨范以后,代有才俊。杨范生三子,三子又有九孙。孙辈中杨守陈、杨守阯、杨守随、杨守隅及玄孙中杨茂元、杨茂仁皆为进士出身,其中杨守陈为景泰元年解元、景泰二年进士,杨守阯为成化十四年解元、成化十七年榜眼,时有"一门六进士"之称。弘治年间,杨守陈以少詹事掌翰林院,杨守阯以侍读掌南京翰林院,兄弟两人对掌两京翰林院,为人所艳称之。时人有"兄弟对掌南北词林,近世所未有"之称。后辈中杨美璜官至广南、广西二府知府,杨美益至太仆少卿,杨德政万历丁丑(1577)进士,官至福建按察使,杨德周在鲁王监国时召为尚宝卿。当明清之际,杨家更多忠义之士,或抗节不出,或以忠报国,而其中尤以"杨氏四忠"最为著名。"四忠"为杨文琦、杨文琮、杨文讚、杨文球,他们都是太仆卿杨美益之玄孙。杨文琦、杨文讚死于1648年5月的"五君子翻城之役"。杨文球死于1649年的福宁之战。杨文琮于康熙二年(1663)就义于杭州,葬于南屏山,与同因抗清而死于杭州的宁波志士张煌言、魏耕并称为"西湖三忠"。杨氏一族,英才辈出,风流倜傥,孝以传家,忠以报国,为明代江南著名望族。明代襄阳知府徐威在《西园杂记二卷下》中说:"杨守陈为学士,弟守阯,从弟守隅、守随,子茂元,茂仁,皆相继登进士,同宦于京,好事者作春联以侈之云:'半壁宫花春宴罢,满床牙笏早朝回。'后文懿官至吏侍,守阯至吏书,守随至工书,谥康简,守隅至大理卿,茂元至刑侍,茂仁至按察使,皆有贤名,昆弟子姓一时之盛,江浙文献之家鲜能俪焉。"史学家全祖望则在《杨氏四忠双烈合状》中感叹:"五世中有四开府、三翰林、两台谏、四监司,而守牧以下无论也。"

而慈溪(慈城)却是另一种景象,冯氏、姚氏、杨氏、王氏一直为当地著名的文化士族,尤以冯氏影响最大,共有进士56人。冯氏为慈城最大的望族,共有六大支派。在明中期时即有刑部尚书冯岳、御史冯震、湖广布

政使冯叔吉等高官。以晚明时城南的福聚支中的冯燮为例，便可知冯氏一族的人物之众。冯燮以子孙而贵，封官布政使，子冯季兆官工部司务。孙冯若愚进士出身，至太常卿。冯若愚有三子，长子冯元飚号留仙，崇祯元年进士，巡抚天津；次子冯元飏，号邺仙，天启三年（1622）进士，累官至兵部尚书；三子冯元飀，号眉仙，崇祯十五年进士御史、按察浙东。浙东失陷后，据四明山寨抗清，被鲁王封为兵部，鲁王时为太仆寺少卿。冯元飚的从子冯京第字跻仲，号簟溪。少负高才，下笔数千言。少承诸父元飚、元飏之教，外师事山阴刘宗周、漳浦黄道周。南明时，被唐王任为监察御史，按察浙东。浙东失陷后，据四明山寨抗清，被鲁王封为兵部侍郎，屡败清兵。被捕后，壮烈就义，以一臂留之世，人们将其臂与王翊之首、董志宁之身合葬于宁波城西马公桥，谓之三忠墓。在余姚县，孙氏、王氏、谢氏则是最著名的文化士族，而孙氏影响尤大。乡谚有"横河孙家境，纱帽八百顶"之说。在明代有16位进士，其中孙燧一支"四世进士"，俱为高官。孙燧弘治进士，官至副都御使；子孙陞，嘉靖榜眼，官至礼部尚书；孙孙铖、孙鏲、孔鏛、孙鑛俱为进士，孙铖官至吏部尚书，孙鏲为礼部侍郎，孙鏛为太仆寺卿，孙鑛为兵部尚书；曾孙孙如法、孙如洵、孙如游皆为万历进士，孙如法官至刑部主事，孙如洵主事，孙如游为礼部侍郎。清军入浙，孙如游之孙孙嘉绩振臂而起，毁家纾难，为浙东义军著名人物，最终壮烈殉国。此外如孙清既为解元，又中榜眼，孙佳顺天乡试解元，殿试进士。清初著名史学家邵廷采对此盛赞说："孙氏自（孙）燧及（孙）嘉绩六世，世以文章忠孝嗣其家绪，蔑有废坠。海内高仰之为当代'宗臣'"。（《思复堂文集·姚江孙氏世传》卷三）这些世家大族的示范作用，使姚江两岸三县的社会风尚尤重教育，从而为大量人才的出现奠定了坚实的社会基础。

"姚江文化现象"形成的第二个重要原因是三县文化士族、文人士子间的频繁交流和联系。由于姚江的存在，使三县文人学者能通过舟楫相互往返，切磋学问变得非常便捷，这也从客观上促进了三县之间的文化联系和学术交流。明清之际，鄞县、慈溪学者和士子都通过姚江到黄竹浦向黄宗羲求学就是一例。黄宗羲在为友人刘应期所撰的墓志铭中深情地记叙了当时鄞县、慈溪、余姚三县才俊英杰的定期聚会，而在这种文化交流中，慈溪（慈城）人刘应期是一个杰出的组织者。"崇祯间，吴中倡为复社，以网罗天下之士，高士硕学，多出其间，主之者张爱先（采），张天如（溥）。东浙冯留仙（元飚）、邺仙（元飏）与之枹鼓相应。皆喜容接后进，标榜声价，士人奔走辐辏其门，蓬荜小生，苟能分句读、习字义者，挟行卷西棹娄江，东放慈水，则其名成矣。其间模楷之人，文章足以追古作，议论足以卫名教，裁量人物，讥讽得失，执，政闻而意忌之，以为东林之似续也。当是时，慈水才彦雾会，姜埰愚、刘瑞当（应期）、冯元度、冯正则、冯簟溪诸子莫不为物望所归，而又引旁近县以自助。甬上（鄞县）则陆文虎（符）、万履安（泰），姚江（余姚）则余（黄宗羲）兄弟晦木（黄宗炎）、泽望（黄宗会），盖无月无四方之客，亦无会不诸子相征逐也，呜呼盛矣。瑞当（刘应期）于诸子中芒寒色正，诸子皆引为畏友。"（《黄梨洲文集·刘瑞当先生墓志铭》）这个包括慈溪冯氏诸贤、鄞县万氏八龙之父万泰和余姚黄氏三杰的定期聚会，老少成集，群贤毕至。席间众人指点江山、月旦人物、辩驳事理、纵论时局，其学术氛围和议政激情异常浓厚，实为当时中国思想界的盛会。其发展的逻辑结果，便是以后的甬上证人书院的建立和浙东学派的形成。姚江也因此而成为文化之江、学术之江。

自明清以来以姚江为纽带的"姚江文化现象"和"姚江人物群体"（姚江人才金带）引起人们的普遍关注。上世纪八十年代末期，著名江南史家、华东师范大学历史系教授、博导王家范先生在闻知姚江人物现象时深有感触地说："太湖流域明清时也是人才众多，但政客也多,惟浙东及姚江多慷慨之士和思想巨子。这是一个值得研究的历史现象,其中必有一种文化传统和地域文化的特殊影响。"确实,作为一个历史文化现象的"姚江文化现象"已成为一个文化史上的典型文本。这是历史回馈于我们的宝贵财富,我们必须予以充分的认识和关注。而研究这一文本既是宁波文化建设的需要,更是宁波人的责任。因为在宁波的发展中,我们需要从中汲取历史的智慧和文化的支持。

(作者单位:鄞州区政协教文卫体和文史委员会)

试论庆安会馆的当代利用

黄浙苏　丁洁雯

位于中国海岸线中段的宁波港,扼南北水路之要冲,是中国最古老的港口之一。根据历史记载,宁波港于公元738年正式开港,并于公元752年始作为外贸港口。到宋元时期,宁波港已成为中国对外贸易的主要港口,以越窑青瓷和丝织品出口著称于世,被誉为"海上丝绸之路"的起点。清朝海禁开放后,宁波港开始成为中国南北货转运枢纽,这也是庆安会馆建馆的渊源和契机所在。

清道光六年(1826),安澜会馆(也即天后宫)建立,与之后建立的庆安会馆以国内罕见的宫馆合一的形式,使妈祖信仰与宁波南北号商帮的行业发展结合起来,由此,在宁波这个妈祖由民间区域性海神晋升为全国性海神、妈祖信仰由民间信俗发展成为文化现象的源头,庆安会馆成为妈祖文化传播的重要载体。清朝海禁开放后,宁波港以其优越的地理位置,很快成为中国南北货的转运枢纽,活跃在宁波的"南北"商号以港城宁波为南北货物的集散地,繁荣发展起来。清咸丰三年(1853),"北号"投资建立北号会馆,也即现在的庆安会馆。据史料记载,庆安会馆以保持行业团结为宗旨,以妈祖信仰为行业共同信仰,制定业务章规,建立会馆事业基金制度,办有学校等福利事业,定期组织祭拜妈祖活动和行业聚会,其团结合作、服务社会的船帮精神,凝聚着宁波商帮文化的精髓。此外,作为宁波近代木结构建筑典范,庆安会馆宫馆合一、前后双戏台的建筑形制,国内罕见,充分体现了天后宫与行业会馆双璧齐辉的特色功能。会馆建筑上1 000多件朱金木雕和200多件砖、石雕艺术品,采用宁波传统的雕刻工艺,充分体现了清代浙东地区雕刻艺术的至高水平,也为研究我国雕刻艺术提供了实物例证。

1997年,庆安会馆由宁波市文化局接管并进行维修,根据庆安会馆建筑原貌和天后宫以展示妈祖文化为主的功能定位,辟为浙东海事民俗博物馆,于2001年12月正式对外开放。自对外开放以来,庆安会馆以会馆活动、陈列展览、社区联动等形式向市民和游客展示会馆文化、妈祖文化、宁波港口历史,然而如何深入发掘会馆历史文化内涵、创新保护利用方式,这仍是庆安会馆亟待研究的重要课题。

一、利用庆安会馆文化积淀的资源优势,助推宁波旅游经济发展

庆安会馆于2001年被国务院公布为第五批全国重点文物保护单位,其所蕴含的鲜明地域文化特色,国内罕见的宫馆合一建筑营制,巧夺天工的砖雕、石雕和朱金木雕等,具有重要的历史文化价值。同时,它也是珍贵的旅游资源,于2003年被国家旅游局确定为AAA级旅游景区。自开放以来,参观人数和旅游收入虽呈递增趋势,但其吸引力和知名度仍有待提高。应拓展途径、把握机遇,充分利用庆安会馆的历史文化资源优势,打造宁波旅游新亮点。

1. 以大运河(宁波段)申遗为契机,提升庆安会馆知名度

2008年12月,大运河(宁波段)正式加入中国大运河申遗,大运河经由宁波连接海上丝绸之路,成为沟通中国南北的大动脉,更成为连接世界的大通道,这是宁波入围运河申遗城市的重要原因,也是大运河(宁波段)与庆安会馆的契合点。作为妈祖信仰的实物载体,庆安会馆与海上贸易及海洋文化习俗等密切相关;作为商业船帮的聚会场所,庆安会馆见证了大运河(宁波段)曾经的辉煌;作为全国重点文物保护单位,庆安会馆整体保存得较为完整,且得到了有效保护和适度修

缮。因此,中国大运河申报世界文化遗产一旦成功,庆安会馆必定成为大运河(宁波段)的亮点。而申遗成功后,作为中国大运河的组成部分,运河沿线单独的文化遗产点将经由运河衔接成统一的整体,庆安会馆的价值将整体获得提升。同时,申遗成功后的中国大运河,很可能采用流域联合营销的策略,打造中国大运河统一品牌,就如同西班牙打造的朝圣旅游路线——圣地亚哥之路一样,统一途经各城市的路线和旅游标志,以区域联合的运作模式获得共赢。这将有效提升庆安会馆的知名度和吸引力,为宁波旅游经济带来新的增长点。中国大运河将于2014年申报世界文化遗产,在此期间,庆安会馆应把握契机,深入挖掘会馆历史文化资源,以深入的妈祖信俗研究和会馆文化研究,为庆安会馆在大运河(宁波段)的重要地位提供坚实的理论支撑;以生动形象的大运河(宁波段)主题陈列,集中展示运河文化内涵,充分体现运河文化主题,让庆安会馆成为大运河(宁波段)历史文化的实物载体。

2. 以文化产业发展为动力,拓展庆安会馆利用空间

对于全国重点文物保护单位庆安会馆而言,保护和利用,二者重要性同等。作为珍贵的文化遗产,需要重点保护;而保护的终极目的,是为了让更多的人民群众有机会、有兴趣进入到会馆中来,接受历史文化的熏陶,将悠久的历史文化辈辈传承下去,文化遗产的价值正是通过这种途径,才在当代社会中重新拥有生命的活力。而如何充分利用并生动展现庆安会馆的珍贵价值,契合普通百姓的文化需求和审美标准,以旅游参观带动历史文化的传播,其重要的途径之一便是依托文化产业的发展。近年来,庆安会馆立足自身历史文化资源,不断摸索文化产业的发展之道。2008年,庆安会馆与宁海民营企业合作,在馆内举办以古代船模为主要展示藏品的《中国·宁波船史展》陈列,涉及船型广泛,船模制作工艺精良,展厅配备文字说明和多媒体演示,生动展现了宁波历史悠久的造船史和海外贸易活

动,获得了社会民众的良好反响。同时,如何在保护要求允许的范围内,搞活庆安会馆文化产业,也已成为亟待探讨和解决的问题。可考虑策划庆安会馆旅游剧场,以"时尚、旅游、文化"为主题,以反映宁波地域特色和文化底蕴的演出剧目为经常性演出内容,以"夜宴"为常态观赏模式,集演艺、茶馆、旅游产品开发为一体,对庆安会馆的历史文化进行综合性开发和利用。若能立足会馆优势,盘活文物资源,结合相关操作经验,接轨市场需求,拓展会馆文化产业,庆安会馆必将有效实现民众与文化遗产之间的衔接与互动,打造宁波旅游经济的新亮点,成为文化遗产保护与利用完美结合的典范。

二、发挥庆安会馆文化传承的载体功能,助推宁波城市文明建设

作为妈祖文化的载体,庆安会馆见证着妈祖信仰庇佑民众、教化民众、感动民众的悠久历史;作为珍贵的文化遗产,庆安会馆激发着宁波人民的自豪感和自信心,积蓄着开拓创新的精神底蕴。因而,有效发挥庆安会馆文化传承的载体功能,将助力于宁波和谐、文明的城市建设进程。

1. 以妈祖精神为指引,传承发扬传统美德

宁波所处的浙东地区是最早接受妈祖信仰的地区之一,繁荣兴盛的海上贸易、通畅发达的海外交通促进了妈祖信仰的发展和传播。妈祖信仰的深刻文化内涵就在于她孝悌忠信、慈悲无私、公正平等、尊重生命、利益众生等。历代政治家、思想家和文学家都很重视发挥妈祖的教化功能,使其成为促进国家昌盛、民族团结、民生富饶的推动力。作为中华民族优秀文化遗产之一的妈祖精神一直影响和塑造着宁波这座历史文化名城的精神和信仰。而庆安会馆作为妈祖信仰的实物载体,更应义不容辞地承担起传播妈祖慈善精神的重

担。会馆现有《妈祖祭祀场景展示》、《天后圣迹图》八幅壁画、《明州与妈祖》连环半景画以及《妈祖与中国红》等基本陈列,真实而艺术地展现了妈祖行善的事迹,具有极强的感染力和影响力。在此基础上,庆安会馆还可以妈祖的文化内涵为导引,设计、引进孝悌忠信、有容乃大、尊重生命、友善助人等相关主题的临时陈列或利用周边社区文化节举办妈祖精神的主题活动,同时,还可与政府合作,定期或不定期举行"送温暖、献爱心"活动,配合做大做强"爱心宁波"特色文章。会馆的建筑和陈列是静止的,而妈祖文化和精神是流动的,是可以传播并影响他人的。如何深入传播妈祖文化的精髓,让驻守在宁波城市中心的庆安会馆,成为人们心中向善仁爱的朝圣之地;如何有效发挥妈祖精神在宁波和谐城市建设中的积极作用,这将成为庆安会馆价值当代利用所需深入研讨的重要课题。

2. 以文化遗产资源为基点,传承发扬爱国情操

2002年,庆安会馆被宁波市人民政府命名为爱国主义教育基地,其宗旨在于以生动活泼的形式,广泛、深入、持久地加强爱国主义教育和宣传,激发爱国热情、培育民族精神。为充分利用文化遗产,有效进行爱国主义教育,庆安会馆自开放以来,重新编写了导游词,以准确生动地向青少年学生和游客解说庆安会馆的历史、艺术价值,确保爱国主义教育深入有效地进行;同时对未成年人、离退休干部、现役军人和残疾人等实行免票,在"爱国主义教育周"、"国际博物馆日"、寒暑假等重要节假日期间,通过免费对外开放、举办文化讲座、"大篷车进院校"等活动,以"迎进来、走出去"的方式,不断更新理念和操作模式,不断发挥文物社会教育的重要功能,充分扩大爱国主义教育基地的受惠面。在此基础上,庆安会馆应将爱国主义教育作为一项长期的系统工程,明确自身作为历史文化与民众之间的桥梁作用,努力构建民众与会馆历史文化之间稳定深厚的关系,通过不断探索爱国主义教育的新方法、

新途径,发挥庆安会馆在当代宁波社会精神文明建设中的重要作用。

三、发扬庆安会馆文化沟通的纽带作用,助推宁波对外文化交流

作为海上丝绸之路的启碇港,宁波自古至今都尤为重视与海外的沟通往来。承载着妈祖信仰与商帮文化的庆安会馆,便成了一条文化沟通的纽带。它以妈祖信仰,牵系起海洋两岸信众的族群归属和文化认同;它以商帮文化,牵系起海内外宁波商人的集体记忆和爱乡传统。

1. 以共同的妈祖信仰,联络海峡两岸的同胞情谊

妈祖信仰作为一种族群性认同的象征符号,因其在台湾的广泛普及,在当代中国被赋予了不可忽略的重要功能。学界普遍认为,台湾的妈祖信仰最早来自于大陆、并由东渡的闽粤移民传入,已有众多的中外史籍和文化遗迹相佐证。据可靠数据表明,台湾地区现有妈祖宫庙超过1 500多座,妈祖信众逾1 600万人,约占台湾总人口的三分之二以上,可见妈祖信仰在台湾拥有着广泛而坚实的群众基础。与此同时,在漫长的历史发展长河中,妈祖也已成为中国东南沿海一带民众共同信仰的保护神,世代传承。宁波作为妈祖信仰的提升地,除拥有众多信众外,还因象山"如意娘娘"的传说,拉近了与台湾信众的距离。"如意娘娘"是浙江沿海渔民在歌颂劳作及祈求平安中产生的信仰,此后演化为宁波象山石浦——台湾台东小石浦两岸共同朝拜的习俗。此习俗于2008年被列入国家级非物质文化遗产名录,也是目前国家级"非遗"中唯一涵盖海峡两岸的民俗文化。可以说,妈祖信仰的传播在当代中国的特定文化语境中,所代表的是一个族群共同体想像的符号,海峡两岸的中国人祭拜妈祖,目的是"要共同祈求两岸有个光明的未来"。作为宁波和浙东地区

妈祖信仰重要实物载体的庆安会馆,已义不容辞地加入了搭建海峡两岸文化交流平台的队伍中。2007年,庆安会馆馆长赴台湾参加妈祖信仰与妈祖国际研讨会,揭开了与台湾学界往来交流的序幕;2009年,庆安会馆承办海峡两岸妈祖文化学术研讨会,来自海峡两岸的60位造诣深厚的妈祖文化研究专家、学者共聚"海上丝绸之路"的启碇港城——宁波,以宁波与海峡两岸妈祖文化互动研究为重点,深入探讨新时期海峡两岸开展妈祖文化学术交流的途径与模式,具有重要的现实意义和深远的历史意义。庆安会馆应以这些经验和成果为基础,继续深入浙东地区的妈祖文化研究,加强与海峡两岸妈祖文化研究学者的交流与往来,充分利用"如意娘娘"省亲、妈祖诞辰祭典等妈祖信俗中的重大节日,做大做强系列民俗节及民俗活动。同时,以妈祖信仰为中心点,拓展研究海洋文化及海洋民俗,进一步深化和扩大海峡两岸的共同记忆,为两岸的和平发展与统一事业夯实信仰基础与文化认同。

2. 以悠久的商帮文化,牵系海内外宁波商人的爱乡情结

宁波自古以来发达的商业经济造就了悠久的商业文化和优秀的商人。现今仍有超过30万的宁波籍商人分布在世界64个国家和地区,其中有包玉刚、邵逸夫等工商巨头和世界级的名流。宁波帮商人一直存有爱乡、建乡的优良传统,据不完全统计,自1982年至今已向宁波市捐赠2 000多个项目,折合人民币已超过12亿元,捐赠内容涉及教育、医疗卫生、公益福利和文化体育等社会事业,对宁波城市建设、社会发展起到了不可磨灭的重要作用。因而,加强与宁波帮的沟通交流,深入对宁波帮的相关研究,对于宁波的发展而言,意义重大。2009年建立的宁波帮博物馆,可视为宁波帮搜集记忆的地方;而庆安会馆却是宁波帮集体记忆的一处实物载体,在此可缅怀往日宁波帮的辉煌岁月,深刻

感受宁波帮久远的年代、厚重的历史、爱乡的传统。为有效发挥庆安会馆的纽带作用,可考虑在会馆里组建各行业俱乐部,延续会馆的行业聚会、协商等功能,同时也为海外宁波帮提供返乡聚会的场所。如此既可以继承宁波商帮文化的传统,加强各行业内以及行业之间的交流、合作,同时也为第二代海外宁波帮提供了寻根的文化据点。一百多年过去了,宁波商帮仍在不断发展,而作为曾经行业聚会、商帮共谋发展活动场所的庆安会馆,其旧时的功能是否能在当代社会得以重生,这对于庆安会馆自身的发展、利用以及宁波社会发展意义重大。

结　语

庆安会馆作为宁波市重要的历史文化遗产,其最大的价值并非安静地伫立在三江口沉默地见证时间的流逝,而应深入发掘其所承载的会馆文化、妈祖文化、商帮文化和海洋文化,契合现代社会的发展进程,适时地重现其往日的功能,甚至拓展其功能,使得会馆在记录和展示历史的同时,在当代社会获得崭新的生命活力,与城市建设、社会发展同步前行。从某种意义上而言,文化遗产的保护不仅是为了传承历史文化,更是为了弘扬和利用,紧紧把握适度原则,以深入的研究为根基,以社会的发展为导向,以现实的需求为突破口,庆安会馆价值的当代利用才刚刚起步。

（作者单位：浙东海事民俗博物馆［庆安会馆］）

参考文献

黄浙苏等《庆安会馆》,中国文联出版社,2002年。

林士民《三江变迁——宁波城市发展史话》,宁波出版社,2002年。

倪玉平《清代漕粮海运与社会变迁》,上海书店出版社,2005年。

罗春荣《妈祖文化研究》,天津古籍出版社,2006年。

汕尾市城区凤山祖庙旅游区管理处编《妈祖文化与和谐文化》,2006年。

陈佳强主编《宁波市文化广电新闻出版系统2009年度调研论文汇编》,2010年。

上海滩：宁波食俗文化的传播与宁波菜的盛行

朱惠民

大凡菜帮与商帮从来就是交织在一起的。所谓有"敦乡谊，辑同帮"的会馆出现，便有其菜帮馆的开张。早于鸦片战争前，甬帮商人在上海已建四明会馆于小北门外。后来四明会馆成为上海最大的会所，因之有宁波菜在上海滩的崛起。它主要有赖于宁波商帮及其会所的发展。当然，寓居上海的甬籍作家对于宁波菜以及食俗文化的鼓吹也是其中一个原因。

上海开埠后，甬帮商人进入上海，成为后来上海经济发展的重要力量。宁波地近上海，清朝末年，宁波旅沪人口已有四十余万。随着甬帮商人在上海的发展，宁波菜也进入上海，清同治、光绪年间，上海已有甬帮菜馆。宁波菜多海味，与他帮不同，其黄鱼菜、红烧甲鱼、炒鳝糊、蛤羹颇著名。上海甬帮菜馆，以"状元楼"为名号，如盈记状元楼、甬江状元楼、四明状元楼等。现在上海的甬江状元楼，创于 1938 年，经营者方润祥与名厨金迎祥皆为宁波人。其菜肴有冰糖甲鱼、锅烧河鳗、黄鱼羹、新风鳗鲞，都是地道的宁波口味。宁波菜以黄鱼入馔者较多，其黄鱼羹、苔菜拖黄鱼最有名，另有卤肴——剥皮大烤，也是传统的宁波菜，以墨鱼、剥皮猪腿加腐乳汁用小火焖烤而成。后来宁波名菜迭出，海味尤多，每当东海渔汛旺发期，沪上虾兵蟹将个个肥硕，泛着诱人的光泽。此当中，以野生大黄鱼为料理的雪菜大汤黄鱼，特别赢得上海人的青睐。该味以雪菜、笋片与野生大黄鱼氽汤，不放油，味极清鲜。

宁波的甬江状元楼早于上海，它创于清乾隆年间，距今约二百多年了。1936 年前后设于日新街 16 号，店堂为五开间门面，另立三楼一堂。由李纪良、孙通尧经营。名厨应阿品主理甬菜最突出，应系宁波人，曾在日本大阪"大来轩"饭店掌勺,做宁式名菜冰糖甲鱼最出名。稍后的名厨胡常友做冰糖甲鱼也很拿手。状元楼带着宁波菜辐辏上海,最先为招徕旅居申城的宁波食客,尔后拓展至申城食客,这就有了宁波菜在上海滩的盛行。

宁波菜在上海的崛起与盛行,当归功于宁波食俗文化在上海的传播,因为宁波食俗乃宁波菜的根,而食文化乃宁波菜之魂。这当中,上世纪40年代在上海滩的甬籍女作家苏青功不可没。她鼓吹的宁波食俗也颇得上海人的青睐与嗜好。像《谈宁波人的吃》、《吃与睡》、《豆酥糖》、《断肉记》、《饭》、《买大饼油条有感》、《夏天的吃》等一系列吃食散文,令上海人食指大动,胃口大开。不仅如此,苏青还在她主编的《天地》中渲染浓郁的宁波饮食文化色彩。《天地》所选登的大部分文章反映普通市民的日常生活,特别是"吃"的方面,体现了苏青那"民以食为天"的平民饮食观。如苏会祥《留德时吃的回忆》、苏青的《消夏录》、小鲁的《吃》、苏红的《烧肉记》、徐一士的《不吃不睡》等。《天地》还专辟"衣食住特辑",刊登如《读宁波人的吃》的文章,大谈对于宁波菜原色本味的执着。在《吃与睡》里述说宁波人对于饮食"略加讲究"的理念:"说到吃,当然太贵的东西我吃不起,对于不清洁的东西我又不肯吃,所吃者无非在简单物事中略加讲究而言。"作为宁波人,她的下厨做派把宁波人"略加讲究"的饮食观表现得淋漓尽致。例如,蛋炒饭,饭要烧得好些,松而软,回味起来有些带甜。又如,饭菜吃得不乐胃时,再吃些甜点心类以资补救。复如,我把做点心盛点心的锅碗,决不肯同烧菜盛羹的混同,免得有油腻荤腥等气味存留着。再如,做小菜,第一东西要新鲜,第二料理要新鲜,至于料酒,我是毫不吝惜地请头号花雕来屈就的。所有这些,连同她推介的宁波菜的美味潜移默化地影响着上海滩的家家户户,久而久之,成为上海人的饮食习惯与口味嗜好。你看,上海人饮馔追求"乐胃",不就是从宁波人"略加

讲究"中学来的吗?甬籍海派作家李君维(东方蝃蝀)谈到上海人晚餐喝酒的"小乐胃",就有着宁波人"略加讲究"的影子:"我很喜欢别人晚餐喝一口酒,在25度的电灯下,有点简单的佐酒菜,花生、豆腐干之类。妻儿围坐,静悄悄的。有时说两句话,短短的句子,甚至一个字两个字,互相听懂了。为一幅老百姓的生活享受图。"琴瑟和鸣,融融而乐的食俗,上海滩的宁波人不就是这样吗?

甬籍作家谷林在《五黄和十二红》的随笔中,介绍宁波人过端午节的食俗,说浙东端午须当吃五黄:枇杷、石首(黄鱼)、黄瓜、黄梅子、雄黄烧酒。筵席"双五十二红"更显浸透着浙东食俗,即悉属浙东家常品目,酒水除了雄黄酒,还喝状元红、女儿红。活脱脱像是一位宁波老乡在浙东说宁波食事。

苏青在上海介绍宁波食俗时每每透露着宁波人吃的门槛:普通市民在经济实用的前提下,完全可以使自己生活精致一些:四五个铜圆,在便宜的时候,可以买三根莴苣,连根带菜,切成细片,先用盐渍,然后再用白糖和酱油与麻油一拌,味鲜而可口,这是很便宜而实惠的夏令食品。她自己消夏时喜欢吃清爽的菜,诸如"麻油盐拌豆腐"、"火腿丝拌绿豆芽"、"清蒸茄子",或与番茄拌和着,经济而有味。这些皆给上海人以深刻的影响。

解放后生活在上海的甬籍作家白忠懋撰文鼓吹宁波食俗,给上海人以熏陶与感染,使得许多上海人把宁波下饭看作阿拉上海小菜,从而催生了与宁波菜的合而为一。白先生说,"宁波人爱咸货,最典型的咸货叫'龙头烤'。我祖籍宁波,幼时生活在滨海之地——镇海,对龙头烤有亲切感。龙头烤是龙头鱼的干制品,因腌制时用盐较多,特咸——一根足以送下一大碗粥。龙头烤的鲜品叫'虾潺'。过去在上海菜场中偶尔有见,是从带鱼中分拣出来销售的,很便宜。买回来与花鲢头同煮,没想到两鲜合烹,竟使原先腥软多水分的虾

潺变得鲜美可口。"

宁波人吃带鱼自有一套方法,他们发现带鳞的带鱼吃起来味道更加鲜美,于是烹鱼前便不刮鳞。我也是宁波人,所以每次带鱼买回来,若由我刮鳞的话,便只是粗粗地刮一下。因为不刮的话,家人嫌腥;刮得太干净,我又不愿意。久而久之,我的上海太太也就感化了。就像嗜蟹,宁波人只管"淡吃",不理会醋。倘若蘸了醋,会伤及蟹的鲜美,醋味掩盖了鲜味。有人怕不加姜醋有腥味,其实那是不得食蟹真髓之故。我太太早先也蘸着醋嗜蟹,现在也像我那样"淡吃"了。

宁波籍作家、老报人陈诏,长期在上海工作,然推介宁波食俗却是那样的热情。他在《闲话宁波汤团》里表露了浓浓的乡情,充盈着对故乡的眷恋,他说,宁波汤团又白又圆、又甜又香、又可爱又好吃。根据《宁波市志》记载,"春节(年初一)早上吃汤团,寓意团团圆圆;……元宵夜,闹花灯,放鞭炮,吃汤团。"这是指节日风俗。其实,春节期间,无论初一、初二、初三……只要客人来,汤团是飨客的最佳点心。汤团,先用优质糯米水浸水磨,沥成团块再用黑芝麻、猪油(纯板油)、绵白糖、桂花做成馅子(也有用细豆沙、白糖做馅的);制作时,把糯米团搓成长条,分成一小段一小段,每段嵌入一块猪油馅,用手心搓成圆形,吃时放入沸水中,待汤团浮起水面,加少量冷水,让内馅煮熟,水再沸后即可盛入碗内。这样的汤团,汤清、色白、浑圆而有光泽、入口油而不腻,香甜滑糯俱全,煞是好吃。宁波人的圆子,比汤圆小,无馅,一般与酒酿一起煮,放糖,故称"酒酿圆子"。

这种食俗文化现象的认同与产生,表明一个菜系有时由两个或几个相近的食俗与口味结合而成,同时一个菜系与另一个菜系饮食习惯的相融,会发生饮食文化圈的重叠与融合,宁波菜在上海数十年,成了上海菜架构中的主骨,要说上海菜以甬、苏、扬为骨架构成,个中尤以宁波菜的烹调技巧作本,诚如上海话颇具宁

波话底色一样。比如,苏青、李君维、谷林、白忠懋皆嗜好一味腌笃鲜,你说是上海菜抑是宁波菜?腌笃鲜上海人喜唉,然其调鼎之法的"鲜咸合一",则是宁波的烧法。笃是宁波话,意即文火慢煨;腌鲜复合多以笋作料理,笋为宁波山珍,冬笋、春笋、雷笋、鞭笋一应俱全。这味名菜正好印证了台湾食评家唐鲁孙的说法:所谓的上海菜,在台湾已经跟宁波菜混淆不清了。难怪乎他把上海菜与宁波菜划为一个菜系。

迨到新时期,甬籍作家与美食家为宁波菜与其食俗的推介更是有不凡的贡献,这当中,被誉为沪上"美食三剑客"(洪丕谟、林苛步、江礼旸)之一的洪丕谟,自有不可磨灭之功绩。洪丕谟身在上海情系宁波。他的美食文章:《甬菜流行大上海》《家乡风味话甬菜》,力推宁波菜的美味。他说:"雪菜大汤黄鱼汤要大,吃时舀了一碗,再来一碗。那才过瘾。"这是宁波人的吃口。他又说:"开到大上海来的宁波海鲜餐馆,有汉通大酒店、丰收日海鲜大酒店等,这些餐馆的店堂宽敞,气派之大,让甬江状元楼、虹桥宾馆老宁波餐厅等宁波餐馆相形见绌。"可见他对宁波菜流行上海的擂鼓,全是出于宁波的乡情。宁波老乡去上海洪氏寓所"百尺老屋"拜访,他招待的是宁波菜。新鲜河鱼、海鲜的治馔,他叫夫人清蒸,关照作料安放得清淡一点,这样便可突出鱼鲜的本色,而不致被浓重的调味给夺去了原味的清纯。这是最典型的宁波人吃法——吃其原味。另有江礼旸则崇尚"鲜咸合一"的吃口,他说:"家母也是宁波人,从老人家言传身教看,宁波菜的鲜咸合一,当以鲜为主,咸是为了衬托鲜、突出鲜。"他又说:"今天的宁波菜当然不会太咸,而'鲜'的特色是不会改变的,所以宁波菜一直受到上海消费者的青睐,成为上海派饮食中的一帮重要的地方风味菜肴。"作家与美食剑客们对于宁波食俗的传播,为宁波菜在上海的崛起与盛行起着推波助澜的作用。可见食俗的生命力是非常强大的。

宁波菜正是以宁波食俗为基础,经过长期的提炼、

改造、升华而成的饮食文化结晶。宁波菜之根,乃是宁波食俗的精华。宁波食俗是宁波饮食文化中历史沉积物最厚重、保存得最完好、稳定性特别强的一个部分。上海与宁波由于食俗文化的认同与重叠,上海菜与宁波菜似乎都可以归结到海派饮食文化的范畴。所谓海派,是上海开埠半个世纪后,在清末民初所出现的代表上海文化特色的名词。首先始于中国画、戏曲,尔后漫开至电影、小说、美术教育,乃至社会风尚、生活方式、言谈举止,积而久之便有了海派文化的概念。海派与生俱来有兼收并蓄、开拓创新的特点。海派文化又是一种非常活跃、极具生命力的文化。海派饮食文化的发展中,海派菜的形成与发展,即反映了海派文化兼容并蓄的活力。上海菜与宁波菜融通便能说明之。宁波海鲜中,对黄鱼的烹调方法为上海人所喜爱,如大汤黄鱼,味崇清鲜。又如面拖黄鱼、海参黄鱼羹、苔菜拖黄鱼,皆自宁波菜蜕变而成为上海菜系,都表明宁波菜与上海菜皆属海派饮食之列。上海作为一个菜系区域之中的著名都会的客观存在,它又有"有容乃大"的博纳的城市品格,故他系菜都向这一都会区集中,从而形成了包容万象的上海饮食业之盛。而这当中,宁波与上海由于地域相邻、人缘相亲、文化相通、经济相融,尤其是食俗相仿、口味相同,宁波菜帮在上海流行与发展必将无疑。宁波菜与上海菜在海派饮食文化风格、文化精神的召唤下共生共荣,并且以其应有的价值而将获得更高的声誉亦毋庸置疑。

宁波菜在开放的大环境中,更是在上海滩盛行。这从大背景看,得益于甬沪合作的"潮涨"。宁波与上海同气连枝,甬沪经济的合作与交流,这几年一潮高过一潮。2003 年,甬商以 13 亿巨款一举买下了希尔顿饭店,后又开出希尔顿汉通餐厅,专营宁波海味,小小的一个场子,年营业额 1 000 万元,可见宁波菜的魅力。此外,如象山丰收日大酒店、宁波汉通海鲜大酒店等在上海专营宁波海鲜,更使宁波菜惊艳大上海。然而,宁波菜欲在上海再度发展,还得在宁波饮食文化创意上做种种努力。窃以为,如今宁波餐饮的网络传播要有宁波食文化的展示与推介。要告知食客,餐馆主打的是宁波菜系,其餐饮服务的方方面面努力打上宁波食俗的烙印。更要从宁波(地域)食俗文化着眼去不断开拓,这样就能左右逢源,就能不断扩大和巩固自己的食客群体,而始终立于不败之地。要从菜系料理、烹饪、技法上,吊起那些有宁波口味定势的食客的胃口。又要使根在宁波的上海人,情钟于宁波食俗的外乡人,趋之若鹜地、呼朋唤友前来享受,形成店堂营业的门庭若市。这闹盈盈的火红场面,就会吸引爱吃其他菜系的食客因猎奇而前来尝个究竟,从而一尝而终不可止。

食俗文化传播的理念与方式如今已被"2.0 化"。随着互联网和 web2.0 时代的到来,催生出一种"共享式美食传播"。食客们彼此提供资讯,互助服务,还结成了一个个"美食部落"。众多的美食网即是信息共享的平台。因而有些餐饮企业纷纷开设美食网站与博客。利用 web2.0 提升人气,扩大影响。如汉通餐饮博客访客留言,赞美与支持汉通餐饮,便是较为成功的一例。美食访客说"你的博文的确很好,加油","很舒服的博客,感觉挺不错的","以后经常来访咯"。有的还用诗一般的语言写道:"走进朋友的家园,欣赏您优美的博文,聆听您美丽的心声,感受您博大的情怀,赞美您雅致的人生。看望朋友,真挚问候!""支持汉通餐饮,酒越久越醇,朋友相交越久越真。"

再则,宁波饮食文化创意还得要在筵席开发方面做孜孜矻矻的努力。上世纪末,中国烹饪大师陈效良曾设计了宁波海鲜宴与宁波风情宴食单,为宁波菜筵席做过初步的尝试。今天,汉通宁波菜研究所与天一阁博物馆研究人员设计的甬帮筵席——"天一夜宴"便是更有宁波历史文化韵味的一份食单(须知,一次有文化内涵的餐饮,往往能成为一次历史文化特色展览)。该食单从宁波——书藏古今,港通天下演绎而出,涵盖了古今与中外。兹录其要目，以飨同好：冷盆（选四）：碧沚蟹生，东园新篁，西园山鸡，天一池鳖。热菜（选十）：水陆珍、玛瑙蟹、网油包烤黄鱼、虾子扒参、雪菜大汤黄鱼、奉芋炖鸭、牡丹墨鱼、虾丝瓜柱、豆浆鲳鱼、明池清趣。汤菜（二道）：元宝汤、金必多浓汤。点心（选四）：富贵杨梅（创意仿真点心）、缸鸭狗宁波汤团、鱼皮馄饨、鱼糍面。水果（选一）：东明草堂百果拼盘。整台筵席兼有明代菜、清代菜、民国菜直至当代创新菜，力求将宁波风情、甬食文化、宁帮美味、宁式养生熔为一炉，吃口别是一方。譬如，金必多浓汤，即是四五十年代流行于上海滩的一道名菜，这名汤是当年沪上晋隆饭店里宁波厨师治馔的。台湾美食家唐鲁孙说是"拿鱼翅鸡茸做的。宁波厨师头脑灵活，对菜肴能够花样翻新"。一道金必多汤呈现的是松茸清香盈面：汤面浓稠、汤色金黄。勺子轻轻一拨，飘出来的皆是宝页鸡丝、鲜鲍片、鱼翅、虾籽、竹荪、胡萝卜、南瓜……这汤的汤底用了黄焖老鸡汤，汤料很足，荤素搭配，营养丰富，也很健康。又如，雪菜大汤黄鱼所用的雪菜，是按明代美食家屠本畯的《野菜笺》里所言的，用芥菜变种雪里蕻腌制的。屠本畯为天一阁范钦的亲戚（系范钦其子范大冲之妻兄），自然熟知范家菜的真谛。这种筵席，我们的周边城市已经做了，且已有骄人的成绩。杭州菜凭借其深厚的文化底蕴，已开发了多款筵席，有的已经取得了良好的市场效益。如中国烹饪大师胡忠英领衔研发的"乾隆御宴"六桌，其总价值为25万元。楼外楼的"乾隆御宴"仿制了二十多道清宫菜点——冷菜：龙凤呈祥、八味冷碟。热菜：脯雪黄鱼、罗汉大虾、五子登科、佛手金卷、八宝鸭丝羹、绣球干贝、一品豆腐、鹿筋万字肉、如意竹荪、乾隆莼菜汤。甜点：豌豆黄芸豆卷、野鸡馄饨、果子粥。水果：水果拼盘。楼外楼的西湖十景宴、荷花宴，更是制作精美、色泽亮丽、清香四溢、风味别致。绍兴咸亨酒店的放翁宴、咸亨宴，为中国烹饪大师茅天尧领衔创新，该宴从风味入手，力求将

风情、文化、美味、营养熔为一炉，吃口别有风味。追溯宁波饮食历史，宁波人讲究"筵席菜"礼仪化的食俗文化现象相当显豁。如宴请必分清宾主、尊卑、文野，而非一般地表现为"来者都是客"的平等与热络。宁波筵席有多种形式上的格式化的分类，用的是等级分明的菜谱，表现了一种儒雅的礼仪精神在食俗中的影响。此外，宁波人吃筵席的食俗，还体现在城乡的差异上。城市里讲究吃筵席，诚如食评家周作人所言："在城里与乡下同样的说吃酒，意义则迥不相同。城里人说请或被请吃酒，总是大规模的宴会，如不是有十二碟以上的果品零食（俗名会饯，宁波也有这句话）的酒席，也是丰满的一桌十大碗头。"此种风尚，暗合上海世博精神——"城市，让生活更美好"。在上海的宁波餐馆，当以率先引导，让上海食客在世博期间，畅享城市饮馔文化创意盛宴——甬帮筵席菜。

附录：甬帮筵席：天一夜宴（食单）

冷盘（选四）

碧沚蟹生：宁波蛑蟹与潮州冻蟹拼盘（创新菜）；或用毛蟹做成"五味蟹"。此出典于明代《竹垞山房杂部·养生部》；取团脐入瓮，一层蟹上铺一层葱、川椒，直至瓮口，然后浇上用酱、醋、盐、糟、酒调配好的汁液，淹没蟹，腌至熟，食时用醋。

东园新篁：用禾菜火菨鞭笋改良。

西园山鸡：用宁波土鸡做。

天一池鳖：用鹅掌鳖裙，借鉴于禾菜。

热菜（十二选十）

水陆珍：明代菜，今有变化。

黄鱼蒸熟取用，加大银鱼、鸡脯肉、田鸡腿肉、白虾肉一同斩细，加鸡蛋蛋清、鸭蛋清、花椒粉、盐、白酒搅匀，做成丸饼状，蒸熟后再入羹而成（原用甲鱼肉，今改为黄鱼肉）。此出典于《竹垞山房杂部·养生部》，作者系明代宋诩。

玛瑙蟹：将蟹烹熟，取肉、蟹黄，加绿豆粉、乳饼搅拌，蒸熟。浇上用煮蟹汁加姜汁、酒、醋、甘草、花椒、葱调和成的调料汁。这道明代菜功夫在调味，出典于《竹坞山房杂部·养生部》。

网油包烤黄鱼：（清代菜），或用网油包鹅肝（民国菜）。黄鱼洗净，加调料浸渍，然后用猪网油包裹，再加上火烤成，风味鲜香。原用鳜鱼，今改为黄鱼。

虾子扒参：民国菜，选用的是大小均匀的梅花海参，清沙去肠，发功要恰到好处，火候要到家，一盘整十支排列，上撒一层鲜红虾子。

雪菜大汤黄鱼：民国菜，雪菜用芥菜变种雪里蕻腌制的，是谓明代屠本畯《野菜笺》所言的那种。屠本畯为天一阁范钦亲戚，他是屠大山之子，又是范子范大冲之妻兄。范钦与他交谊甚笃。

奉芋炖鸭：民国菜，芋艿明代称之蹲鸱，屠本畯《野菜笺》极为推崇。屠本畯著有《海错通谱》（《闽中海错疏》），并为张九峻《食海味随笔十六品》写《海味索隐》，对海味颇有体验。

牡丹墨鱼：当代创新菜。

虾丝瓜柱：当代创新菜。

豆浆鲳鱼：当代创新菜。

明池清趣：当代创新菜。将墨鱼膏、猪耳、牛舌、胡萝卜、莴笋、鸡蛋糕顺序摆放成荷叶状，再将各种卷用于点缀成形即成。调料：盐、味精、酒糟、胡椒粉、酱油、咖喱粉、绍酒、葱、姜、生粉。

汤菜：（二道）

元宝汤：民国菜，用一条或一斤左右的鲫鱼，清炖熬汤，配料是个头硕大的乌背圆蛤。

金必多浓汤：民国菜，用现代手法演绎。一道金比多浓汤，要求汤色金黄，汤面浓稠，松茸清香盈面，勺子轻轻一拨，捞出来的皆是陆珍与海味：鸡丝、鲜鲍片、鱼翅、虾米子、竹荪、胡萝卜、南瓜……鲍鱼是之前就煲好的，需要煲两天。鸡丝用土鸡腌制。煲高汤可放入适量的野生松茸，汤水会有野菌清香。也可以将日本小南瓜、野生松茸调入汤底。此菜配料丰满，鲍鱼丝、鸡丝、鱼翅、竹荪丝等以高汤煨入底味，再加

以奶油、南瓜泥作为调味，并以牛油加面粉椎击出"面捞"芡。为了让汤看起来更浓，起锅前要稍打薄芡，最后将汤密筛滤入汤盘，加虾子、鱼翅置于配料之上，略做点缀，这道"金必多"汤就可以上桌了。

点心（选四）

富贵杨梅：创意仿真点心。

猪油汤圆，或用鱼肉皮馄饨（清代）。用黄鱼皮、鲜贝等制皮（鱼肉蔽圆片），裹蟹肉馅、秀菇馅等为馄饨，烧成或蒸成。

鱼糁面（当代）：

1. 将海鳗剖洗后刮下鱼肉，加盐成鱼泥，沾干淀粉后，用面杖敲制成薄面饼，入沸水汆熟捞出，过漱后切成面条待用；

2. 将生姜、猪肉、榨菜、莴苣、冬笋、胡萝卜分别切丝，银芽洗净去两头；

3. 锅上火放油将作料煸炒至七成熟后放清汤，榨菜丝、鱼面烧沸加盐，味精调味勾厚芡，淋蒜油，撒少许胡椒粉，出锅。

水果

东明草堂百果（水果拼盘）。

（作者单位：宁波市餐饮业与烹饪协会）

留住典型乡土建筑的风采

彭常新

我国建设社会主义新农村的战略部署,反映了亿万农民群众的强烈愿望和根本利益,具有重大的现实意义和深远的历史意义。社会主义新农村建设作为中国现代化进程中的重大历史任务,它的全面启动和建设高潮的掀起,必将给广大农村地区带来翻天覆地的变化。

农村典型乡土特色建筑是中国农村民族民间传统文化的缩影,是中国乡土建筑的代表性作品,是中国建筑史上的一个重要组成部分。我国作为拥有七千年农业文明的国家,遗存在广大农村、山乡的典型乡土特色建筑数量众多,文化内涵最为丰富,贯穿着中华民族自原始社会以来数千年的发展历程,不仅反映了我国丰富多彩的民族、民间、民俗文化源远流长的历史,也是我国农业文明延续发展的历史见证。

改革开放以来,特别是近十几年来,随着城乡经济的迅猛发展和社会经济、文化生活的急剧变化,在农村建设发展进程中,农村典型特色乡土建筑保护出现了一些新的情况和问题,受到了一些冲击。一批具有保护价值的典型特色乡土建筑未能及时列入各级政府的保护视线,特别在一些偏远的山区,许多有价值的典型特色乡土建筑因为长期无人居住、无人维护而日益破败,一些典型特色乡土建筑的周边环境随着经济发展而急剧变迁,生存环境不断恶化,大批典型特色乡土建筑的安全正面临着极大的威胁,其遭受破坏、走向消亡的进度正逐渐加快。

一、农村典型特色乡土建筑
保护存在的问题

农村典型特色乡土建筑大多数产生于并保存在历

史上乡村经济较发达地区。这些地区由于具有农村区域经济的优势。气候适宜,物产丰富,年收益明显优于资源贫乏地区。在温饱不成问题的前提下,村民重视教育,教育促进了文化,文化扶持了商贸和科考的发达。十年寒窗苦,方为人上人,那些在仕途或文坛上功成名就之人,衣锦还乡之时,往往在家乡动土兴工,修建住宅、家庙、宗祠,一方面耀祖光宗,回报族群乡民;另一方面,也使得许多具有典型特色的乡土建筑相继面世,异彩纷呈。这些历代名人的故居、富绅的庭院、家族的祠堂,以及环绕四周所形成的历代特色乡土建筑,构成了农村传统文化的主要载体,在历代土地制度、小农制度、科举制度、宗法制度、建筑法式、商贸经济和文化传承等方面都具有极大的研究价值。

但是,由于历史的原因和人为的因素,农村典型特色乡土建筑保护目前仍面临许多困难和问题,仍然是新农付建设中的一个薄弱环节,如果不能尽快得到解决,不仅会影响新农村文化建设的实施进程,在某种程度上还将直接影响农村地区经济和社会文化的协调发展。存在的问题是:

1. 认识不到位

对新农村建设的各类宣传工作做得很多,但对于新农村建设过程中的文化遗产保护工作宣传力度不够,导致一些地方认识不到位,误把新农村建设理解为就是新村建设运动,存在简单的偏城市化倾向,在求新求洋的追求中没有考虑民族文化的传承问题,造成典型特色乡土建筑的不断丧失,千村一面的情况已在不少地方成为现实。一些地方对乡村乡土文化遗产的保护意识十分薄弱,对典型特色乡土建筑的历史文化价值的认识只停留在旅游开发层面,而对于其丰富的历史、科学、社会、艺术等价值知之甚少,因而不能很好地处理保护与利用的关系。有些地方片面追求文化遗产的经济价值,重开发、轻保护,重利用、轻抢救的现象相当普遍。此外,新农村建设中的农田改造、水利、交通等基础设施建设、农民生活设施建设以及村容整治等项目的全面展开,在很多地方直接影响到典型特色乡土建筑的安全。有些地方置典型乡土特色建筑的文化真实性于不顾,擅自在古村落内进行迁建、复建或兴建人造景观,破坏了古村落和谐的人文和自然环境,相当一批古村落原有的生态系统、传统风貌格局被肢解、破坏,建设性破坏的后果在一些地方已经显现。

以上种种现象,说明在一些地方,还没有正确、全面地学习和理解中央关于新农村建设和文化遗产保护的指示精神,不了解历史和传统,缺乏人文观念和文化遗产保护意识。另一方面也反映出新农村建设活动中的所谓"政绩工程"、"形象工程"的确在直接危害着农村典型乡土特色建筑的安全。

2. 相关的政策、法规不健全

从新农村建设试点省份的情况来看,凡是未列入文保单位的乡土建筑在有关政策鼓励之下,均可由村民自愿拆除改造,一些十分珍贵的典型特色乡土建筑因此随时面临被拆毁的危险。如不及时制订乡土建筑保护法规,大规模的新农村建设必将很快吞噬千百年来形成的传统乡土建筑及其文化内涵。我国虽然有一部《文物保护法》和《历史文化名城名镇名村保护条例》,但是典型特色乡土建筑的保护有其特殊性,适用法律必须能完全满足其保护需要。而地方出台的一些地方性专项法规也具有明显的地域性、局限性。因此,当前迫切需要研究制定有关政策或专项法规来解决保护问题。

3. 保护的队伍亟待加强

典型特色乡土建筑的研究、保护目前仍属文物保护科学领域的新兴课题,起点较晚,研究人才缺乏。由于乡土建筑涉及的范围很广,各地情况差别很大,保护对象十分复杂,制定全国统一的保护标准尚待时日。同时,现有的乡土建筑研究队伍、技术力量和保护队伍都十分缺乏,严重制约了乡土建筑研究、保护的正常开展,大量典型特色乡土建筑的价值有待发掘。此外,与之有关的口述史料、乡土文献、民间艺术等非物质文化遗产无人记录整理或难以获得而导致乡村历史文化的淹没,传统建筑技艺随着老一辈艺人的离世而后传乏人,以致彻底消亡。

4. 用地政策和产权制度有障碍

按照国家有关土地法规,我国农村实行"一户一宅"政策,旧宅基地(即旧民居)不拆,土地部门不批新的宅基地,迫使村民为了生活的改善拆旧建新,导致众多传统民居被毁。此外,历史原因造成一些典型特色乡土建筑产权不清或产权分散,有些经过数代传承,难以确定产权归属。有些分属几户、十几户,保与拆,修与不修难以形成统一意见,管理和保护难度很大。用地政策和农村产权制度的障碍,使得许多古村落无规划、无秩序的重复拆旧建新活动,大量新建筑的拔起破坏了古村落原有风貌和独特的自然环境。

5. 资金十分匮乏

目前,对农村地区文化遗产尤其是乡土建筑的保护资金投入仍然不足。由于乡土建筑数量多,维修规模大,所需费用较高,单凭居民、村镇或者地方政府一方的力量难以全部承担。据江南某省不完全统计,该省第一、二批43处省级历史文化街区村镇中,需在规划近期(5年)内整治、维修或修缮的就有约645万平方米面积。按照现行文物保护专项补助资金使用政策,专项资金不能补贴产权属于私人的古民居。不少有价值且亟待维修的古民居、古村落中的典型特色乡土建筑因此不能得到及时的维修保护,其自然损毁的程度尚未得到根本扭转。另外,部分老建筑的维修费用甚至高于新建建筑,居民住户对投资维修的积极性普遍不高。

二、保护农村典型特色乡土 建筑的历史责任

改革开放以来,国家一直重视保护农村地区文化遗产特别是乡土建筑的工作。国务院早于1988年公布第三批全国重点文物保护单位时,即将皖南潜口民宅等重要的民居村落列为国保单位加以保护。2005年12月,《国务院关于加强文化遗产保护的通知》(国发【2005】42号)明确:"把保护优秀的乡土建筑等文化遗产,作为城镇化发展战略的重要内容",要求各地贯彻落实。在随后发布的《关于推进社会主义新农村建设的若干意见》中又专门强调:"村庄治理要突出乡村特色,保护有历史文化价值的古村落和古民宅。"这些指导性意见充分体现了党中央、国务院对保护农村地区文化遗产的高度重视。随着社会主义新农村建设试点工作的铺开,各种拆迁、整治和大规模建设活动必将全面兴起,夹杂在广大村庄乡舍中的各类具有较高价值的乡土建筑,随时面临着被拆、迁、改、并等种种危险。如不能及时加以引导,采取有力措施加以保护,这些珍贵的文化遗产极难逃脱被遗弃或破坏的命运。因此,保护好农村地区珍贵的文化遗产,特别是典型特色乡土建筑这一独特而丰富的文化遗产,是新形势下赋予各级政府和有关部门的不可推卸的历史责任。

我国南方浙江、江西两省具有十分丰富的农村乡土建筑和民间文化艺术资源,在社会主义新农村建设活动中,较早地遇到了如何处理文化遗产保护与新农村建设的关系问题。浙江历史悠久、人文荟萃,经济社会事业发展迅速,各项工作都走在全国的前列,属于经济发达地区;江西文化遗存丰富,革命遗迹众多,近年来经济社会发展进入一个新的发展阶段,但总体上仍属经济欠发达地区。两省的差别,集中代表和反映我国经济、文化发展程度不同的地区在开展新农村建设中保护农村典型特色乡土建筑过程中遇到的各种不同情况,比较真实地反映了各种实际问题。通过两省文物管理部门的努力工作,在实践中摸索了一些经验,具有典型性和普遍性。

1. 党委、政府都重视农村文化遗产的保护工作

浙江省早在2003年实施"千村示范、万村整治"工

程时,就对保护农村历史文化遗产给予了高度关注和部署,要求在建设规划中保护好古村落、古建筑、特色民居和历史文化遗迹,使传统文化与现代文明达到完美结合。江西省在2006年7月全省新农村工作会议上强调,农村建设规划要因地制宜,注重保持农村历史文脉和地区建筑文化特色,注重依据历史文化遗产建设新村镇,做到村村有特色、镇镇有品位,避免盲目求新求洋,千村一貌。

2.不断制定和完善文化遗产保护的地方性法规、政策,加大保护力度

如:《江西省村庄建设规划技术条例》、《江西省历史文化名村名镇保护规划编制与实施暂行办法》以及《浙江省非物质文化遗产保护条例》等,对保护当地的农村文化遗产特别是典型特色乡土建筑起到了很大作用。

3. 开展普查,摸清家底,为农村地区文化遗产保护的相关立法、决策等工作奠定基础

如:2003年8月至2004年底,江西组织了全省第三次文物普查工作,新发现不可移动文物3 516处,其中就有一批具有很高文化价值的农村乡土建筑。浙江从1991年开始,先后普查公布三批共计78处历史文化街区、村镇,其中95%为农村传统乡土聚落。

4. 随着地区社会经济的发展,各地对文化遗产保护的资金投入力度也在逐渐加大

浙江省各级财政1996—2005年间安排文物保护专项补助经费中,用于乡土建筑保护修缮的比例超过50%。江西省于2005年设立了农村文化事业专项经费并已增至亿元以上。

5. 在新农村建设中,注意并把握在新农村建设规划中合理保护农村文化遗产的重要性

江西省在修订的《江西省村庄建设规划技术导则》中将村庄规划分为新建型、改造型和保护型三大类,对保护价值较高的古村落、古民居等作出了较详细的规

定。浙江省则已全面完成了全省第一、二批省级历史文化街区、村镇保护规划,新公布的第三批保护规划也都依据有关要求开展规划编制工作。

6. 积极探索文化遗产保护工作的新模式、新方法,不断健全农村地区文化遗产保护体系

如浙江省对农村传统文化生态保护比较完整并具有特殊价值的村落区域实行动态整体保护,乌镇、南浔、西塘、诸葛村等一批历史文化村镇,在严保基础上努力实现保与用的有机结合,取得良好社会和经济效益,走上良性循环发展道路。江西省充分发挥绿色、红色、古色特殊文化资源特色,将乡村文物保护与旅游开发相结合,与传统教育基地建设相并举,与生态、保护相协调,取得了良好效果。

三、新农村建设中保护典型特色乡土建筑的对策

认真汲取二十年来我国城市改造建设过程中文物建筑保护的历史经验和教训,对我们在新的历史条件下积极主动地推进新农村建设中的文化遗产保护有着重要的借鉴意义。过去的失误已经让我们失去了很多城市文化遗产,在新农村建设中如不及时制定政策,加强对典型特色乡土建筑的保护,将会给祖国历史文化遗产造成不可挽回的损失。为此,必须实实在在地做好基础性工作。

1. 深入开展宣传教育,切实增强各级政府在新农村建设中保护好典型特色乡土建筑的意识

把加强文化遗产保护当作新农村文化建设的主要任务之一来抓好、抓实,明确"保护不是阻碍,发展不是破坏",保护与发展是相辅相成、相得益彰、相互促进的关系。明确各级政府和相关管理部门的主导作用,提前介入到新农村建设的村庄整治工作中。正确处理好文化遗产保护与建设活动的关系,建设、农业、国土、文

化、文物等政府各部门应加强工作协调,采取有力措施,指导地方政府把保护典型特色乡土建筑的内容纳入到建设社会主义新农村的总体规划中,使乡村建设规划的制定和实施与当地文化遗产保护规划相协调,努力寻求文化遗产保护与当地经济发展良性循环的新路径。

2. 完善保护标准,加强人才培养和队伍建设

地方各级人民政府主管部门可在所管辖区内根据国家有关标准进行全面、广泛的乡土建筑调查,亦可结合第三次全国文物普查,摸清已经为数不多的典型特色乡土建筑家底登记在册,并将价值较高的典型特色乡土建筑及其所依附的古村落、古村镇及时公布为各级文物保护单位和历史文化名村、名镇。为了加强对乡土建筑研究工作的支持力度,需要进一步强化对相关专业人员的培训和人才队伍建设,合理培训并利用民间的维修力量与传统维修工艺,允许有技术力量的地方工匠参与当地典型特色乡土建筑的维修保护工程中去。

3. 加强法规建设

新农村建设中的文化遗产,特别是乡土建筑的保护和管理工作,必须逐步纳入法制化、科学化、规范化的轨道。从浙江、江西两地的实际经验看,法规建设对推动乡土建筑的保护极其有效,能积极推动和规范当地乡土建筑的保护工作。及早启动乡土建筑保护专门法规的制定工作,提高决策者和广大农民群众对历史文化遗产的认知程度,对指导和把握新农村建设中文物保护,有效遏制毁坏典型特色乡土建筑行为的发生具有重要作用。

4. 积极探索土地置换、产权转移的新政策

要解决农村村民改善生活与保护老宅的矛盾,建设新村、保护老村是较好的方法。通过引导部分居民逐步迁移到新区,合理疏减古村落、古民居内的人口,并对老村落合理规划整治,做到既保护了文化遗产又改善了村民生活。因这一做法涉及国家土地政策问题,政府有关部门可以探索合理依据国家相关土地政策,解决农村新区用地问题,从政策上鼓励需要保护的典型特色乡土建筑的房主建新不拆旧。同时研究如何为典型特色乡土建筑的产权转移创造条件,鼓励有经济能力的社会法人或个人等社会力量,在明确其保护责任的前提下,参与到典型特色乡土建筑的保护中来。

5. 拓宽保护资金投入渠道

在农村文化遗产丰富的地区,地方各级政府应当从新农村建设基础设施补助经费中安排一定比例用于文化遗产保护。在鼓励各级政府和集体加大保护性投入的同时,采取多渠道筹集民居保护资金的方法,解决保护资金不足的问题。对于列为各级文物保护单位的乡土建筑,中央财政可单独设立专项资金用于抢救国宝级的典型特色乡土建筑。同时也要适当向经济欠发达地区的农村倾斜。确立为历史文化名村、名镇的,省、市、县各级财政可分别在当年财政收入中按比例提取保护专项资金,用于抢救本区域内此类典型特色乡土建筑。对于其他尚未列为保护对象的乡土建筑,可以通过相应的政策鼓励、引导社会资金介入。对于产权属个人所有的、价值较高的典型特色乡土建筑,在文物部门指导下进行维修时,政府应给予适当的经济补助。

6. 正确处理保护与利用的关系

典型特色乡土建筑保护的最终目的是为了惠及国家和村民,根本利益是一致的。保护文化遗产,不是为了保护而保护,而是为了有利于人民群众的生产生活。农村地区大量乡土建筑的一个重要特点是它们与农民群众的生产生活密不可分,至今仍然是他们生产、生活的主要场所。这个特点决定了乡土建筑的保护不宜采用迁走民众、建立全封闭式博物馆的保护方法。没有了民众的生活与维护,乡土建筑也就失去了生机和人气,最终难逃自然损坏的结局。农村地区的典型特色

乡土建筑保护应充分考虑农村地区的实际情况,在甄别好、保护好的前提下,引导农民群众合理利用,既继续发挥乡土建筑的功用和价值,又满足了农民群众改善生活质量的愿望,使保护与发展相辅相成,两全其美。

全面学习和准确把握中央《关于推进社会主义新农村建设的若干意见》和《国务院关于加强文化遗产保护的通知》等文件的精神,按照加强领导、合理规划、依法管理、确保安全的思路做好工作,紧紧依靠广大农民群众,就能保护好、维护好、利用好农村典型特色乡土建筑,就一定能留住农村典型特色乡土建筑的绚丽风采。

(作者单位:中国文物报)

欧洲近现代玻璃、陶瓷器的主导品牌及其风格的形成

刘 刚

"上海博物馆藏欧洲玻璃陶瓷精品展"于2009年5月在宁波博物馆隆重开幕,展品的时代为19世纪至20世纪上半叶,艺术风格以"新艺术风格"和"装饰艺术风格"为主,这些作品格调高雅、工艺精良,虽未包罗欧洲所有的知名厂家,但也足以让人领略到当时欧洲的工艺美术风貌。

由于在国内留存甚少,因此国人对这些年份并不久远的器物还比较陌生。为了让大家对此类作品有一个初步的客观的认识,本文从19世纪后期欧洲的工艺美术运动说起,进而结合部分展品,对展览涉及的欧洲玻璃、陶瓷器的主要品种、主导品牌及其风格的形成作简要的分析。

一、欧洲的工艺美术运动

产业革命以后,欧洲各国陆续走上了工业化的道路,到十九世纪,各国经济空前发展,物质极大丰富,人们开始品味生活的每一个细节。此时,欧洲玻璃、陶瓷趋于机械化生产,制造成本大大降低,尤其是曾经千金难求的瓷器也成为生活日用品和装饰品进入普通百姓家庭,而不再是豪门贵室中的奢侈品。

十九世纪又是玻璃陶瓷工艺突飞猛进的时期,新技术的应用为经营者带来商机。拜金主义在机器和利益的双重驱动下大行其道,为敛财而钻营的风气使得产品泛于虚饰,艺术水准每况愈下。十九世纪末,许多艺术家参与了玻璃、陶瓷器的生产过程,他们以个性化的设计唤起了人们对美的感知。如果说文艺复兴开启了世俗审美的大门,那么在奏完了纤巧、华丽的洛可可

艺术的序曲之后,一场旨在复兴工艺美术的"新艺术运动"拉开了帷幕。

"新艺术"是19世纪末至20世纪初的一场工艺美术运动,时间大约从1880年到1910年历经30年,这是蔓延到整个欧洲乃至美国的工艺美术、设计和装饰领域的艺术运动,内容涉及建筑、家具、服装、广告招贴画、书本插图、墙纸、纺织品、刺绣、珠宝、玻璃等方面。

威廉·莫里斯是这场运动的发轫者,作为现代设计史的开篇人物,他一针见血地指出,工业化产品不能体现出创造者的精神特质,只能营造出没有灵魂的机器世界。他关注着传统手工艺,力图从中寻找艺术的未来,并且认为艺术对于创造者和使用者来说都应该是一种享受。这里的艺术泛指包括"工艺美术"或称"实用美术"在内的所有与人们生活密切相关的领域。

每件手工艺品或多或少是美的,它们与工业产品的丑陋和商业的矫饰产生了鲜明的对比。大自然的柔美和壮观又令艺术家们兴奋不已,动植物世界那种清新的气息、生动的情趣、神奇的力量为艺术家的创作提供了取之不尽的源泉。除此之外,象征主义、巴洛克、洛可可、浮士绘艺术的融入使"新艺术"拥有了丰富的内涵。

二、玻璃器的主导品牌与风格

新艺术风格作品的特点是富有装饰性和不对称性,采用长而弯曲的线条来表达一种流畅奔放的旋律,这种风格特别适用于液态的、具有流动性的玻璃工艺。可以说,谁掌握了玻璃的材质特性,谁就能把握住时代的脉搏。经历了数次重大技术革新的玻璃器,此时在欧洲迎来了它的又一次新生——艺术玻璃的诞生。

1. 法国

法国首先以新艺术风格的玻璃器制作脱颖而出,领导了时代潮流。早期的艺术玻璃设计以法国的卢梭和加莱最堪称道,二人的设计思想受日本艺术影响至深,他们的作品在1878年巴黎国际工业品博览会上得到普遍好评。卢梭的作品在造型和纹饰的处理上不仅吸取了东方艺术的养分,还借鉴了意大利文艺复兴时期的玻璃式样,对早期玻璃艺术作出了贡献,但因创作时间短暂而作品甚少。

加莱(Gallé)

"加莱"在法国是家喻户晓的品牌,其创建人埃米尔·加莱继卢梭之后成为新艺术风格玻璃创作的主力,作品以花草、风景为主要装饰题材,散发着诗一般的浪漫气息。1867年加莱建厂于法国南希,早期产品胎质透明或半透明,造型多具古典风格。1885年后运用了化学腐蚀法,结合砂轮切削,提高了产量,制作出多层次、浮雕式图案的套色玻璃器。这些作品具有不透明的胎质、自然主义的造型和纹饰,在1889年巴黎世界博览会上得到极高的赞誉,并被冠以"新艺术"风格,从此加莱玻璃器跻身于世界著名品牌行列,在第一次世界大战前对世界玻璃行业产生了巨大影响。

展品《白地风景套色瓶》上着重表现天地造化之美,该瓶绿白双层套色,器形舒敛有致。采用酸腐蚀和车刻相结合的方法,在咫尺间营造出春意盎然的田园风光,通过控制有色玻璃的厚度来表现颜色的深浅,呈现出远、近、明、暗的透视效果。画面中阳光明媚,巨树参天,湖光山色,映带左右,空间关系明朗,层次丰富(图一)。又如《黄地莲纹船形套色缸》,外形既像船又像月亮,饰以水中莲的纹样十分妥帖,在淡黄色的笼罩下,如泛舟于荷塘月色之中,别有一番韵致(图二)。《白地茨菰纹套色瓶》为蓝、白双层套色,用水生植物"茨菰"作为装饰,茨菰形象取意自然,而且有水墨画韵味(图三)。

图一　加莱白地风景套色玻璃瓶，
19世纪末，法国

图三　加莱白地茨菰纹套色玻璃
瓶，19世纪末，法国

璃器为主，《橘红地风景套色瓶》就是当时的典型作品（图四），像《白地彩绘风景瓶》这样的彩绘作品也是其当时的特色（图五）。道姆制品以其浓厚的艺术气息，在历次装饰艺术博览会上受到普遍好评，奥古斯特、安东尼兄弟相继获得荣誉勋章，道姆玻璃拥有了国际声誉。

图二　加莱黄地莲纹船形套色玻璃缸，19
世纪末，法国

道姆（Daum）

道姆玻璃厂建于1878年，当时吉恩·道姆在法国南希接管了一家破落的玻璃工厂，生产杯子、果盘等日用玻璃。1885年吉恩·道姆去世，留下了一个困难重重的玻璃厂，其子奥古斯特、安东尼兄弟继承父业。1890年以后，受新艺术风格的影响，安东尼将花卉和风景纹样运用于装饰，开始了艺术玻璃的创作，直至20世纪初都是以模仿加莱风格的套色玻

图四　道姆橘红地风景套色玻璃
瓶，20世纪初，法国

图五　道姆白地彩绘风景玻璃瓶，
20 世纪初，法国

第一次世界大战以后，加莱玻璃淡出历史舞台，道姆及时调整了自己的设计，转向"装饰艺术"风格，适应了时代的新要求，形成了自己的风格，面向未来迈出了一大步。道姆兄弟将产品的造型、纹饰抽象化，强调颜色的装饰与表达，并独创了玻璃洒金工艺，赋予作品全新的视觉效果。比如《蓝白色洒金荷叶形缸》采取透明玻璃洒金箔工艺，蓝、白色玻璃条相间熔着其上，复烧后融为一体，口沿整形为波折状，似荷叶般赢缩卷舒，在凌乱斑驳的金箔的点缀下，给人一种清新洒脱、灵动自然的美感（图六）。

图六　道姆蓝白色洒金荷叶形玻璃缸，20
世纪 20 年代，法国

拉利克（Lalique）

"拉利克"原本是世界著名的珠宝首饰品牌，拉利克本人是一个成功和著名的珠宝设计师，后来转向玻璃器的生产。他在玻璃器上的盛名虽然是姗姗来迟，但极大地提升了拉利克这个品牌的世界知名度。虽然起步很晚，但它准确地把握了时代的脉搏，在 20 世纪二三十年代以全新的造型和纹饰获得了法国乃至全世界时尚人士的青睐。其产品种类有花瓶、缸盆、餐具、酒具、化妆品容器、镇纸、摆件、灯具、建筑玻璃等。

当时拉利克的月光色半透明磨砂玻璃器最为流行，其上常以不透明的深浮雕进行装饰，如《拉利克鱼纹盆》是拉利克玻璃中著名的品种，色泽恬美柔和，如月光般迷人，浮雕般的鱼纹在光线的折射下泛蓝色，如宝石般迷人（图七）。这种器皿通常用来盛放水果、色拉或鲜花。从 20 年代初到 30 年代末，拉利克餐具被视为最时尚、最高雅、最新潮的餐具。许多大都市的富裕家庭把拉利克玻璃餐具作为赠送结婚礼品的首选。又如《美人鱼车饰》是作为一种吉祥物被安置在汽车散热器上的装饰品（图八）。相对于汽车的动感，它强调固定、静止的特征，表现出静态美。相比实用器皿，其细节刻画清晰而繁复，尤其注重质感的表现，从视觉和触觉上给人一种与其他材料完全不同的感觉，因此在工

图七　拉利克鱼纹玻璃盆，20 世纪 20 年代，法国

图八　拉利克美人鱼玻璃车饰,20世纪20年代,法国

艺上要求更高,需要精湛的技术和持续的创作激情。

拉力克的艺术风格源于他的美学实用主义观点,他的设计符合材料本身的特质,造型简洁,纹饰图案化。尤其在色彩的表现上,不论是磨砂玻璃朦胧淡雅的月光色,还是着色玻璃的浓翠与湛蓝,都恰到好处。《翠绿色叶纹瓶》色调纯正,造型简洁,纹饰清晰,线条硬朗,具有典型的"装饰艺术"风格,极富时代气息。宽唇、短颈、大腹,器型浑圆而轻薄,内外口沿手工车边,平滑如玉。器表手工打磨去光,凹凸有致,局部处理细致入微(图九)。

图九　拉利克翠绿色叶纹玻璃瓶,20世纪20年代,法国

在1925年巴黎世界博览会上,拉利克玻璃器赢得了广泛的关注和赞誉。三十年代以后,其商业化运作更为成功。善于汲取和创新,使拉力克始终站在时代的前沿,他以卓越的设计,继加莱之后,再树世界玻璃艺术新风。

2.捷克

捷克车刻玻璃发端于17世纪的波希米亚,波希米亚地区盛产优质的硅石,制造出的玻璃折射率和透明度都很高,被誉为"波希米亚水晶"。凭着文艺复兴时期向威尼斯学来的技术,波希米亚玻璃逐渐形成了一种有着地域特色的工艺模式,显示出独特的装饰趣味,起初以珐琅彩在玻璃器上描绘风景,后来又发展了代表其主要成就的车刻透明玻璃,采取加工玉器和宝石的轮雕技术作为主要的装饰手段,刻画出浮雕般的纹饰,图案有肖像、风景、建筑、几何图形等,还发展了夹金、夹银装饰工艺,于是便在风格上与威尼斯模式分道扬镳,刮起了一场持久而强劲的"波希米亚旋风",到了19世纪中叶,波希米亚与英国各踞一方,左右着欧洲玻璃市场。

19世纪的波希米亚玻璃制品还保留着较强的传统设计规范,如《包银车刻瓶》造型典雅,质地极似水晶,车刻花篮、蔓草图案,包银并錾刻人物故事图案,晶莹剔透的外表中饱含着高贵与华奢(图一〇)。又如《蓝色描金人物玻璃瓶》,外部轮廓以车刻切削完成,线条爽利,造型古典优雅,整体上还保留着传统的作风,但是其上描金人物形象与过去流行的古典人物装饰却有了明显的不同,表现了某些新艺术风格的特征,给人一种古雅而清新的感受(图一一)。从《红色建筑纹车刻杯》(图一二)上可以看出,波希米亚人熟练掌握了玻璃的表面着色技术,采用离子置换方式以金属元素在玻璃器表面发色,再用车刻法在其上琢磨纹样,纹样因失色而形成极好的视觉效果。

图一〇　包银车刻玻璃瓶,19 世纪
末,捷克

图一二　红色建筑纹车刻玻璃杯,
19 世纪,捷克

黑色人物纹车刻瓶》就是典型,它采用了简约的造型,
为了不影响整体风格,纹饰面收敛而集中,再加上材质
貌似水晶,紫黑色又赋予它雍容华贵的气质,故其造
型、纹样、色泽的搭配无可挑剔(图一三)。

图一一　蓝色描金人物玻璃瓶,19
世纪末,捷克

莫泽(Moser)

　　波希米亚玻璃器中最堪称道的品牌是莫泽。波希
米亚的犹太艺术家路德维格·莫泽 1857 年建厂于卡
罗维发利,他敏锐的商业意识和波希米亚匠师精湛的
手艺,使莫泽玻璃器在保证高品质的同时又能跟上时
代的脚步。第一次世界大战后,“装饰艺术风格”席卷
欧洲,莫泽产品顺应时代潮流,简化了造型和装饰,《紫

图一三　莫泽紫黑色人物纹车刻玻璃
瓶,20 世纪 20 年代,捷克

　　从任何一件捷克车刻玻璃器上都可以看到,纹
饰本身其实并不重要,重要的是从中折射出的水晶

玻璃的材质美。第二次世界大战之后,工匠们在飞旋的砣轮上变幻着水晶玻璃的光芒,跟随着时代,琢磨出时尚,把精湛的波希米亚车刻玻璃技术一直延续至今。

3．比利时

同样是车刻玻璃,比利时的产品则呈现完全不同的风格,铅玻璃双层套色和花卉造型是20世纪二三十年代比利时玻璃器的特色,完全属于"装饰艺术"风格。像《套蓝色十棱车刻瓶》这种类型,瓶身常常被切割成花棱式,表现各种花卉的抽象造型,又深又宽的切割线条产生了特别深沉厚重的质感(图一四);又如《套黄色圆纹车刻瓶》这种类型,研磨出大小圆形凹面,如同一个个凹透镜,折射出更多的图案,这是利用光学原理来营造华丽外观的装饰手法,简单而实用,具有独特的装饰效果(图一五)。以几何图形为装饰题材,以深度车刻为装饰手段,是当时比利时车刻玻璃器的显著特征。简练的线条、适中的色度和清新自然的造型,蕴藏着作品丰富的内涵,令人回味无穷。

图一五　套黄色圆纹车刻玻璃瓶,20世纪20—30年代,比利时

三、陶瓷器的主导品牌与风格

当瓷器在欧洲烧制成功以前,东方瓷器是最令欧洲各国王公贵族垂涎的宝物,也是欧洲各国开拓产业、繁荣经济、提升国力的希望。然而,这项对于中国人来说并不是很难的发明,却是一个让欧洲人花费了数百年的努力与尝试也没有实现的梦想。

当瓷器在欧洲烧制成功以后,欧洲各国的瓷器工艺在短暂的模仿之后,即在本土化和艺术性方面展开了激烈的竞争,得益于古典绘画、雕塑的高度成就,欧洲瓷器博采众长而后来居上。画家、雕塑家的广泛参与更是从"画"和"塑"两个方面,将欧洲陶瓷艺术推上了新的高度。面对陶瓷生产过程中艺术趣味与商业利益的冲突,艺术家作了不懈的努力。新技术的支撑又使产品装饰成本大大降低,一种自然温和之美,替代了摩登的机械制品特有的骄矜与自大,许多作品还蕴涵着深刻的思想,再现了被西方近代大生产遗忘已久的世界。

1．德国

德国瓷器在欧洲可以说是技冠群雄,在此次展览

图一四　套蓝色十棱车刻玻璃瓶,20世纪20—30年代,比利时

以及上海博物馆的欧洲瓷器收藏中,德国瓷器都占了很大的比例,制作精良,名厂众多,因此是本文重点介绍的对象。

迈森(Meissen)

在王权的强大干预下,真正的瓷器由年轻的炼金术师贝特格于1709年在德国的一个小镇迈森烧制成功。次年,国王奥古斯特二世在迈森的亚伯特堡创建了王室专属的瓷厂,这就是欧洲的第一家瓷厂——迈森瓷厂,自此开始了迈森光辉璀璨的制瓷历史。

为了防止制瓷方法的泄漏,国王将贝特格软禁在城堡里,贝特格每天除了工作外只能借酒消愁,最后因过度劳累和酒精中毒而死于三十七岁,正是贝特格这样凄惨暗淡的命运开启了迈森光彩耀人的历史。

由于创建之初没有彩绘师,迈森的白瓷都送到外厂去彩绘,直到1720年画家赫罗尔特的到来,才使迈森进入彩绘瓷器时代。赫罗尔特的艺术才华不但决定了迈森开创初期具有东方色彩的装饰风格,而且在色彩、构图和表现手法上奠定了欧洲瓷器的装饰传统。

自从聘请了雕塑家坎德勒和基尔希纳为模制师,迈森开始进行瓷塑创作,人物作品尤其生动,备受顾客青睐,带动了迈森人物瓷塑收藏的热潮并且久盛不衰。1730年迈森成功烧制青花瓷,纯正的色泽和优雅的造型使其青花瓷的成就在欧洲众多瓷厂中首屈一指。随着洛可可风格的流行,18世纪中叶,迈森瓷艺发展到顶峰。由于拥有绝对优势的制瓷技术和艺术高度,在欧洲瓷器史上,18世纪上半叶被称作"迈森的时代"。

1763年以后,新古典主义和浪漫主义风格相继影响迈森瓷装饰。法国雕塑家阿契尔的加入又使迈森瓷的风格得以重新整合,进而完全接受了法国的影响。19世纪的迈森瓷塑依然举世闻名,既有像《美惠三女神托盆》这样神话题材的青花瓷,发色幽蓝,散发出天真浪漫的古典韵味(图一六),也有像乡村题材的彩釉瓷,呈色雅丽,弥漫着清新淳朴的自然气息(图一七)。

图一六　迈森美惠三女神青花瓷托盆,19世纪,德国

图一七　迈森彩釉瓷牧鹅少女,19世纪,德国

皇家柏林(KPM,Royal Berlin)

柏林瓷厂由羊毛商人威赫姆·威吉利在普鲁士大公国国王腓特烈二世的大力支持下于1751年建于柏林,先是以模仿德国迈森瓷起步,后来参合了德国迈森与法国塞夫勒瓷的风格,在丰富了颜色釉种类和彩绘纹样工艺之后,最终形成了自己独特的风格。

瓷塑作品多取材于神话故事,典雅的造型加上逼真的色彩,产生了有别于大理石和青铜塑像的艺术魅力。《彩釉瓷欧罗巴被劫》取材于古希腊神话,刻画了被化作白牛的宙斯劫至克里特岛的腓尼基公主欧罗巴,造型典雅,色彩明丽(图一八)。瓷板画以表现人物居多,如《忏悔的玛达莱纳》,以油画的构图和技法表现出一幅生动细腻的场景,深得古典绘画要义,不论是画面细节还是整体的艺术效果,都令人叫绝(图一九)。

图一八　皇家柏林彩釉瓷欧罗巴被劫,19世纪,德国

图一九　皇家柏林彩绘忏悔的玛达莱纳瓷板画,19世纪,德国

在颜色的表现上,柏林瓷厂拥有绝对优势,该厂于1878年成立了一个在陶瓷工艺家塞格指导下的研究机构,塞格发明了测定窑内温度的"塞格测温锥",从而成功烧制出许多新的釉彩,使柏林瓷的色彩日趋丰富和完美,也为其瓷板画品质的提升奠定了基础。此时的柏林瓷厂拥有了欧洲最高水准的画师和名匠,他们的默契造就了瓷板画的辉煌。

柏林瓷器不乏每个时期创作模式的多样化,而且深谙各个时期之间风格与样式转变之道。勇于创新能够造就一个成功企业,而创新须臾不能离开传统和时代的给养,因此从中即可看出一家瓷厂秉持传统、与时俱进的非凡质素。自从1763年成为生产王室御用瓷器的皇家瓷厂之后,超凡的品质和艺术性从此成为柏林瓷厂追求的目标,不论是瓷厂的经营和人事管理,还是瓷器的设计和制作,腓特烈二世都亲身参与,他看到了瓷器输出将给国家带来的巨大财富。

具有卓越品质的柏林瓷器不仅颇得欧洲各国王室贵族或上流社会的青睐并且争相庋藏,而且还是王公贵人或国家元首之间相互馈赠的最佳礼品。俄国女皇凯特林二世、法国国王路易十六、英国女王伊丽莎白二世都拥有柏林皇家瓷厂出品的名作珍藏。

德累斯顿(Dresden)

德累斯顿瓷厂位于有艺术之都美誉的德国德累斯顿,由画家兼古董商卡尔·泰梅创建于1872年。制瓷原料高岭土和烧瓷所用林木资源丰富的地利之便,使该地窑厂密集,制瓷业异常发达。德累斯顿虽然拥有先进的文化与工商业的优越条件,但无法成为欧洲的制瓷业中心,这个遗憾促使它的发展转向了瓷器彩绘艺术。

从《玛丽·安东尼夫人像瓷盘》(图二〇)上逼真的绘画和复杂的装饰可以看出,精细手工彩绘所致较长的制作周期和较低的成品数量,以及艺术家的参与,都是德累斯顿产品保持卓越品质而且历久不衰的保障。艺术家的才华甚至比先进的生产技术更为重要,该厂善于为自己培养一流的艺术家,尤其注重培养年轻而有才华的艺术家,其设计、成型、彩绘等,都是在他们的指导下完成,对于任何一家瓷厂来说,不同人才和工种之间的协作显得尤为重要,在这里,才华、技术、经验、爱心、奉献等,都是获胜法宝。

图二〇　德累斯顿描金彩绘玛丽·安东尼夫人像瓷盘,19 世纪,德国

德累斯顿瓷器大多以描金彩绘为装饰手段,以洛可可纹样为装饰基调,纤巧而柔美,常用厚如浮雕般的描金来装饰杯、盘边沿,彩绘花卉可以乱真,尤其是人物与服饰的描绘最为出色,不管是整体效果还是细节部分,精细和逼真的程度令人叹为观止。

彩绘艺术是展现它与众不同的华丽外观的主要手段。尽管是从模仿迈森和塞夫勒瓷器的风格起家,但是制作品质的提高和艺术原创的加强,使之逐渐确立了自己的风格与样式,逐步跻身欧洲名瓷之列。

罗森塔尔(Rosenthal)

罗森塔尔瓷厂由菲力浦·罗森塔尔创建于 1879 年,在欧洲众多瓷厂中,罗森塔尔表现出善于摆脱传统束缚的特质,它的目标是以新潮的设计左右时代的潮流。为了实现这一目标,它不惜聘用国际知名的设计师和画家,致力于实现瓷器制作的最高目标"技术与艺术的完美结合"。

世纪之交的欧洲正值"新艺术"风格的黄金时代,罗森塔尔也追随这一崭新的艺术风潮,致力于开发瓷塑人物和动物系列的产品,瓷塑创意直接来自对生活的观察,塑造的动物形象栩栩如生。《灰釉瓷象》尺寸虽小而造型精准,极为写实,不以其为小件而有丝毫的马虎(图二一)。罗森塔尔在想像力的发挥上超越了欧洲所有的瓷厂,人与动物的组合更见神采,既有复古的意味,又合现代人时尚的口味。《白灰釉骑马女子》以对角线方式的不稳定构图来追求十足动感的表现,釉色亦白亦灰,呈现一种柔和的特殊色调,所有这些都能给人丰富的想像空间,面对这种赏心悦目的美,由于对工艺技法的陌生,观众往往是知其然而不知其所以然,不过这样也好,因为由此而生出的一种朦胧的感觉常常令人难以忘怀(图二二)。

图二一　罗森塔尔灰釉瓷象,20 世纪初,德国

图二二　罗森塔尔白灰釉骑马女子瓷像,20 世纪初,德国

第二次世界大战之后，和德国其他瓷厂一样，罗森塔尔的设计开始全面步入机能主义的时代。在追求机能美的作品中，洋溢着艺术家们充满创意的设计。然而，即便是由世界级的艺术家、设计师、工艺师的协力之作，也必须通过兼具艺术与设计敏锐眼光的评审专家的严格审查，才有最终获准投入生产的资格。

其他

除了上述这几个知名度极高的瓷厂外，德国还有梅特拉赫、胡琛罗伊特、基斯特、恩斯等名厂，产品亦美轮美奂而且各具特色，限于篇幅，这里就不一一介绍了。值得一提的是，虽说瓷器的品质与品牌有很大关系，但并不是绝对的，顶级品牌也有不少低端产品，而有些查不到生产厂家的作品却极为精美，素瓷作品尤其如此，比如《素瓷裸女坐像》(图二三)和《素瓷童子玩偶》(图二四)，没有高贵的出身，却有高雅的品质。素瓷即不上釉的瓷器，作为欧洲独有的艺术瓷品种，散发着独特的艺术气息，其大理石般的质感，使雕塑家优秀的造型功底可以得到淋漓尽致的发挥和体现。

图二四　素瓷童子玩偶，19世纪，德国

2. 法国

皇家塞夫勒(Royal Sevres)

法国塞夫勒瓷汲取中世纪法国宫廷艺术精华，成为瓷器装饰上较多保留洛可可艺术华丽风格的典型。追求极致的奢华，是塞夫勒最显著的特征，也是纯粹原始的欧洲性格。它产生于贵族的需要，又超越了时代而深深地渗透到时人的审美意识中，对欧洲尤其是法国瓷器影响深远。

塞夫勒瓷厂1738年由奥里·德·富尔维建于巴黎附近的万森，起初烧制软质瓷器，以仿制德国迈森花卉和东方艺术风格为主，遂获法国国王路易十五的赏识。1740年终于突破了仰慕已久的迈森瓷的风格，当时已有画家和宫廷金属工匠被聘进行造型与装饰设计，当时绘画和金属工艺中盛行的洛可可纹样很快被移植到了塞夫勒瓷器中。

塞夫勒瓷厂的发展与一个女人密切相关，并且曾经得到她的资助，那就是蓬巴杜夫人，她才貌出众，品位高雅，传说是法国国王路易十五的情人，深受路易十五的宠爱，她频繁出入瓷厂，亲自指导和监督瓷器的制作，在她的努力下，1756年瓷厂由万森迁至塞夫勒，在此期间还聘用了法国顶尖的艺术家、建筑师、设计师和工艺师参与瓷器制作，并且在成品质量上严格把关，任何瑕疵都不可能蒙混过关，遂使塞夫勒瓷的

图二三　素瓷裸女坐像，19世纪，德国

品质达到了无与伦比的程度。但是王室的过度奢侈最终令瓷厂面临经营危机，为了挽救瓷厂，路易十五于 1759 年接受瓷厂的大部分经营权，使之成为皇家瓷厂。

塞夫勒瓷厂在历经了路易十六和玛丽皇后时代的持续繁荣之后，1789 年法国大革命令塞夫勒再度面临危机，但拿破仑明白塞夫勒的存在及其国际声誉的重要性，于是塞夫勒获得了拿破仑共和政府的财政援助，并于 1794 年更名为国立塞夫勒瓷厂。19 世纪初，塞夫勒发展了新隔焰窑颜料，在 1815 年和 1850 年间用于复制名画。粉红蔷薇色（玫瑰红）的施用是塞夫勒最突出的特色，非常适合当时流行的洛可可艺术风格，据说是蓬巴杜夫人最喜欢的颜色，而且在她作为洛可可艺术象征的时期被发挥到极致。《描金彩绘蓬巴杜夫人像瓷盘》制作于 19 世纪，从配色和装饰上再现了 18 世纪作品的风貌，浓淡不一的粉红色在服饰和肌肤上的运用，使蓬巴杜夫人显得尤为楚楚动人（图二五）。《淡黄地彩绘花卉瓷瓶》则是 20 世纪初"新艺术风格"的作品，删繁就简，表现出美的适度与优雅，令人耳目一新（图二六）。

图二五　皇家塞夫勒描金彩绘蓬巴杜
夫人像瓷盘，19 世纪，法国

图二六　皇家塞夫勒彩绘花卉瓷
瓶，20 世纪初，法国

3. 英国

皇家道尔顿（Royal Doulton）

从生产日用陶器起家的小陶厂发展到后来引领时代潮流的国际品牌，道尔顿的成功更多地归因于转型而不是创业。约翰·道尔顿 1815 年建于伦敦兰贝斯的小陶厂，主要生产低档家用陶器和工业陶瓷。其子亨利·道尔顿继承家业后推行全面改革，致力于技术开发和艺术创造，开始走追求卓越品位的路线，他还聘用和提拔年轻艺术家，开设了让艺术家们自由创作和发挥的艺术工房。在他的激情燃烧下，道尔顿产品日趋呈现出高尚优雅的气息，以其艺术性和装饰性获得普遍认可和褒奖。

随着伦敦大规模都市计划的实施，道尔顿获得大量的订单，当时伦敦地下数千里长的上下水釉陶管道都是出自道尔顿工厂，道尔顿成为欧洲陶瓷发展史上罕见的伴随都市现代化而快速成长的陶瓷厂家。1877 年，道尔顿家族在布利思茅建立了一家新的工厂。1878 年以后生产的精陶釉色浓艳，尤以红釉黑彩最具特色，如《红釉黑彩风景精陶瓶》是其代表作，此类作品釉色深沉，常绘田园风景，生活气息浓郁（图二七）。此外，人物题材的作品也不在少数，如《彩绘人物精陶盘》就呈现另一种风味，画面人物是莎士比亚作品《王子复仇记》中的女主人公——奥菲莉亚（图二八），这种类型的作品通常成套制作，上海博物馆还藏有与之配对的另一个盘子——哈姆雷特。

图二七　皇家道尔顿红釉黑彩风景陶瓶，19世纪，英国

图二八　皇家道尔顿彩绘人物精陶盘，19世纪，英国

道尔顿从1882年开始生产骨灰瓷餐具。1885年，亨利·道尔顿被授予艺术协会勋章，1887年被封为爵士，成为第一位获此殊荣的陶艺家。1901年，道尔顿瓷厂被英国王室指定为皇家瓷厂，产品以皇家道尔顿的

名义销售，一流的艺术家和优秀的传统工艺，是"皇家道尔顿"不断成功的根本。

韦奇伍德（Wedgwood）

由乔赛亚·韦奇伍德1759年创建于英国斯托克，该厂早期的发展正值工业革命的兴起，乔赛亚致力于将自己的企业从落后的手工业转变为高效率的工业生产，为推动英国陶业的现代化发展作出了巨大的贡献，被誉为"英国陶器之父"，在欧洲陶瓷发展史上有着举足轻重的地位。有了秉持传统和不畏艰难的精神，有了审视艺术潮流发展趋势的锐利眼光，才会每逢关键时刻有所开创和革新，这是韦奇伍德陶瓷持续发展、历久弥新的秘诀。

韦奇伍德区别于欧洲其他陶瓷品牌的是原料与工艺的不同。比如说它最有名的产品并不是以高岭土为原料的硬质瓷，而是一种质地介于陶器与瓷器之间的制品——炻器（英文名stoneware），意为如石头般致密坚硬。这种器物胎质细腻，造型大多从金属器皿衍生而来，崇尚古希腊罗马艺术风格的装饰，雅致而有古典风味，有"碧玉"之称，是新古典主义趣味最重要的表现之一。如《绿地堆塑人物陶瓶》（图二九）和《蓝地堆塑人物陶缸》（图三〇），先制成白色素坯，通体用金属氧化物着色，产生匀净、素雅、无光泽的底色，再贴上模塑的白色古典人物浮雕装饰，与素雅的底色形成鲜明对比，装饰效果独特。由于不同颜色的陶土在烧制时的收缩比率会有微妙的变化和区别，所以看似简单其实难度极高，据说这是乔赛亚花了四年时间，历经上万次反复试验才获得成功的原创工艺。

乳陶是韦奇伍德又一强项，该产品曾经得到英国国王乔治四世夏洛特王妃的青睐，获颁"女王的陶器（Queen's Ware）"的美誉。俄国女皇凯瑟琳二世为她的宫殿定制了一套多达952件的韦奇伍德乳陶豪华餐具。在18世纪末讲究餐桌礼仪的时期，韦奇伍德乳陶制品以其高雅、时尚的外观和经济、合理的价位，受宠

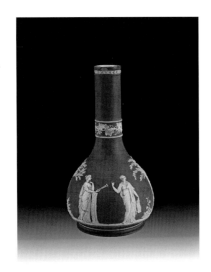

图二九　韦奇伍德绿地堆塑人物陶瓶，19世纪，英国

图三〇　韦奇伍德蓝地堆塑人物陶缸，19世纪，英国

于当时许多英国家庭。

4．奥地利

皇家维也纳（Royal Vienna）

1717年由杜·帕奎建于维也纳，由于贿赂并聘请了迈森瓷厂熟悉制瓷方法和程序的专业人员，该厂于1718年成为继德国迈森之后欧洲第二家烧制白瓷成功的瓷厂。为了得到政府的保护与支持，1744年该厂正式转让成为皇家瓷厂。

维也纳瓷器以彩绘见长，1718年到1744年的早期产品大多按照迈森瓷或东方国家的式样制作，走的是东方情调的路线。虽然主题纹样以模仿东方瓷器为主，但是辅助纹样的本土特征使维也纳瓷器从一开始就呈现出鲜明的洛可可风格，只不过由于东方元素的调和，使向来都流于浮夸和张扬的洛可可虚饰并不显得过分。

1744年到1784年，流行以洛可可式纹样和风景画作装饰，形成了自己的风格之后，虽然品质依然不如迈森瓷那样精致和细腻，但是在整体的艺术气息上却略胜一筹。1784年以后，维也纳瓷受法国塞夫勒瓷的影响而转向新古典主义风格，装饰上多见写实主义和新古典主义风格的绘画。如《描金彩绘人物瓷奖杯》（图三一）和《描金彩绘人物瓷首饰盆》（图三二）都是19世纪的作品，它们造型虽然不同，但装饰手法一致，先用粉红或淡蓝色釉覆盖器物，然后加以彩绘和描金。其中描金纹样为辅助装饰，保留宫廷装饰风范，彩绘人物为装饰主题，呈现新古典主义风格，此类作品既有高贵、华丽的外表，同时又不乏艺术气息。

图三一　皇家维也纳描金彩绘人物瓷奖杯，19世纪，奥地利

虽然以皇家瓷厂自居，又长期受到宫廷文化的熏陶，但在1815年至1845年期间却倾向于实用主义，崇

图三二　皇家维也纳描金彩绘人物瓷首饰
　　　　盆,19 世纪,奥地利

图三三　戈德沙伊德彩釉陶舞女,
　　　　20 世纪 20—30 年代,奥
　　　　地利

尚以日常生活为本位的装饰风格,作品呈现出简洁、单纯、平静的外观而不失优雅的气质,由此可见蕴含于维也纳人民文化生活之中的感性与活力。在后来的浪漫主义艺术时期,维也纳瓷厂无法抵抗时代巨变的无情打击,制作水平每况愈下,最终随着专政王权的崩溃而于 1864 年关闭,从此再也没有复兴的机会而永久地成为历史。

戈德沙伊德(Goldscheider)

戈德沙伊德是奥地利的另一家很有特色的陶瓷厂,20 世纪二三十年代颇多浪漫主义风格的作品,其彩釉陶人物系列,拥有华丽的衣饰和写实的造型,神采奕奕,具有动态美。如《彩釉陶舞女》一反古典主义那种崇尚理性、追求静穆与庄严的艺术观,而以色彩营造气氛,利用冷暖色调的反差所创造出的特殊气氛,来统率整个作品的精神。通过热忱奔放的自由描绘,以及对抒情和动感的强化,将艺术家个人的感受摆到了首要地位,"个性美"替代了古典主义旗帜下那种唯一而绝对的"理想美"(图三三)。

5.丹麦

皇家哥本哈根(Royal Copenhagen)

哥本哈根瓷厂是在丹麦波恩荷姆岛上发现优质高岭土之后,在国王和王后的财政援助下,由化学家缪勒创建

于 1775 年,最初完全模仿迈森瓷样式,接着受法国洛可可艺术的影响,1779 年成为皇家瓷厂,1780 年以后的产品呈现新古典主义风格,品质卓越,令该厂声望日重。

1848 年,丹麦实行君主立宪制,在自由竞争的形势下,该厂无法为了维持王室的虚荣和趣味而扭转濒临倒闭的趋势,丹麦王室遂于 1883 年以保留皇家瓷厂的尊号为条件,将产权售于企业家菲利浦·谢乌。1885 年,谢乌任命年仅 29 岁的建筑师阿诺德·克罗格为设计师和艺术总监,期望他能够扭转模仿的局面,设计出具有丹麦特色的瓷器。

克罗格反对当时盛行的在彩金上彩绘古典装饰的套路,深受中国、日本釉下彩画法的影响,决定以此来彻底改变哥本哈根瓷器的传统装饰,即用釉下彩的方式来实现白瓷与彩绘的结合,表现出更高层次的美感。同时,产品的定位从豪华的陈设瓷转型为美观的实用瓷,赢得了更大的消费群体。克罗格设计的产品在 1888 年斯堪的纳维亚博览会和 1889 年巴黎世界博览会上获得了极大的成功,皇家哥本哈根由此转变为世

界顶尖品牌,俨然丹麦传统文化的代名词。

世纪之交的作品颇多生趣盎然的纹饰,富有旋律的构图,展现出新艺术风格的理想世界,部分作品呈现幽静淡雅的灰蓝色调,常见像《灰釉瓷狗》和《彩绘水凫瓷挂盘》这样动物形象的瓷塑和瓷画(图三四、三五),像《彩绘花卉双耳瓶》和《彩釉风景瓷瓶》这样植物和风景的题材更多(图三六、三七)。这些作品乍看并不起眼,其实耐人寻味,它们纹饰简洁,色调谐婉,极富感性色彩,一改欧洲主流陶瓷极尽绚烂华丽的作风,追求平淡自然的更高层次的美感,对 20 世纪的欧洲瓷器生产起到了表率作用。

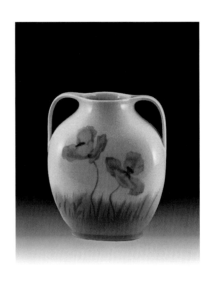

图三六 皇家哥本哈根彩绘花卉双
耳瓷瓶,20 世纪初,丹麦

图三四 皇家哥本哈根灰釉瓷狗,1897 年,
丹麦

图三七 皇家哥本哈根彩釉风景瓷
瓶,20 世纪初,丹麦

6. 荷兰

皇家德尔夫特(Royal Delft)

皇家荷兰德尔夫特陶瓷厂创立于 1653 年,早期以意大利"马约利卡"陶器为楷模,后来以仿制中国青花瓷器而获得极大成功。该厂虽几经易主,但一直保持着早期的白釉蓝彩风格。在欧洲人的心目中,德尔夫

图三五 皇家哥本哈根彩绘水凫瓷挂盘,20
世纪初,丹麦

特陶器曾经和中国瓷器一样,是财富和地位的象征。

德尔夫特的成功是荷兰17世纪海外贸易不断扩大并成为欧洲商业中心的结果。当时荷兰东印度公司从中国和日本带回了造型丰富、纹饰精美的青花瓷器,德尔夫特的陶工们颇受震撼,立刻被中国万历时期的青花瓷所吸引。为了满足欧洲人对东方瓷器的需要,德尔夫特改变长期仿制意大利"马约利卡"陶器的传统,转向模仿中国青花瓷的白釉蓝彩陶器的生产,将东方瓷器设计美学与欧洲装饰题材结合起来,融合东西方工艺美术精华,逐渐形成了自己的特色。

风格初定的德尔夫特青花产品仍然属于锡釉彩绘陶器,虽然在德尔夫特近郊已经发现了精细的白色制陶原料,但是它的进步并不在于质地的改良,而是在于装饰风格的彻底转变。同时,这种蓝白陶器的成功完全得益于东方瓷器的魅力,作为廉价的替代品,它使买不起昂贵瓷器的平民阶层同样能够享受到瓷器所带来的高尚优雅的气质生活,至今仍然作为荷兰传统文化的代表而拥有众多的爱好者。

19世纪的《青花风景陶水壶》和20世纪初的《青花海景扇形陶挂屏》显然已经摆脱了单纯模仿中国青花瓷的局面而拥有了自己独立的风格,白地蓝花,微妙的色调变化代表了德尔夫特青花陶的主要特色,画面效果恬淡宁静,颇有东方水墨画的意境(图三八、三九)。

7. 瑞典

罗斯特兰(Rorstrand)

罗斯特兰是北欧最大的瓷厂。早在1726年罗斯特兰建厂之前,荷兰德尔夫特厂的窑工就来到了瑞典并且带来了技术。此后,罗斯特兰一直都在效仿其他的陶瓷名厂,尤其是英国韦奇伍德厂的有"碧玉"之称的炻器成了罗斯特兰积极仿制的对象。在1867年巴黎世界博览会上,罗斯特兰获得名誉奖章,奠定了它步入欧洲陶瓷名厂行列的基础。

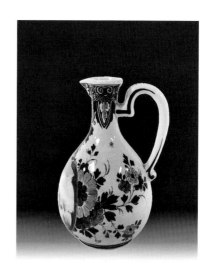

图三八　皇家德尔夫特青花风景陶水壶,19世纪,荷兰

图三九　皇家德尔夫特青花海景扇形陶挂屏,20世纪初,荷兰

罗斯特兰简约的风格被称作"斯堪的纳维亚设计",或称作"北欧现代设计"。从呈现灰蓝色色调的《彩釉堆塑虾瓷盆》上就能看出,罗斯特兰制品通常采用北欧自然环境中的题材,融入包浩斯的机能主义,摒弃虚饰,实用而美观(图四〇)。这种格调能带给人宁静与安详的感觉,同时也让世人对工艺品的艺术美感有了全新的认识。

瑞典在1915年开展了"艺术家投身产业现场"的宣传活动,旨在推进艺术家与工厂的合作,这一举措使得代表北欧工艺改进成果的"斯堪的纳维亚设计"落到

图四〇　罗斯特兰彩釉堆塑虾瓷盆,20 世纪初,瑞典

图四二　彩釉陶河马驮女孩,20 世纪20—30 年代,意大利

了实处,在世界范围内拥有卓越的地位和影响力。第二次世界大战以后,罗斯特兰聘用了杰出的设计大师和艺术家参与产品的开发,将产品推入国际市场,从而升格为世界级陶瓷名厂。

8．其他

　　未提及的欧洲其他国家的作品也都有着出色的表现,还呈现出鲜明的地方特色,如俄国《彩绘人物风景瓷挂盆》(图四一)、意大利《彩釉陶河马驮女孩》(图四二)、捷克《包银彩釉瓷茶具》(图四三)等,虽不是名厂出品,也不可等闲视之,因为它们工艺精良、艺术气息浓厚,超凡脱俗的设计和制作,同样体现着工匠和艺术家的默契。

图四三　包银彩釉瓷茶具,20 世纪初,捷克

图四一　彩绘人物风景瓷挂盘,19 世纪,俄国

结　　语

　　欧洲的玻璃、陶瓷器在短短的时间里,品质有了很大的提升,这不仅得益于产业革命以后科学技术的大发展,还有赖于艺术家的关注和参与。科技与人文往往意趣不相通,但它们都致力于相互了解与合作,最终难解难分从而共同影响和改变人们的生活。回眸欧洲近现代玻璃、陶瓷的发展,从单调到精彩,从庸俗到高

雅,这些质的变化不仅揭示着科技与人文之间的隔阂,
更见证了艺术家们为弥合二者之间的鸿沟所做的努力
与尝试。

(作者单位:上海博物馆)

参考文献

《上海博物馆藏欧洲玻璃陶瓷器》,上海博物馆编,上海书画出版社,2002 年。

《世界工艺史》,[英] 爱德华·卢西-史密斯著,朱淳译,浙江美术学院出版社,1992 年。

《西方新艺术发展史》,[英] 拉雷-文卡·马西尼著,马凤林等译,广西美术出版社,1994 年。

《世界ガラス美術全集》2(ヨーロッパ),由水常雄编,求龍堂,東京,1992 年。

《世界ガラス美術全集》3(アール·ヌーヴオー,アール·デコ),由水常雄编,求龍堂,東京,1992 年。

《L'Art Nouveau》, Gabriele Fahr-Becker, Konemann, Cologne, 1997.

《Twentieth Century Glass》, Mark Cousins, Grange Books, London, 1995.

《Emile Gallé》, Philippe Garner, Academy Editions, London, 1990.

《Daum》, Noël Daum, Edita S. A., Lausanne, Switzerland, 1985.

《Rene Lalique》, Musée des Arts décoratifs, Union des Arts décoratifs, Paris, 1991.

《Lalique Verrier》, Christopher Vane Percy, Edita·Denoël, Lausanne, Suisse, 1977.

《Lalique》, Jesse McDonald, Crescent Books, Avenel, New Jersey, U. S. A. , 1995.

《Collecting Lalique Glass》, Robert Prescott-Walker, Francis Joseph, London, 1996.

《欧洲瓷器史》,[英] 简·迪维斯著,英国伦敦布拉格出版社,1983 年;熊寥译,浙江美术学院出版社,1991 年。

《欧洲名窑陶瓷鉴赏》,吴晓芳,(台北)艺术家出版社,2005 年。

民国建筑精粹
——奉化溪口武岭学校览胜

王 玮

　　浙江省奉化溪口作为蒋介石故里,留存有一批涉台文物,其中武岭学校保存基本完好,现为武岭中学。武岭校园位于浙江省奉化市国家级著名风景区溪口镇武山西麓,地处武山之西,剡溪之阳。1927 年 7 月 10 日,蒋介石命名为"武岭学校",1929 年兴建校舍,至 1936 年学校已形成包括学校、农、林场、公园、医院、罐头厂等组成的综合性教育机构。自 1932 年起蒋介石亲自任校长,抗日战争期间迁址,1945 年抗战胜利,学校恢复,改为普通中学。1948 年 1 月,所属的普通中学部定名为"武岭中学"。1949 年 4 月,随着校方主办人员逃台,学校自然解散,学校建筑的主体部分,一直被作为校舍沿用下来。2009 年,武岭学校作为保存至今极其完备的学校类型的优秀近现代建筑,被推荐为国家级重点文物保护单位(图一)。

图一　溪口武岭全景

一、武岭学校创建初衷

　　其一,蒋介石童年时代,奔走于溪口、葛竹、榆林、畸山下、岩头等地私塾求学,深感乡村儿童求学困难,在他踏上仕途后,就想在家乡溪口办一所较为像样的完全小学。

其二,据蒋介石所著《慈庵记》,蒋介石尊母遗嘱:"所余家产之半自办义务学校,教授乡里子弟之因贫失学者。"

1924年他返溪口时,就向"武山、溪西、西河"三校负责人提议将三校合并。先以其私邸丰镐房为校舍,成立禽孝区立完全小学,三种族原有学田归属区校,各族每年再出100元银洋,奉化县政府每年拨500元,不足之数全由蒋介石负责解决。北伐胜利后1928年9月12日,蒋和夫人到区校视察,已有教师10人,学生300多名。蒋氏夫妇看了甚为满意,但认为还不够,决定办武岭学校。校址设在武山之头,面临剡溪,古木葱茏,风景宜人,是学习的好地方。1928年12月开工,1929年底完成主体工程,同年7月10日改为私立武岭学校。1930年元旦,学生搬入新校舍上课(图二)。

图二　武岭学校全景

武岭学校全部费用,包括购置校址、农场用地、建筑校舍、添置文具仪器、课桌椅、医药用品、器械设备、电灯装置等共用去32万银元。

二、武岭学校的建筑及风格

武岭学校由国民党行政院长翁文灏的弟弟民国知名建筑设计师翁文涛规划设计,翁文波、毛宗陛等参加平面测量,由奉化萧王庙人在上海开设的孙裕生营造厂承造,建筑设计图蒋介石委托夫人宋美龄亲自审定,宋美龄在美国接受的西方教育,并曾对法国乡村教育做过实地考察和研究,提出武岭学校建筑仿法国乡村校舍,因此中西合璧建筑特色显著。

武岭学校整体建筑均为砖混结构,布局严谨,中轴线明显,屋顶为歇山单檐,举架不明显,瓦坡较平,梁架为木结构,屋身无立柱,跨度较大的抬梁由砖墙或钢筋水泥柱承荷。每幢楼房皆有门厅,或方、或半圆、或以西式为主、或以中式为主。台基较高,建筑整体显巍峨。建筑群无彩绘,朴实、大方,又有园林之胜,建筑强调作为学校的庄重、美观、坚固的实用功能。当时共占地4公顷多,建筑面积14 000多平方米,校园内遍植花木,每幢建筑之间都有庭园,房子掩映在花木之中。建筑群中主体建筑为:大礼堂、教学楼、宿舍楼、幼稚园、医院、农艺室及音乐图书馆(图三—九)。建筑均为砖混结构,有明显的中轴线,是中西合璧的产物。

图三　大礼堂南立面

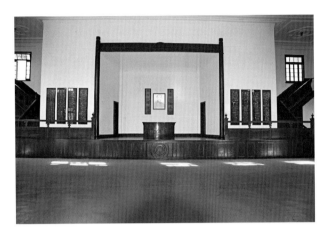

图四 礼堂内景

图七 武岭学校农艺楼

图五 武岭学校教学楼

图八 幼稚院

图六 武岭学校宿舍

图九 医务室

大礼堂：主体建筑，二层楼房，单檐歇山顶，小青瓦屋面，清水墙面，通面宽11间，37米；通进深5间，17.3米。中间7间为大厅，尽间外有隔断墙，墙外又有楼房2间，大厅北面正中为讲台，讲台两旁有两折楼梯，上达东、南、西三面相连的悬臂围廊，通边楼，形成一公共空间。

礼堂明次间前为方形门厅，歇山顶，进深8.55米，面阔3间，11.8米；圆形水泥柱，柱头、额枋上有铺作，枋下饰卷草云头纹镂空雀替，出檐有飞椽，东西两侧有扶栏台阶，整个门厅体现东方建筑特色。

教学楼：位于礼堂之北，为前后两幢二层楼房。单檐歇山顶，通面宽13间，40.75米，通进深9米，清水墙，墙面腰线上有几何图形，除了砖墩，皆为木玻门窗，采光较好，便于学习。前幢楼北立面有走廊，后幢楼南立面为走廊，遥相对应。后幢南立面有一半月形门厅，较为独特，其二楼为露天阳台，护栏设瓶式花柱，一楼为圆形双柱，并有踏跺通操场。

宿舍楼：位于教学楼北面，歇山顶，三开间，与大礼堂门厅相呼应。通面宽11间，面阔33.1米，进深15.3米，结构基本上与教学楼相同，东西南北四面皆有桥式人字形楼梯通楼上，南立面为一长方形门厅，二楼为阳台，北立面有一方形检阅台。

幼稚园：位于教学楼西侧，单层，平面呈布币形组合，悬山顶，正屋为三开间，面阔9.20米，进深4.42米，后配房右侧有三折水泥楼梯通平台；两边为厢房，为四开间，面阔12.95米，进深6.20米。

医院：位于幼稚园西北角，为二层五开间楼房，单檐歇山顶，面阔21.74米，进深15.55米，其明间为水泥楼梯，连接楼上回廊，次稍间分割成两间，面向回廊，便于出入；明间南立面为一方形门厅，水漱石方形砖柱，二楼设护栏，前为花园。

农艺室：位于医院东首，幼稚园北侧，单檐歇山顶，九开间，单层，屋身较高，中间不分间，面阔39.55米，

进深9米，前立面有廊。

多功能综合楼：位于武岭门东首，二层楼房，悬山顶，楼下三开间，面阔15.30米，进深9.20米，明间前后皆为月洞门，通校园，次间前立面墙上有圆形铁花窗，楼上三开间，四面围廊。

武岭门：位于学校东南角武山隘口，与音乐图书室相连，为二层三开间城门式建筑，南北通长15.2米，东西进深5.7米，通高11.6米，占地86.6平方米（图一〇）。一层为砼石结构。通面四根砼方柱，装饰线脚。正间二柱间现浇拱型梁，下有东西方向通道，宽5.1米，高4.5米。次间拱型梁下开蜂窝形木格窗，砌封檐墙，前后左右对称，两侧有砖砌"工"字形窗。四周梁上墙面堆砌块石、有收分，勾不规则凸线。每间前后立面门窗楣上有匾框装饰，正间匾框内有蒋介石和国民党元老于右任手书"武岭"二字（图一一、一二）。一层结顶借鉴哥德式建筑中十字骨架拱手法承托两层楼面。外墙结顶砌垛口，雉堞起伏。室内不分隔、空间宽大。沿墙边放置多条石凳，供路人休憩。二层为八柱三间仿传统建筑，通长13米，进深3.4米，鼓礅圆柱，四阿屋顶，筒瓦屋面，大屋脊，飞檐翘角。脊饰龙凤图样、"福"字板窗鹤立正中。通面开圆形全木玻一门二窗，外勾宽边线脚，

图一〇　武岭门全景

图一一　溪口武岭匾

图一二　于右任题"武岭"

前后对称。墙体青砖实砌,四周围廊和垛口,供行人巡视眺望。武岭门北侧有平顶耳房两间,有台阶通武岭门楼层。

　　民国时期的建筑风格有折衷主义、古典主义、近代中国宫殿式、新民族形式、现代派以及中国传统民族形式六种。武岭学校建于二十世纪三十年代初,它的建筑风格既有近代中国宫殿式(大礼堂)又有新民族形式(教学楼、宿所楼、幼稚园、医院等),风格多样。建筑中的"神"和"魂"兼备。"神"指的是建筑外观的精彩,"魂"是指建筑的内在思想。这些建筑,涵盖了当年房东的性格、设计师的主张和营造商的思想。

三、武岭学校办学与管理

　　武岭学校占地近 100 亩,建筑面积约 1.5 万平方米,礼堂、教学楼、图书馆、晴雨操场、膳厅、宿舍楼等,设施齐备,一应俱全,是民国时期浙江省内规模最大、功能最完善、建筑最精美的中级学校。蒋介石致力兴办的武岭学校,既作为对家乡的贡献又培养有用人才,一定意义上承担着国民教育示范性,同时还是蒋氏家族在家乡军政指挥活动中心。蒋介石 1932 年亲自兼任校长,成立由蒋介卿、宋美龄、蒋经国、蒋纬国、陈布雷、陈立夫、陈果夫、张明镐等 12 人组成的校董事会,设校务主任处理日常校务,校务长由东吴大学中国第一个生物学硕士施季言担任,主管校务和丰镐房事宜。1934 年派励志社副总干事邓士萍任教务主任,他早年留学美国乌斯特大学,是南京遗族学校管理人员之一。武岭学校大礼堂是学校主要活动场所,二楼设高级招待所。蒋介石每次回到溪口,必到武岭学校给师生训话或与师生合影留念,国民党要员来访溪口,都被安排在楼上住宿,楼下东北角一间有校长蒋介石办公室。宋美龄 49 岁生日庆祝晚会等活动都在武岭学校礼堂举行。

　　武岭学校的扩建和办学模式受南京遗族学校影响至深。1928 年 10 月,蒋介石决定在南京紫金山南麓的中山陵附近,创办"国民革命军遗族学校",以国家名义收容、统一培养教育北伐战争中阵亡将士的子女和辛亥革命中壮烈牺牲的烈士后代,宋庆龄、宋美龄先后担任遗族学校校长。学校建设规模宏大,全校建筑面积共 200 余亩。1929 年 1 月开工建设,到同年 9 月中旬基本完工。学校教室、宿舍、办公室、医院、农场、厨房、浴室等更是一应俱全。据《陵园小志》记载:学校建有大礼堂一座、小学部教室九间、中学部教室五间、特殊教室二间、学生宿舍平房四间、楼房一幢、教职员宿舍二间、教职员眷宿舍二间、图书馆一间、医院一间、乳牛房一间、农舍一间、办公室六间、厨房一间、盥洗室二间、浴室二间、厕所二间、洗衣室二间、会客室二间、平民学校教室二间、校工宿舍一间、工厂一间、理发室一间、门房一间、汽车间一间，共计大小房屋38座。另有运动场一个，网球场、篮球场、足球场各一个。校园内的布置、栽花、植树、铺草地等由总理陵园管理委员会的园林专家设计，绿草如茵，花团锦簇，环境优雅。在校舍南部还设有一所农场，占地面积约一千亩。校舍建筑以朴素、实用、牢固为原则，基本上都是中式平房，也有仿金陵大学宫殿式大屋架结构的建筑。校门为中国传统的牌楼式样，正面为国民政府行政院院长谭延闿题写的校名；背面是蒋介石亲笔题写的"亲爱精诚"四个大字。宋美龄十分重视学生动手能力的培养，并将孙中山先生的遗训"双手万能，手脑并用"作为遗族学校的基本校训。1937年，宋美龄在美国《世界青年》杂志创刊号上曾这样回忆遗族学校："七年前我在南京，由政府赞助，为国民革命军将士的遗族创设了两所学校。我们并不给那些学生以军事训练，这似乎很特殊。我们认为国家的基本力量，并不在军事精神，大半还有赖于高尚的道德和推进经济建设的能力，所以我们特别着重农工知识与技能的训练。"1930年5月，孙中山生前好友、国民政府高等政治顾问、美国人林白克，由宋美龄陪同来校参观，在大礼堂向全体师生讲话，称赞该校是世界东方第一所新兴学校。蒋介石看到学校欣欣向荣的景象，叫励志社副总干事邓士萍（湖南人，长沙湘雅大学毕业）到自己的家乡浙江奉化溪口按照遗族学校的模式筹设了一所武岭学校（中小学），武岭学校便与遗族学校结为兄弟学校。目前原国民革命军遗族学校旧址，已成为南京市文物保护单位，2009年6月申报为国家级重点文物保护单位（图一三、一四）。

1936年，武岭学校已形成包括幼稚园、小学部、农

图一三　武岭学校教学楼奠基

图一四　武岭学校保护标志牌

职部、农场、林场、公园、医院、罐头厂、图书馆、葛竹分校等组成的综合性教育机构。

武岭学校极富人文气息，具有民国时期教育的典型特色，在教育史上有着举足轻重的地位。武岭学校的建筑更是"民族建筑风格的复兴"，它具有面向世界的开放性，中西合璧的创新性，科学唯理的现代性。

（作者单位：奉化市文物保护管理所）

新农村建设和传统民居的保护
——以文物普查中的舟山岑港涨次为个案

周若溪

岑港镇涨次社区（村）地处岑港镇中部，三面环山，一面靠海，人口居住集中，地理位置优越。居民主要从事手工业和种养殖业，尤其是以泥水、木匠、车工、船舶修造工为最多，其次是海上运输业，主要经济收入也来自于上述行业，群众生活富裕（图一、二）。

图一　涨次社区远景规划

图二　涨次社区远景

从第三次全国普查情况来看,涨次社区与定海其他社区相比较,这里的老宅院保留得比较多,也比较好,如陈如龙宅、倪良平宅、倪文奎宅、叶子才宅、叶家小房宅院、倪家大院等(图三、四),这些宅院有些经过修缮,有些未动一砖一瓦,从总体来看都基本保持了原来的格局和风貌,在当下新农村建设中实属难得。只是在2008年的新农村社区整治中,所有位于主干道边的房屋(包括小楼和老宅)外墙均被统一刷白,未被刷白的老宅石墙墙缝则被水泥涂抹,失去了古老的感觉。

图三　倪文奎家

图四　倪文奎家木窗

由于当地的经济发展较好,居民收入普遍较高,早在上世纪七八十年代就有不少住户拆平房建楼房,但之后则有不少人都到镇里甚至定海买房居住,当地的老宅院反而保留了下来。

经过走访,发现这里上至社区干部下至普通百姓,都有一个朴素的理念,就是"祖宗传下来的东西是不能动的"。再仔细探究的话,就有两层含义:一是"根"的概念。虽然人流动出去了,但这里是出生成长的地方,是"本"之所在,不能舍不能忘。二是"风水"的概念。在中国传统建筑中,千方百计寻求营造一处"好气场",这就是风水。由于这里的主要营生是手工业和船运,追求的是顺利,就更注重"风水"。而老祖宗留下的东西是不能轻易变卖的,否则就是破坏了"风水"。

这样一来,目前保留下来的老宅院不仅不会遭遇颓毁的命运,主人家反而会按照原来的格局和风貌进行修缮。据涨次社区的老书记讲,如果碰到住户修缮老房子时改变格局,会当面指出并提出建议,而住户也会虚心接受。如倪文奎家修缮时,屋主准备将两扇木窗改造成铝合金,经陈老书记指点,就形成了现在的格局,木窗依旧保留,铝合金则嵌在了两侧的库头间。

现在到涨次社区去,一到广场,首先看见的就是倪良平宅院,马头墙下开台门,饰倒垂菊花、凤衔枝,门楣横刻"居仁由义"(图五—八)。这样的台门就目前的普查来看也不多见,社区在2008年新农村小区整治过程中将它刻意保留在显眼的地方,对于本地居民和外来

图五　倪良平宅院台门

图六 倪良平宅院台门门楣

图七 倪良平宅院台门石刻板

图八 倪良平宅院台门石刻

人员可以说是个绝好的教材,区新农办主任前去考察时就对此评价甚高。目前,社区干部有一个初步构想,如果把留存下来的老宅院经过规划,搬迁到相近的位置,建设一条老街就更好了,但眼下尚不具备成熟的实施条件。

舟山是全国唯一的海岛市,有着得天独厚的地理位置,也由此拥有独具一格的海洋文化,传统民居村落就是其中之一。除了岑港涨次外,定海金塘大鹏、普陀的东极都各有自己的特色。

定海金塘大鹏岛位于金塘西北面,为金塘辖区内一个独立的小岛,面积4.09平方公里,因形似大鹏展翅而名。清康熙年间海禁解除后,外来移民开始迁居大鹏。解放前,岛内居民主要从事海运业和渔业,故而比较富裕,大部分家庭建立了比较宽敞的四合院。上世纪七八十年代,由于渔业资源的衰退,小岛又受水、电、交通等方面的限制,居民大量外迁,剩下的大都为老人、妇女和儿童,因而许多古建筑得以保留。据2008年文物普查统计,大棚岛现保留古建筑50多幢,这些建筑大多建于清末或民国初年。悬水小岛,青砖黛瓦,绿水青山,构成一幅美丽的山水画卷(图九——二)。

普陀东极诸岛即舟山群岛最东端的中街山列岛,拥有庙子湖、青浜、黄兴、东福山等28个岛屿和108个岩礁。东极拥有奇特的石屋世界,青浜、庙子湖、东福

图九 司马第

图一〇　大鹏岛民居一

图一一　大鹏岛民居二

图一二　大鹏岛民居台门

山等岛上民居建筑依山势而建,就地取材用石头建造,石板石条连街串户,石房石屋鳞次栉比,石街石巷层层相叠,被美誉为"海上布达拉宫"。

舟山市第三次全国文物普查已经进行了大半,像岑港涨次这样保留了较多老宅院的社区几乎没有。因为随着时代的变迁,随着新农村建设和城市化进程的加快,这些"老宅子"往往年久失修,濒临坍塌、荒弃。造成古民居消亡的原因主要是居民对住房的更新换代,许多古民居已经或正在拆除翻新,还有的是不当维修导致人为因素的破坏,使古建筑失去或削减了原有的价值;另外,一些地方许多木、石构件被盗窃倒卖,也造成古建筑受损。而从维修角度来说,许多古民居的维修费用甚至高于新建建筑,居民的积极性普遍不高。而且按照现行政策,文物保护专项资金不能补贴私人产权的文物,不少有重要价值的古民居因而无法得到及时的维修保护。

传统民居该如何在新农村建设中"存活"下去?这需要创新思路,多渠道、多形式筹措经费,比如可以通过企业和个人认领来保护,总之要政府重视、地方努力、群众支持,从上到下形成保护氛围。

首先,政府应该加大投入,在保持建筑形制、材料不变的前提下,老房子内部条件应该改善。其次,对古民居的价值宣传需要加强。目前,那些居住在老宅子里的老百姓感到自豪的不多,之所以急于拆旧建新,就是因为老百姓对传统民居价值的认识不够。要把传统民居保护好,关键是要让老百姓从保护中获得真正的回馈,得到真正的实惠,这样他们才有自豪感、才会有保护的自觉性。

新农村建设并不是简单地拆旧房建新房,不是简单地建新村、建洋村,而是要结合实际,使本地富有传统文化特色的古老村落和建筑得到保护,并使之焕发新的生机。古建筑具有很高的研究和利用价值,大拆大建,消失的不仅仅是古建筑,还有深厚的文化与记忆。村镇文化遗产主要表现为物质形态与非物质形态。它是地方文化积淀的重要组成部分,也是民族文化瑰宝系列中不可缺少的重要内容。像那些古村、古道、古街、古桥、古亭、古碑、古树、古建筑遗迹以及民风民俗等,都具有历史考察意义,一旦毁损和流失就难以恢复。

古人云"存物必有后用",留得乡村文化遗产必有大用。如果我们不加以保护,则曾经拥有的悠久历史的物质与非物质遗产就要隐退人世,永远消失。对于这些乡村文化遗存,我们只有保护的重任,丝毫没有毁坏的权力。因此,在新农村建设中,对于一些具有重大考古文献价值的乡村自然村落,不仅不能盲目拆迁破坏,还必须及时给予抢救性保护,最好采取"迁人走户不动物"的抢救性保护措施。

(作者单位:舟山博物馆)

立德 立业 立言
——"海上丝绸之路"研究先驱陈炎教授的精神内涵

涂师平

我国著名"海上丝绸之路"研究的先驱、北京大学宁波籍教授陈炎先生,原名陈章炎,1916 年 12 月 21 日出生于宁波鄞县一个贫苦的家庭。他幼失双亲,历经坎坷,然自强不息,报国报家,其事迹和学术成就蜚声中外。他称得上是一位实现了"立德、立业、立言"人生价值的君子,而这"三立"也正是陈炎教授的精神内涵。

立 德

陈炎先生抗战时曾参加过著名的陈纳德"飞虎队",为我国抗日战争做出了杰出的贡献。1941 年,陈炎先生从航空技术委员会办的空军报务员培训班毕业后,加入了向往已久的美国援华抗日空军志愿队——"飞虎队",担任电台报务员。3 年时间里,陈炎先生在通讯中枢,及时准确收发各方信息,帮助"飞虎队"先后击落日本飞机共达 297 架,为抗日的最后胜利立下了功勋。尤其是在保卫昆明的第一次空战中,情报处理及时,"飞虎队"队员准备充分,这一仗,10 架入侵的日机被击落 9 架,1 架带伤逃跑,昆明制空权从此易手。2005 年 9 月,在中国抗日战争胜利 60 周年纪念大会上,陈炎先生被授予"历程"纪念勋章,这是新中国成立后第一次为中外老战士颁发纪念奖章,以表彰他们在抗战时期和战后为国际友谊与和平做出的贡献。先生抗战功德,永载史册。

1957 年,时任北京大学缅甸语教研室主任的陈炎,因在抗战时曾为美国"飞虎队"工作,而被诬陷为"美蒋特务",被错划为"右派"。随后,隔离审查、监禁、批斗和下放改造接踵而至,蒙受了 20 多年的屈辱。那个年代,有很多人忍受不了命运的折磨而自弃,但陈炎这位老战士却毫不气馁,依旧坚信党和国家随时都会召唤他去冲锋战斗。在这期间他仍以惊人的毅力翻译出 5 卷《缅甸史》,这是我国第一部从缅文译成中文的专著。正如司马迁所说:"文王拘而演《周易》;仲尼厄而作《春秋》;屈原放逐,乃赋《离骚》;左丘失明,厥有《国语》;孙子膑脚,《兵法》修列;不韦迁蜀,世传《吕览》;韩非囚秦,《说难》、《孤愤》;《诗》三百篇,大抵圣贤发愤之所为作也。"陈炎先生深知,要报效国家、贡献社会,首先要会修身立命,要有旺盛的精力,于是他每天早上练太极拳,迄今已坚持了 35 年。先生厚德载道,堪称楷模。

陈炎先生从 1980 年开始研究"海上丝绸之路",是中国第一位提出"海上丝绸之路"的学者,其手稿、文献和图书资料,对研究我国乃至人类"海上丝绸之路"具有极高的历史、文献和学术价值。2008 年 12 月上旬,他闻知家乡建成了一流的宁波博物馆后,十分高兴,决定将自己毕生积累的 6 000 多册手稿、文献、图书等全部捐献给宁波博物馆。老先生经过一年多时间全身心投入整理,终于完成了捐赠心愿。他多次发自内心说:"宁波是我的家乡,我对她有深厚的感情。虽然目前国内外不少著名机构都十分关注我的藏书,但我觉得宁波博物馆是它们最好的归宿。"先生对家乡博物馆的无私贡献,令人敬仰!

立 业

陈炎教授自幼家境贫寒,童年痛失双亲,由本族亲戚抚养。在读小学四年级时,由于家庭条件难以维持,他不得不中途辍学,去商店做学徒谋生,从此走上了"自学成才"的道路。

1944 年,陈炎教授以优异成绩考取了国立东方语文专科学校,攻读缅甸语专业。在校期间,他发奋学习,荣获"林森奖学金"。

1946 年,陈炎教授毕业留校,被破格晋升为助理研究员,开始从事"战后东南亚各国民族解放运动"的研究工作,成为我国战后东南亚研究的开拓者。

1949 年,"东方语专"并入北京大学东语系,陈炎教授任缅甸语教研室主任,从事东南亚史、缅甸史以及中缅关系史的教学和科研工作。陈教授在北京大学从事教学、科研工作六十余载。其间,他还兼任宁波大学教授、华东交通大学博士生导师、客座教授、云南民族学院名誉教授等,言传身教,为国家培养了众多理论与实践相结合的外交家和专家学者,可谓桃李满天下。

1957 年,陈炎教授在"反右运动"中被错划为"右派",直到 1979 年平反昭雪,政治上获得了新生。从此,陈炎教授的学术活动进入到一个崭新的阶段,他全力以赴,开拓研究"海上丝绸之路"这一重大课题,并结出了累累硕果。

1980 年在昆明举行的中国东南亚研究会学术研讨会上,陈炎教授以《汉唐时缅甸在西南丝路中的地位》一文,开创性地在国内首次论述了"西南丝绸之路"、"西北丝绸之路"和"海上丝绸之路"的关系。此后,他通过考证大量的中外史料和考古发现,论证我国"海上丝路"发展的历史、航线的走向以及所到的国家和地区。由于当时国内更多的学者仅把研究方向局限在"西北丝绸之路"上,因此陈炎教授的研究成果,不仅让学术界倍感鲜活,也为研究中外文化交流史的专家们拓宽了视线。陈炎教授也因此被学术界公认为是国内最早推动"海上丝路"研究的开拓者。

研究"海上丝路",自然离不开大海,离不开紧靠大海的港口城市。沿着弯弯曲曲的海岸线,陈炎教授将研究的视角对准了宁波,这是他的故乡,更是一座有着悠久历史的文化名城。1987 年,陈炎教授与故乡便有了一次深层次的联系——被聘为宁波大学中国文化研究中心兼职教授。从那时起,陈炎先生便经常回宁波,在宁波大学专设讲座,主讲人类"海上丝路"背景下各国的政治、经济和文化交流。少小离家的陈炎教授开始对宁波有了全新认识。尤其是近几年,从 7 000 年前的河姆渡文化到现代化的泱泱宁波东方大港,陈炎教授一次又一次地解构着历史层面上的故乡,《河姆渡文化对探索海上丝绸之路起源的意义》《宁波港与海外各国贸易往来和文化交流》……一篇又一篇分量十足的论文相继撰就,不仅梳理出了宁波的"历史新貌",也使得学术界对"宁波是东方'海上丝绸之路'的始发港"这一论题取得共识。

宁波是我国"大运河"入海段,又属东方"海上丝路"始发港,2003 年宁波出土的南宋沉船,它是"大运河"和"海上丝路"两条世界著名文化线路相汇相通的物证。宁波市近年致力"大运河"申遗和"海上丝路"申遗工作,2005 年宁波"海上丝路"遗存已跻身中国世界文化遗产预备名单。如今,陈炎先生的"海上丝绸之路"研究硕果,已经成为一道熠熠闪烁的文明之光!

立　言

为了将自己的人生实践经历启迪后人,陈炎先生新近完成了 50 多万字的自传《我的人生之旅——陈炎回忆录》,此书将激励更多的青年学子发愤图强,热爱生活,报效国家!

陈炎迄今著有《缅甸史》《战后东南亚史》《海上丝绸之路研究》《海上丝绸之路与中外文化交流》等书籍和论文,参与《中外关系词典》《中国大百科全书外国史卷》《东南亚历史词典》等工具书中相关词条的编写,在国内外出版、发表多部专著、译著、工具书和一百多篇学术论文,总计约 600 万字,可谓著作等身。国学大师、原北京大学东方语文系系主任季羡林先生曾经这样评价陈炎先生"他可以说是一生坎坷……但由于他自己的努力,在研究'海上丝绸之路'方面,在探讨中

国与世界上一些国家的文化交流方面,卓有建树"。

2006 年,北大举行陈炎教授执教 60 周年暨 90 华诞庆祝会时,他自豪地说:"我的一生无愧于祖国,无愧于社会,无愧于师长朋友,我的一生是战斗的一生,光荣的一生,幸福的一生!"这是一位科研学业硕果累累的长者开怀的心声!而这朴实的话语中,也表达出了陈炎先生的人生观、价值观和世界观。这让人想起前苏联著名的作家尼古拉·奥斯特洛夫斯基的小说《钢铁是怎样炼成的》的主人公保尔·柯察金说的一段名言:"人最宝贵的东西是生命,生命对于我们只有一次。一个人的生命应当这样度过:当他回忆往事的时候,他不因虚度年华而悔恨,也不因碌碌无为而羞愧。"

陈炎先生是一位勤者、智者、善者、寿者!他的"立德、立业、立言"精神,是传统儒家"君子"精神的发扬光大。作为一位从宁波走出去的文化名人,他一脉相承了浙东传统儒学、理学、心学等文化内涵。

(作者单位:宁波博物馆)

明州地方政府、商人在宋、丽交往中所起的作用

王力军

两宋时期,宋朝在与高丽交往中,明州地方政府与民间商人也承担了许多外交职能。特别是南宋初,宋、丽官方使节停派,两国政府间必需的联系和交往,则主要由明州地方政府与商人来完成。州县官吏除承担安置、接待、陪伴使节以外,还要负责筹措经费、筹备出使等后勤事务。此外,有时还须担负外交联络工作外,作为国家信使往来于明州与高丽之间。商人则在经商之外,更多扮演了信息传递者的角色。也有一些商人可能假借政府之名,往来于双方以牟取更多利益。

一、明州地方政府的外交作用

宋朝政府重视高丽外交,恩宠高丽使节,给地方政府规定了各种职责,如馆接、陪同、宴饮、游览和贸易。明州地方政府还得为使节团准备旅途船只、礼物、差役,救助高丽遇险难民等。南宋官方往来停止后,明州地方政府还充当了相当一部分国家的外交职能,延续了中国与朝鲜半岛的传统友谊,保持了宋丽双方信息的有限沟通。

元丰二年(1079),宋神宗应高丽请求,敕令今后宋、丽官方使节皆由明州往来,直至南宋隆兴二年(1164)的85年间,明州地方政府承担了宋、丽使者的往来明州的一切事务。由于明州至汴京路途遥远,宋、丽使节团队又过于庞大,来往又较为频繁,压在明州地方政府肩上的事务相当繁重。宋人对此多有描述:

> 政和以来,人使每岁一至,淮、浙之间,不胜其扰,所过州县,官私舡尽夺为用,驱村保挽舟,一县有至数百人。田桑之时,农业尽废。州、县前期勾

集保丁,多致冻饿失所。沿流亭馆、寺观悉陈设,排办所用之物,皆出于民。官吏督迫,急如军期,吏缘为奸,民无所诉。更有官为之提辖,事事过有须索,州、县尤畏之鞭笞,取办于民。[1]

(一)建设馆驿,安置宋、丽往来人员。

北宋建立后,由于商品经济的发达以及民族矛盾的长期尖锐,专制中央集权的加强,需要有较为快捷、完备的交通和信息传达系统,因此,两宋地方政府一直重视馆驿与递铺的建设,尤其在一些重要的军事要地和经济重镇,都建立了较大的、能够满足政府需求的馆驿与递铺。熙、丰以后风靡全国的高丽亭馆就是宋朝庞大馆驿系统中的一员。

宋廷为迎送高丽使节建造馆驿始于真宗大中祥符七年(1014),山东登州设置专接待高丽使者的馆驿[2]。这是宋朝于地方专为高丽来使建馆的开始,当时除京都开封的"同文馆"外,高丽贡使入京沿途各大重镇和各大市舶司都设有"高丽亭馆",专用于接待来宋高丽使节。明州于元丰二年(1079)始建乐宾馆和航济亭安置往来的宋、丽使节。为此,宋廷特下令,增加明州的公务接待费"为二千六百缗,以高丽贡使出入故也"[3]。

政和七年(1117)楼异主政明州,奉旨创设高丽司,废广德湖为田,以其租建高丽使行馆、打造通使船舶等,"以应办三韩岁使"[4]。地方政府负有建造涉外迎宾馆的责任和义务。

学者们在以前的研究中,较多关注到高丽亭馆接待高丽使节的情况,实际上,宋朝派遣出使高丽的使节,也要明州地方政府安置。如安焘出使高丽以及傅墨卿等出使高丽,他们来到明州需要在明州更换船舶,购置商品,需要明州地方政府安排食宿。馆舍不够使用时,会临时征用僧舍及显贵大宅多余房间。

(二)迎送、接待、陪同宋、丽使节

尽地主之谊是中华民族传统之一。作为一州最高行政机构,行使着国门第一驿站的职责。宋人在论及熙宁厚待高丽使节时说道:

臣(张方平)近见江淮发运司牒报:高丽国进奉使人已到明州,见赴阙前来次。检会先录到枢密院札子,降下仪式一卷。看详内一项:所至京府州军,知州、通判出城迎接,管设饯送仪式。伏见契丹国信使过北京,只是通判摄少尹接送。今(熙宁九年十月)高丽系外蕃,其进奉使人乃陪臣也,宣徽使班秩同见任两府,出城接送,礼更重于契丹。[5]

高丽使节来到明州,知州、通判都要出城迎接。1978年,宁波市文物管理委员会在东门邮政局施工地块发现了宋代海运码头遗址[6]。建炎三年(1129)十二月,高宗从明州逃往定海,就是由东渡门外码头上的楼船[7]。可见,北宋晚期以来,东渡门外的滨江码头是当时最主要的、可以停泊大型船队的地方。因而,当时的高丽使节来到明州,应该泊船在此,而知州、通判则要在此迎送。

此外,地方长官还要担任使节在本辖区内的接待工作。接待工作十分繁杂,安排住宿、宴饮宾客、陪同游览、张罗贸易……有时还需举办文学沙龙,邀请当地文士参与文化交流。高丽派来宋朝的使节,大多汉学造诣很深,相当多的高丽文人仰慕华夏文化,入境后,多有以文会友、诗文创作的冲动。如朴寅亮、金富轼等人才学出众,在当时即被宋人称叹不已。元丰中,朴寅亮出使宋朝,曾在象山与县尉张中有诗词酬和,引用典故之广博惊动了神宗[8]。朴寅亮的诗作还被刊印,号《小华集》,被时人误认为乃宋朝文人所作[9]。

接待工作有时会因突发事件变得非常漫长。靖康元年(1126),高丽使臣抵达明州,由于受到宋金战火的阻滞,加之宋廷怀疑此时入宋,可能为金国间谍,于是诏令高丽贡使留在明州。待在明州高丽使行馆里坐等消息130天后,高丽使臣才返回国去[10]。四个多月里,明州政府要安排至少数十人的高丽使节,一切费用还得由明州负担,非常辛苦。

(三)筹措费用,筹备出使高丽事务

宋朝使节出使高丽,明州地方政府要先行做好准备工作,首先需要筹措出使费用。宋朝出使高丽,"每乘二神舟,费亦不赀。三节官吏廪爵捐廪,皆仰县官"[11]。另外,驾船船工也是一笔不小的开支,政和八年(1118),楼异打造好神舟巨舰以后,上奏徽宗说:

> 契勘高丽纲梢工每月支粮一石二斗,别无营运,欲乞于旧请外添米一石,橹手添米六斗。[12]

综而合之,所需费用很大,有许多须地方政府筹措,因此才有楼异废广德湖为田出租之举。

另一项重要工作是为使节团准备乘坐的船舶。当时明州打造有专供使节使用的二艘神舟巨舰,但由于出使规模宏大,还需征募一些民用船只为"客舟"同行,明州须提前将客舟修整、装饰以达到远航的要求[13]。

另外,还需为出使船舶配备船工,并为船工筹措工钱;准备使节团队远航的淡水、食品以及部分当地的土特产等。

(四)救援高丽漂民和归国宋朝难民

据史料不完全统计,在公元1000至1229年的二百三十年间,宋朝送还高丽的海难漂民就有18批,基本都与明州有关。

元丰元年(1078),曾巩知明州初,曾救助安置高丽漂民,曾巩在给朝廷的札子中,提到在明州是如何安置这些漂民的:

> 臣寻为置酒食犒设,送在僧寺安泊,逐日给与食物,仍五日一次别设酒食。[14]

咸平三年(1000)冬十月,明州上奏,有"高丽国民池达等八人,以海风坏船,漂至鄞县",请示处理办法。宋廷下诏,将池达等八人送往山东登州,由"登州给赍粮,俟便遣归其国"[15]。

真宗大中祥符九年(1016)二月,又有高丽船漂至明州,"诏明州自今有新罗舟漂至岸者,据口给粮,倍加存恤,俟风顺遣还"[16]。次年,高丽显宗遣刑部侍郎徐讷入宋"献方物",并对明州送还漂民一事致谢。

天禧三年(1019)十一月,"明州、登州屡言高丽海船有风漂至境上,诏令存问,给度海粮遣还,仍为著例"[17]。正是因为漂民的不断出现,明州地方政府却因无官方授权而感到为难,才屡次上奏,请求处理办法。有鉴于此,宋廷授权明州,今后高丽漂民不必再转到其他港口,直接在明州给予救助。

宋人也会因各种原因流落到高丽的,特别是明州近海的渔民、商人,这些人若想回国,是要有宋廷的许可,否则会以私自出海受到惩罚。明州地方政府也承担着接纳、安置这类宋人的责任和义务。

绍兴二年(1132)四月,定海县政府报告说,有80余位逃亡到高丽的宋人,想要回到祖国,希望能够准许接纳[18]。一般渔民因海难而亡入他国者,人数不会太多,80余位宋人,应该是建炎四年金兵劫掠浙东时逃亡的难民。

> 开庆元年(1259)四月,纲首范彦华至自高丽,赍其国礼宾省牒,发遣被掳人升甫、马儿、智就三名回国。[19]

三人均为宋人,籍贯本不相同,十余岁时分别被蒙古人掳往北方,十几年来历尽磨难。宝祐五年(1257),三人在随蒙古军队出征时逃脱,流落高丽,高丽政府友善待之。后在高丽官方安排下,搭乘宋范彦华的商船返回明州。三人离家时久,本籍已无亲人,明州地方政府在得到朝廷许可后,将三人名字改回汉名,将其妥善安排在明州的军队里,"专充看养省马著役"[20]。

(五)担当信使,沟通消息

北宋时期,明州远离汴京,宋廷对于高丽的信息获得十分有限,有时因为情况变化太快,信息传递滞后,中央政府难以作出决断。同样,高丽想要了解宋朝官方信息也较为困难,虽然时有商人往来宋、丽之间,但商人毕竟难以了解政府的详情。因此,明州地方政府在得到中央授权后,将一些重大事件以"牒报"的形式,通知对方;高丽一方也会与明州地方政府以"牒"通消息。

> 高丽肃宗五年(1100)五月辛巳,宋明州牒报,哲宗皇帝崩,皇弟端王佶立。[21]

> 高丽睿宗八年(1113)九月乙酉,遣西头供奉官安稷崇如宋牒宋明州。[22]

政和八年(1118),明州知州楼异接到"高丽国王世子王子王某书乞借差大方脉、疮肿科等共三四许人使,存心医疗,式广教习事"[23]后,上报了宋徽宗。随后,宋廷在派出曹谊、杨宗立等出使高丽时,满足了对方的要求。

高丽仁宗二年(1124)五月,因为有明州籍人士前往高丽后,拒不回国,明州移文高丽政府催促。后来,高丽上表请留,在得到宋朝中央政府同意后,明州发来公文,同意他们继续居留高丽。[24]

明州有时还派出官员,以一种非正式的出使方式前往高丽,互通消息,处理问题。

> 高丽睿宗四年(1109)十二月己卯,宋教练使明州都知兵马使任郭等来。[25]

遇到宋廷重大出使任务时,明州地方官员一般都要先行前往高丽,沟通、安排。

> 高丽肃宗八年(1103)二月己巳,宋明州教练使张宗闵、许从等与纲首杨炤等三十八人来朝。[26]

同年六月,宋朝的国信使刘逵、吴拭就来到了高丽。显然,数月前张宗闵往高丽,是为此次出使安排有关事宜的。

(六)审慎甄别,严防奸细或冒充使节者

两宋先后与北方的辽、金、蒙古交兵,北宋时期通交高丽在于实施"联丽制辽"战略,因辽丽关系密切,宋人一直担心高丽入宋朝贡队伍里,混有辽国的奸细,因而严加提防。南宋以后,对高丽的防范之心更加强烈,甚至怀疑高丽使者就是金国的奸细,以致不许使者进入临安。明州为高丽使者踏入宋境的第一站,地方政府责无旁贷负有甄别、检查的责任。

> 神宗熙宁六年(1073)冬十月壬辰,明州言高丽入贡,……诏引伴、礼宾副使王谨初等与知明州李绳访进奉入贡三节人中有无燕人以闻。[27]

(七)受宋廷委托,处理棘手外交问题

有宋一代,与高丽的往来始终没有形成制度化的宗藩关系,随着北方辽、金对宋、高丽的态度变化,两国之间大体维持着一种间歇性的官方往来,时断时续。因此,处在国际局势出现变化的节点或宋、丽之间因为某种原因出现外交困难时,地方政府有时会以更为灵活的方式和传言者的身份处理棘手外交问题。

绍兴六年(1136),高丽派遣金稚规、刘待举出使南宋。使节来宋是要弄清此前南宋使节吴敦礼说是南宋欲派大军10万赴高丽,助高丽平叛等事务。南宋担心明州与临安太近,高丽使节如果是金国的间谍,熟悉了道路,窥探了虚实,会对南宋不利。另一方面,也可能觉得有些事情当面不太好解释,总之,高宗让金稚规等留在明州,一切外交事务具由明州地方政府出面代为交涉、传达。金稚规等在明州待了6个多月,与南宋朝廷的外交牒书由明州地方政府转送。

此后,宋、丽终止了官方使节的派遣,高丽在相当长的时期里,一直与明州地方政府保持着联系。

二、明州商人在宋、丽交往中 所起的作用

宋代海商在宋、丽外交中发挥了重大作用。北宋中期与高丽的外交关系中断以后,在北宋政府的主导下,商人们在两国之间穿针引线,传递消息,弥补了官方关系断绝后的缺憾,使得双方能够重拾信任,重建朝贡关系。

南宋以后,由于宋、丽官方往来陷入低谷,直至彻底中断往来,南宋政府除了需要商人继续保持正常的贸易活动,以贸易税收弥补财政收入的不足之外,还利用他们经常往来于宋、丽之间,熟悉高丽风俗民情与地理形势的便利,更多地参与到政府所需的一些民间外交活动中来,为南宋政府传递消息、收集情报,继续保持与高丽的传统友谊。

南宋建都临安,明州由偏僻之地一跃成为近畿的东南都会,城市地位得到较大的提高。在南宋政府宽松贸易政策的支持下,明州港口经济有了更快的发展,从事海上贸易的商人增加,贸易规模也随之扩大。商人们主动设法与官府建立联系,充当政府间的信使,博取赏赐,便利贸易,从而获取最大利益。

建炎二年(1128),宋商纲首蔡世章将高宗即位的消息传到高丽。这一消息对高丽朝廷了解宋朝政治动态、宋金战事进展情况十分重要。就在此前一年,高丽派遣的使节因宋金战事和宋廷的阻滞,曾在明州等待长达6个月之久。蔡世章传来的消息,为高丽外交政策的研判提供了珍贵的情报。同时,也为随后出使高丽的杨应诚使节团打下了基础。

绍兴元年(1131)四月,宋商都纲卓荣赴高丽,将南宋军队渡江击破金兵获得大胜,以及"皇帝驻跸越州,改建炎五年为绍兴元年"的消息传递给高丽,在高丽引起了不小的轰动。因此前杨应诚借道不成,宋、丽关系陷入低潮,此番得到宋军打了胜仗的消息,高丽仁宗顿感压力,于是向大臣们说:

> 前者侯章、归中孚来请援,不能从。又杨应诚欲假道入金,又不从。自念祖宗以来,与宋结好,蒙恩至厚,而再不从命,其如信义何?[28]

此前高丽研判了东北亚的国际局势,已经采取了一边倒向金国的外交政策。倘若南宋战胜了金国,会给高丽带来麻烦。于是,高丽主动派遣使节崔惟清、沈起前往南宋,重拾旧好。

随后,宋使吴敦礼的鲁莽,加剧了高丽对宋的不信任感,而高丽向金朝上誓表的行为,也使南宋对高丽的态度起了变化,双方的猜忌日渐加深。

绍兴八年(1138)三月,明州地方政府委托宋商吴迪向高丽通报了"徽宗皇帝及宁德皇后郑氏崩于金"[29]的消息。徽宗在位期间,实行亲丽政策,曾无节制地恩宠高丽使节,"政和以来,人使每岁一至",明州高丽使行馆里住满了往来于宋丽间的使节、商旅,而今作为亡国之君,死于他乡,令人唏嘘。

绍兴三十一年(金大定二年,1161)九月,金主完颜亮统率六十万大军,兵分四路侵宋。这一举动破坏了宋、金之间维持了二十年的和平局面,南宋朝廷再次面临生死存亡的边缘。宋高宗一方面下诏,号召遍及中原的各路义军打击金兵;另一方面则通过宣抚使传檄西夏、契丹、高丽、渤海诸国,呼吁共同打击金兵。此时,南宋与高丽已经多年没有了官方往来,从文献中也没有看到当时高丽是否得到过这篇抗金檄文。但至少说明,遇到外敌侵凌时,南宋仍有"联丽"之想。

十一月,完颜亮亲率大军渡淮,进逼长江,欲自采石矶(今安徽当涂)对岸强渡长江。宋将虞允文率军誓死抵抗,金兵大败。海陵帝被部将所杀,金兵败回北方。

绍兴三十二年三月,宋商侯林带着明州地方政府书写的牒报,将宋军大败金兵的消息传到高丽[30]。虽然高丽对此消息半信半疑,但还是慎重有限地采取了与宋修好的举动,也有借宋金形势未定之时,改善两国关系的打算。高丽毅宗委托宋商徐德荣到明州传言[31],欲遣使入宋恭贺宋军大捷。由于宋殿中侍御史吴芾担心高丽是金国间谍,现处两国交兵之际,高丽动机令人质疑。高宗因此拒绝了高丽的请求。六月,徐德荣再到高丽,回传了南宋的决定。高丽的努力受挫。

绍兴三十二年(1163)六月,宋孝宗即位。七月,商人徐德荣再到高丽,除了向高丽毅宗进献孔雀及珍玩之物以外，据说还带来了宋孝宗的密函和盛有沉香的金银盒[32]。此事不见宋朝文献记载，以孝宗即位后，有意通过战争收复中原的意图，推测孝宗可能想通过商人牵线，恢复与高丽的交往，重拾"联丽"方针。次年三月，高丽派出使节携带着铜器抵达明州，回谢宋廷赠送礼物。但此时正值孝宗调兵遣将发动北伐之际，高丽使节到了明州便没有了下文[33]。随后，南宋军队经"符离之战"溃败后，南宋抗金派意志遭受挫折，主和之声充盈朝廷，对于"联丽"的想法，估计在宋廷上下也得不到什么支持，随着宋金达成还算平等的"隆兴和议"，宋金关系得以稳定，恢复与高丽的官方关系便再也无人提及。

南宋时期的国际形势与神宗熙丰时期不同，虽然商人徐德荣与泉州商人黄真一样，在宋、丽关系处于低谷时，以自己微薄之力，为双方牵线搭桥，努力营造气氛，创造条件。或许，有时他们传话时，存在有夸张不实甚或撒谎的情况。但通过他们的消息传递，对宋、丽关系的发展起到了应有的作用。

（作者单位：宁波市文物考古研究所）

注 释

[1] （宋）赵汝愚：《诸臣奏议》卷一一一《边防门·高丽》胡舜陟：《上钦宗论高丽人使所过州县之扰》。
[2] ［朝鲜］郑麟趾等：《高丽史》卷四《世家·显宗》。
[3] （宋）李焘：《续资治通鉴长编》卷三百一。
[4] （宋）胡榘、罗濬：《宝庆四明志》卷六《叙赋下·市舶》，《宋元浙江方志集成》第7册，杭州出版社2009年版。
[5] （宋）张方平：《乐全集》卷二十七《论高丽使人相见仪式事》。
[6] 林士民：《宁波东门口码头遗址发掘简报》，《再现昔日文明——东方大港宁波考古研究》，上海三联书店2005年版。
[7] 胡榘、罗濬：《宝庆四明志》卷第十一《叙遗·车驾巡幸》，《宋元浙江方志集成》第7册，杭州出版社2009年版。
[8] （宋）王辟之：《渑水燕谈录》卷九。
[9] ［朝鲜］郑麟趾等：《高丽史》卷九十五《朴寅亮传附景仁等》。
[10] （元）脱脱等：《宋史》卷四八七《外国传·高丽》，上海古籍出版社1986年版；［朝鲜］郑麟趾等：《高丽史》卷十五《世家·仁宗》高丽使节是枢密院副使金富轼、刑部侍郎李周衍，前来恭贺钦宗登基。
[11] （元）脱脱等：《宋史》卷四八七《外国传·高丽》，上海古籍出版社1986年版。
[12] （清）徐松：《宋会要辑稿·渤海国》蕃夷四，中华书局1957年版。
[13] （宋）徐兢：《宣和奉使高丽图经》卷第三十四《神舟》、《客舟》。
[14] （宋）曾巩：《曾巩集》卷三十二《劄子·存恤外国人请著为令》。
[15] （宋）李焘：《续资治通鉴长编》卷四十七。
[16] （宋）李焘：《续资治通鉴长编》卷八十六。
[17] （元）脱脱等：《宋史》卷四八七《外国传·高丽》，上海古籍出版社1986年版。
[18] （元）脱脱等：《宋史》卷四八七《外国传·高丽》，上海古籍出版社1986年版。
[19] （宋）吴潜、梅应发等：《开庆四明续志》卷八《收刺丽国送还人》。
[20] （宋）吴潜、梅应发等：《开庆四明续志》卷八《收刺丽国送还人》。
[21] ［朝鲜］郑麟趾等：《高丽史》卷十一《世家·肃宗》。
[22] ［朝鲜］郑麟趾等：《高丽史》卷十三《世家·睿宗》。
[23] ［朝鲜］郑麟趾等：《高丽史》卷十四《世家·睿宗》。
[24] ［朝鲜］郑麟趾等：《高丽史》卷十五《世家·仁宗》。
[25] ［朝鲜］郑麟趾等：《高丽史》卷十三《世家·睿宗》。
[26] ［朝鲜］郑麟趾等：《高丽史》卷十二《世家·肃宗》。
[27] （宋）李焘：《续资治通鉴长编》卷二百四十七。
[28] ［朝鲜］郑麟趾等：《高丽史》卷十六《世家·仁宗》。
[29] ［朝鲜］郑麟趾等：《高丽史》卷十六《世家·仁宗》。
[30] ［朝鲜］郑麟趾等：《高丽史》卷十八《世家·毅宗》。
[31] 关于徐德荣的国籍，《宋史·高丽传》说是高丽纲首。而《高丽史》多次提及此人，皆言明是宋商人。综合来看，徐当以宋人。当时是作为高丽方面的信使来明州，远在京城的史官或许没有搞清楚，或许有意写成高丽人，以彰南宋脸面。
[32] ［朝鲜］郑麟趾等：《高丽史》卷十八《世家·毅宗》。
[33] （元）脱脱等：《宋史》卷四八七《外国传·高丽》，上海古籍出版社1986年版。

试述宁波清代北号商帮经营文化的特点

赵育科

宁波作为一个传统的商业港口城市，地处浙东沿海，位于中国海岸线的中端，拥有纵横交错的江河和天然深水良港，同时又紧邻著名的舟山渔港，水产资源丰富，盐场遍布沿海各地。民风强悍好搏。宁波港古称明州港，在唐宋时期就已成为国内重要的对外口岸，随着元朝统一全国后，北路航线很快得以恢复，山东、江苏等地的船商陆续进入宁波，南北商人依托明州港地域优势在宁波定居，与当地人合作开设商行，打造船只，贩运南北货物，形成了从事沿海商业活动的南北商业帮组织。明清时代更是对日韩贸易的重要口岸。但明清时期出现过两次大的"海禁"，南北商号海运行业几乎窒息。康乾盛世之后，海禁逐步打开。海上贸易才重新发展，又重现它的繁荣。太平天国时期，由于通往镇江以上的长江航运受阻，宁波也成为上海与内地四川、湖北、安徽、江西等省物资中转的集散地。南北号的海运贸易，到嘉庆、道光年间开始进入黄金期。

宁波帮商人到辽东贸易始于康熙中叶海禁开放，慈溪人秦泚"尝客辽东"，由于东北盛产的大豆、豆饼、参药等北货在江南有广阔的市场，而江南盛产的纸张、绸布、瓷器等南货在辽东却有很好的销路，这就吸引了不少南方商人海运去辽东经商。然而拓展这条宁波、上海到辽东的航线是非常曲折的，19世纪初，在镇海、上海驻港的南北号商船400艘，鸦片战争后，外国列强的轮船势力入侵，宁波商人的号船锐减。咸丰元年(1851)，宁波有商船112艘投入北洋航线；咸丰三年(1853)，浙江漕运开始招商，这就使处于衰落的宁波号船又迅速发挥着海运中的作用，但往辽东的船却仍旧很少，因为盘踞南方的太平天国截断重要水陆交通枢纽。北方则黄河溃决,清政府的户部机构仿效元人的成法,以漕粮归海运,而欲以宁波号船为大宗,春夏之交,乘季风联帆北上,虽有清兵船队护航,然而来自粤东洋面的广艇盗船30余艘早已窜至山东、直隶、奉天一带大肆劫掠,不畏官兵,海盗每劫得满载货物的商船,就索价昂贵,并公然登关争上座,论价值居高不下,致使宁波船商们都心生害怕又愤恨海盗的作为而不愿去辽东经商,就在这个关键的时刻,庆安会馆北号船商们的核心群体开始酝酿着一个大计划。

商帮文化特点之一:宁波帮商人与时俱进,具有开拓创新的弄潮儿精神

1854年冬天,宁波江东木行路刚落成不久的北号会馆——庆安会馆,北号船商们聚集一堂,慈溪人费纶铥、盛植琯和镇海人李也亭慨然提议:由于海盗对他们北上的宁波商船袭击、掠劫,向他们索要数以千计的赎金已不止一次。清政府的水师们又没有能力护航,为确保这条漕粮海运航路的畅通,决定集资购买洋轮,护送漕船队伍,随时剿灭海盗。此议一出,北号船商群起,纷纷叫好。但洋轮的价格不菲,所需资金一时难以筹集。正在这时,宁绍台道兼宁波知府段光清想出了一个好主意,他让官、商各出一半资金,官府所垫的那部分,每年抽取商队各船的部分收入,分数年陆续归还。自购轮船武装护航商队的建议同时得到鄞县、镇海、慈溪三县船商的一致拥护,集资七万银两,并由段光清出面商请在上海的买办鄞县人杨坊、慈溪人张斯臧和镇海人俞斌三人前往广州向外商订购。同时,组织董事会筹议章程,设立"庆成局"。公推李也亭等人为局董事,卢以瑛主持局务,慈溪人张斯桂为船长,镇海人贝锦泉为管驾,招雇炮手、水手,其中有印度人和马尼拉人,是主要负责与海上海盗作战的雇佣军,全船

有人员七十九名。这年冬天,诸事完备,并于十二月开始为庆安会馆北号商队护航,打击在外海扣押"北号"商船、勒索赎金的海盗团伙。从此保证了宁波、上海商人北上辽东的航线正常运行。

面对当时清政府实行"攘外必先安内"政策,无力顾及沿海各路海盗的局面,为用于海上护航,由宁波商帮中富有声望并在海上经常与洋商接触有维新思想的慈溪人费纶铥、盛植琯、镇海人李也亭、鄞县杨坊、慈溪张斯臧、镇海俞斌等人,共同商议集资七万两白银从外国轮船公司购得铁甲火轮一艘,即宝顺轮船(事见董沛的《书宝顺轮船始末》碑)。"宝顺"轮船是庆安会馆舶商于咸丰四年(1854)从国外引进的我国第一艘机动船。宝顺轮船驰骋海上30年,为我国抗击外来侵略和宁波航运事业作出了巨大贡献,是我国近代史上自帆船时代向机动船时代过渡的重要标志,奏响了中国近代采用西方先进技术和创办洋务的先声。由于使用现代化轮船武装自己的商船队这一举措,宁波庆安会馆(北号)商帮从此声誉大振,他们的举动引起了清廷以李鸿章为首的洋务派官员的关注。这个第一,使后来的宁波帮大有信心在上海创下了38个第一。《中国商业地理》记载在上海有13个商帮,指出位居第一的是宁波帮,"宁波商人,自其人数之多,历史之远,势力之大观之,实可谓上海各商之领袖"。

商帮文化特点之二:重视文化启蒙理念倾向,使商人地位跃居四民之首

1855年盛夏的一天,北洋山东芝罘岛海面上,天空晴朗,突然海面上出现一股浓烈的黑烟,黑烟下面,是一艘山东当地百姓从来没有见到过的铁壳大船。船的两边设有两个巨大的像车轮一样的东西,在隆隆地同时转动着。大铁壳船劈波斩浪,速度奇快,上面没有樯

帆,却高矗着一根粗圆的烟囱,黑烟正是从那里面冒出来飘向天空的。更让人惊异的,是这艘大船的船头和船尾,各安放一门锃亮的西洋火炮。见到它的人们又疑惑又恐惧,急忙报告地方官府。山东巡抚崇恩命令火速查明此船。不久报告上来,原来这是一艘西洋轮船,但却不是西洋人所有,而是属于大清浙江宁波府的一艘船,是宁波商人集资购自西洋商人手中为宁波庆安会馆北号商船队的武装护航船,它的名字叫"宝顺"轮船。崇恩为此虚惊一场,大为光火,宁波商人真是胆大妄为。他气急败坏地立马上奏朝廷,咸丰皇帝龙颜大怒,下旨意诘问浙江巡抚何桂清,声色俱厉下令查明是谁给"宝顺"轮船发的执照,允许它开在海上,要治经办人的罪,不得欺隐。圣旨到了宁波府,知府段光清马上召集与此事相干的士绅商人们,商议如何回复圣上的旨意。当时只有二十八岁的宁波文人董沛,挺身而出,从容回答:"这个问题不难回复。商人拿自己的钱购买轮船,用以保护自己的商船船队,这是官府不应禁止的。船虽然是西洋人制造的,但它卖给了商人,就是一条商船。官府发给商船护运执照,是按照大清法律的,而根本不需管这船是谁造成的,从何处来?"段光清听了觉得十分有理,就按此话回奏浙江巡抚,巡抚也觉得有理,便照此上奏朝廷。咸丰皇帝阅此奏章,龙颜没有再次震怒,只是特批了三个字:知道了。于是,此事不了了之。直到三十三年后,即光绪十四年戊子,董沛撰写了《书宝顺轮船始末》碑记,以表述购买轮船护商的真实历史,碑立庆安会馆。当时,年轻的文人董沛为庆安会馆北号船商解了燃眉之急,这种事情甚至能招来杀身之祸,他的作为也为他三十年后宦游归来襄理庆安会馆海运事务打下了坚实基础。庆安会馆北号船商运用这位"文胆"所出的妙策,解决了当下的棘手事务,也为后来大批涌现的宁波帮商人提供了先例。庆安会馆北号商人为巩固和提高他们经济、政治地位,赢得传统社会的声誉,光耀了家族的门楣。在当时尚无

新式学堂的社会环境下,不惜重金延聘名师督教本族子弟,使子弟研习举业,博取功名,甚至想直接进入到官场。一直襄理庆安会馆北号船商海运事务的费氏家族主人费纶鋕、费曼书、费崇高三代的经历,就是一个极为典型的例子,在董沛的《正谊堂文集》和忻江明的《鹤巢文存》中都写得很清楚。

浙东的思想家们历来主张务实,东汉伟大的思想家王充就强调实际"效验",主张为学应"崇实知",南宋的陈亮、叶水心都主张务实。陈亮力倡"事功之学"。明末朱舜水的"学问之道,贵在实行"、"圣贤之学,俱在践履",以及黄宗羲"经世致用"的提出都反映了浙东人民也即宁波商人务实诚信的品质。务实诚信是一种科学精神,主张实事求是,崇尚脚踏实地,注重实效,反对空谈,低调办事;而诚信则属守信用,诚信为本,反对欺诈。

一切先进思想的延续,都离不开后人的继承和创造。人类许多文明成果往往都经历了长期的发展过程,真理性的东西在实践中得到印证,又在实践中充实和发展,产生新的活力是完全符合规律的现象。只有随着时代的精神,不断地改造和更新,方能保持旺盛的生命力,给现实生活以永不枯竭的推动力。正如董沛、忻江明给庆安会馆北号船商以经营的力量,浙东思想家们的务实思想,都给近代宁波帮商人在实践商业运作中以极大的影响。

明末清初,当黄宗羲在《明夷待访录》中提出"工商皆本"的观念时,自然比他的先辈同乡王阳明所提倡的士农工商的"四民道一"之说更进一步强调了工商业的作用和商人的价值。代表着当时社会经济发展趋势相适应的时代精神,体现着新的社会价值观,是明末以来众多有识之士对工商业的社会地位和商人价值的重新认识的思想集成。黄宗羲举起"工商皆本"的思想大旗,开始并无太大的影响力,然而在二老阁主郑梁为黄氏刊刻著作并印行传布下,其无与伦比的价值观念与

站在时代前列的启蒙精神使之无愧于充当那个时代的伟大思想家,而一股势不可挡的商潮也从他脚下的土地上汹涌而起,奔腾而来。

商帮文化特点之三:精诚团结,互助互利

从1796年到1850年,随着海禁的开放,宁波南北商业船帮迅速发展,逐渐进入了鼎盛时期,"巨艘帆樯高插天,桅楼簇簇见朝烟,江干昔日荒凉地,半亩如今值十千。"这是董沛、徐柳泉所编的光绪《鄞县志》中载录的胡德《过甬东竹枝词》。昔日荒凉的江东,因海运贸易日益兴旺,迅速成为浙东最繁荣的商业区。当时的"南北号"实力强大,成为宁波海上贸易运输的主力。商号总数不下六七十家,有大小海船约四百艘。南北商号进入鼎盛时期,商号分别在宁波江东木行路(今江东北路)建立起了同业会馆。南号的安澜会馆,建于道光三年(1823)。北号的庆安会馆始建于道光三十年(1850),落成于咸丰三年(1853)。建成的安澜会馆和庆安会馆,是船商共同讨论商情聚会的场地。馆内均供奉天后神龛。购买宝顺轮船一事即是庆安会馆做出的重大决策之一,较之上海商人购买外国轮船的历史早了三十年。据史料记载,当时的会馆管理井然有序,内设司账、司书、文案、庶务、办事员、勤工、厨师等多名工作人员。其所需经费由船商抽取各家各船资费,充当会馆事业基金。会馆还办有福利事业。如北号庆安会馆成立的保安会,并置有机龙、铜盔、斧阔等各类消防设备。遇各地火警,立即出动救援。自清同治纪元以来,宁波商埠交通频繁,南北号船商达到了鼎盛时期,为维护同行利益,南北号遂联合成立了"南北海商公所"。

以费纶锱为代表的著名北号商帮为主设立的庆安会馆,以此为核心,再次凭借当地发达的造船业和宁波商人所特有的思维,高度发扬了会馆贸易文化的这种

团结协作、互助互利精神,最终成为北号船商和后来的宁波帮称雄中国的一大法宝。正如后来宁波旅沪同乡会在征集会员的大会宣言中所说:"宁波帮之所以能事必有成,功效显著者则系于团结中坚、组织中备、一遇有事即能互相呼应,踊跃争先,以收其合作之效。"

庆安会馆作为北号会馆,是商帮崛起的一个标志,也是宁波商帮对海上贸易事业的一个全新的创造。会馆是商帮文化的产物,而宁波北号商帮独创了当时这一馆、宫合一形式的会馆,不仅在当时左右着一方的市场经济,更重要的是凿开了中国近代社会应对市场经济的先河。它在近代经济、社会的兴衰过程中,调整和更新自我的精神,为抵御后来西方资本对传统经济的冲击以及国人在传统经济抗争中作出了不可磨灭的贡献。

商帮文化特点之四:宁波帮商人处事不舍本务末,重视文化教育,造福乡梓

情系桑梓,兴学助教。近代宁波帮商人十分重视教育,这与宁波帮对人才的认识是密切相关的。当梁启超在《变法通议》中针对当时中国落后情况指出:"变法之本,在育人才;人才之兴,在开学校。"20世纪初,随着西方资产阶级政治学说的传入和清政府废科举、办学堂、派留学的指令发布,国内掀起了创办新式学堂和留学的热潮。进入民国时期有进一步的发展,事实使宁波帮商人明白:创办学堂,兴学育才,教育现代化是浩浩荡荡的世界潮流,顺之者昌。正是这种科学的理性,促使近代宁波帮商人创办学堂,兴学育才。由于宁波帮商人遍及各地,为此,创办学堂也遍布全国,尤其以上海和家乡宁波为最多。

宁波费氏富商后裔费崇高在庆安会馆内设立庆安义学,力助失学儿童正是宁波帮商人报效家乡的一个

缩影。这种义举成为延续两个多世纪宁波商帮的伟大传统。一方面是宁波帮商人出人头地,光宗耀祖,深藏成功商人报效社会的一种情怀;另一方面则是宁波帮商人兴学重教的观念,是他们不畏险阻,锐意进取,实现人生目标的充分体现。因此,宁波帮商人敢为人先,崛起于近代中国是一种商帮魂,这种魂的内涵是值得我们去探索和研究的。

在家乡,宁波帮商人创办了不下数百所学校,据当时的浙江教育官报统计,光绪三十四年(1908),共有学堂291所,在这些学堂中,相当的部分是宁波商人捐资创办的。如严信厚的储才学堂,叶澄衷的中兴学堂,吴锦堂的锦堂师范,虞洽卿的龙山学校,樊氏的便蒙学堂,董杏生的董氏初学堂,盛炳纬的养蒙学堂,志成学校及方舜年的培玉学堂等。

宁波帮商人不舍本逐末,他们兴学重教、造福乡梓之观念和义举,造就了宁波家乡人才辈出,推动了华东沿海经济之繁荣,使得以商助教,以教兴商延绵不断,步入良性循环几百年而不衰。直到上世纪下半叶,当邓小平接见宁波籍巨商包玉刚时,响亮地提出"把全世界的宁波帮都动员起来"的时代口号,不仅肯定了宁波商帮在世界舞台不可小视的实力,同时又是在宁波、在全国、在世界掀起了宁波帮商人兴学捐资的热潮,这股潮流为推进我国教育事业的发展和经济腾飞起到了推波助澜之作用。

自明朝末年,在社会上萌发资本主义意识形态以来,整整四个多世纪,宁波商人克服重重的艰难险阻,打开了当时明清政府所施行的数次海禁,宁波商人甚至用自己的生命换来了"海上丝绸之路"的畅通。尤其是鸦片战争以来,国家和人民倍受各国列强入侵欺凌、割地赔款,加之国内动乱四起,内战频发,外患内忧,民不聊生。宁波庆安会馆的商人们就在这样的情况下临事不惧,受命于危难之际而获得成功,他们的成功直接或间接地带动了后来一批又一批宁波的商人义无反顾

地奋斗,走南闯北,足迹遍布全国甚至世界各地。宁波帮商人不断地探索新路子,解决新问题,形成了敢为天下先的创业精神。宁波帮商人的初创雏形——庆安会馆北号船商以费氏为首的核心领导群,在实干中树立新观念,于行业中提出新建议,他们建立商团,借官方之力,联合新生力量买办,以上海这个国际大市场创造有利形势,临危受命,在近代中国商业史及海运史上写下了光辉的一页。

宁波庆安会馆北号船商自咸丰三年(1853)合作建成的庆安会馆,不但为他们北号商团组织海运、发展行业事业、处理商务提供了重要基地,而且又是他们祭祀妈祖,祈祷海上平安,憧憬事业发达的殿堂。这座粉墙黛瓦、古朴典雅、气势恢宏、建筑壮观的庆安会馆,不仅是宁波商帮文化的发祥地,而且又是传承"海上丝绸之路",展示宁波地域智慧的教育平台。现存的庆安会馆,系我国八大天后宫和七大会馆中保存最为完整的古建筑群,2001年被列为国家重点文物保护单位。这里将永远闪耀着宁波帮商人四百余年不灭的光辉,传承和激励着宁波人那种不朽的创业奋斗之精神。

(作者单位:宁波市文物保护管理所)

参考文献

董沛等纂:光绪《鄞县志》,光绪三年刊本。

忻江明撰:《鹤巢诗文存》,"四明丛书"本。

徐时栋:《烟屿楼文集》,光绪元年葛氏松竹居本。

《慈溪秦氏宗谱》。

黄浙苏等:《庆安会馆》,中国文联出版社,2002年版。

张仲礼主编:《东南沿海城市与中国近代化》,上海人民出版社1996年版。

唐力行主编:《江南儒商与江南社会》,人民出版社2002年版。

朱英:《中国近代同业公会与当代行业协会》,中国人民大学出版社2004年版。

沈雨梧:《浙江近代经济史稿》,人民出版社1990年版。

冯筱才：《在商言商——政治变局中的江浙商人》，上海社会科学院出版社 2003 年版。

李城：《上海的宁波人》，上海人民出版社 2000 年版。

林树建：《宁波商人》，福建人民出版社 1998 年版。

陈守义主编：《鄞县籍宁波帮》，中国文史出版社 2006 年版。

樊百川：《中国轮船航运业的兴起》，四川人民出版社 1998 年版。

鲍杰主编：《论近代宁波帮》，宁波出版社 1996 年版。

浙江政协文史委：《宁波帮企业家的崛起》，浙江人民出版社 1998 年版。

徐鼎新、钱小明：《上海总商会史》，上海社会科学院出版社 1991 年版。

乐承耀等：《宁波帮经营理念研究》，宁波出版社 2004 年版。

［美］郝延平：《19 世纪的中国买办：东西方间的桥梁》，上海社会科学院出版社 1988 年版。

张海鹏等：《中国十大商帮》，黄山书社 1993 年版。

黄逸峰：《旧中国的买办阶级》，上海人民出版社 1982 年版。

时代印痕
——邵克萍现实主义版画作品评析

胡　斌

宁波籍中国著名版画家邵克萍先生，走过了九十四载人生春秋，在他近乎一个世纪的漫长生命岁月里，投身于中国版画事业近七十年，版画创作无疑是他生命中最厚重的一部分。半个多世纪以来，他毫不动摇、坚持不懈地走现实主义创作道路，与时代共命运、同呼吸，创作了大量脍炙人口的作品，他的作品参与和见证了中国革命版画的成长，也反映了中国革命和建设的历程。1991年，邵克萍先生被中国美术家协会和中国版画家协会授予"新兴版画贡献奖"。

邵克萍先生，1916年生，浙江宁波镇海人。中国美术家协会会员，中国版画家协会首届理事，上海美术家协会理事，版画艺术委员会委员，上海版画会副会长。我国著名版画家杨可扬先生这样评价他："邵克萍先生是一位严肃艺术家，几十年来一直沿着现实主义道路走过来，不论在抗日战争和解放战争的艰苦岁月，还是在和平建设和改革开放的火红年代，在版画创作上，始终以时代使命感和社会责任心要求自己。对每一件作品，他总是尽可能赋予积极的思想内涵，把自己的切身感受和主观愿望通过一定的题材和形式的载体，让观众和读者能够从中得到更多的有益的东西，或揭露批判旧社会，或讴歌赞美新生活。"

心 底 呐 喊

1940年，抗日战争进入第四年，日本帝国主义的铁蹄蹂躏着祖国河山，日军大举进攻，国土沦陷，家破人亡。24岁的邵克萍以刻刀为武器，满怀激情地投入了中国人民抗战的洪流。邵克萍深受鲁迅精神的鼓舞，弘扬鲁迅深沉的爱国热情、坚韧的战斗意志、坚强的硬骨头精神和辩证的马克思主义认识方法,以"匕首、投枪"般的武器投入战斗。

1942 年,日军进攻浙赣线时,邵克萍携他的妻儿从上饶撤离的时候,遭受了日军的狂轰滥炸。日本飞机如入无人之境呼啸而过,炸弹的爆炸、机枪的扫射、遭灾伤亡的同胞,惨不忍睹,血海深仇难以忘却。版画《勿忘这一幕,牢记侵略仇》就是作者以自己亲身经历作为背景题材创作的。作品中远处日军的飞机在空中盘旋、俯冲扔下了无数枚炸弹,民居被炸起火倒塌,成为废墟,人们四处逃难,近处一位母亲紧紧怀抱孩子,双眼充满着愤怒看着远处的敌机。作品深刻揭露了日军实行的"烧光、抢光、杀光"的罪恶行径。作者在艺术处理上质朴粗放,简括的刀法和强烈的黑白对比直接突出主题。将调子简化、加强,黑色的大量运用使画面富有了重量感。应用黑白木刻的特点把远处的背景处理成有动感,和近处重点刻画的人物形成强烈的对比,人物高大极富雕塑感,刻画细腻的人物表情向人们传递着一种从内心发出的呐喊,唤起民众抗日的号角声。《抗战归来》是他另一力作(图一)。1943 年中国抗日战争渡过了最困难时期,转向再发展时期,后方也相对安全,一些伤员从抗日战场上返回后方,"我在家乡看到断腿缺臂的抗日战士受到家庭和社会的爱护、尊重"。作者怀着对抗日战士的崇敬,把看到的情景构思创作了这幅以亲情为主题的作品。暖暖的阳光照在山村的院落,宁静而祥和。一家人经过抗日战争的磨难终于团聚在一起。年迈的老父亲手指着儿子的残腿正在询问,老母亲心疼地注视着儿子,刚从战场归来的儿子坐在竹椅上向父母亲正在讲述失去右腿的经过,脸上露出刚毅的神态,整个画面在叙述一个故事,无声胜有声。整幅画面结构严谨,对比强烈,疏密有致,主题鲜明,真实地反映了战争给人们带来的创伤和人们渴望和平的愿望。同年,他还以当时工作地武夷山为题材

图一 抗战归来

创作了一批歌颂祖国大好河山的作品及反映现实生活的《战时运输队》、《奶奶也在生产》、《木刻刀生产工场》、《晚归》等作品,以黑白分明的艺术形象,真实地记录了炎黄子孙英勇抗日不甘亡国的历史场面,始终将自己的创作与人民的命运联系在一起。

抗战胜利后,中国人民没有盼来和平而是又陷入了全面内战。作为中国最大最繁华的城市上海呈现出通货膨胀、抽丁抢粮、民不聊生的景象。一场"反内战、反饥饿、反迫害"的群众运动风起云涌,邵克萍响应"中华全国木刻协会"发出的"紧握我们的刻刀,参加到人民大众的民主斗争中去"的号召,用木刻这一最直接最有力的艺术形式,满腔热情投入这场运动。《街头》是他这一时期的代表作品(图二)。在创作上发扬新兴版画强烈的批判现实主义精神,强调艺术对现实的干预性。画面中我们看到寒冬腊月,上海马路边满是随风飘落的梧桐树叶,远处小洋楼铁门闪着冷冰冰的寒光,路上行走着一对身穿貂皮大衣、脚着皮靴的达官贵人,

图二 街头

后面跟着一只胖乎乎的小狗裹着厚厚的棉筒和主人招摇过市;而在近处突出了一个衣不蔽体、光着双脚的流浪儿,蜷缩在马路边的凛冽寒风中……。作品生动地揭示上海达官贵人们发了国难财,过着灯红酒绿、纸醉金迷的腐朽生活和广大劳动大众食不果腹、衣不遮体、饥寒交迫形成的强烈反差。《夜阑人静》同是一幅"反内战"的批判现实主义的作品,反映国民党反动政府挑起内战,为了扩充军队,大肆拉壮丁充炮灰,使千家万户子离妻散、家破人亡。作品中我们看到在四壁破旧的简陋房子里,一位年迈的母亲夜阑人静时,在昏暗的油灯下拿着儿子的衣服在思念被拉壮丁的儿子……。近处失子的母亲在黑暗中痛不欲生,远处用了拉壮丁当炮灰的场景作为衬托,一虚一实、一轻一重相呼应,充分运用了版画的黑白对比手段,使作品更加感人。在这一时期邵克萍以社会、人民生活为素材,用批判现实主义精神创作了《街头》、《夜阑人静》、《胜利后》、《在上海马路上》、《生意在望》等以"反饥饿、反内战、反迫

害"、反对国民党反动统治为主题的优秀作品。作者通过木刻这一特有的强烈、现实、简洁的艺术形式,运用强有力的黑白两色,把社会底层被奴役被压迫的贫苦大众生活表现得淋漓尽致。

讴 歌 时 代

"1949年5月,解放军进入上海,送来了阳光和春风;熬过漫漫长夜的人,最能体会黎明的可爱,我以振奋的心情,迎接上海解放。"饱经战争沧桑和苦难的邵克萍满怀喜悦和激动迎来了上海的解放和新中国成立。邵克萍的艺术创作也如同阳光和春风抒写新中国灿烂的篇章,讴歌生机勃勃的社会主义建设和日新月异的祖国大好河山。

黄浦江是上海的母亲河,邵克萍16岁只身来到上海,从此和黄浦江结下了深深的情结,也见证了黄浦江的巨大变迁,《浦江晨妆》是他这一时期几经实地体验、写生创作的极具生活气息的力作(图三)。作品向我们展现了由西向东的黄浦江在晨曦中静静地流向大海,远处上海外滩的建筑影影绰绰,出海的客轮已在清晨起航驶向大海。画面的中心,一列满载货物的拖驳船迎着晨曦的彩霞行进,船两侧激起欢腾的浪花,海鸥在展翅飞旋,黄浦江生机勃勃地开始了新的一天。驳船

图三 浦江晨妆

上方的篷顶上置放着几盆春意盎然的花卉,一船工正蹬着梯子给花卉浇水,篷顶的远处晾晒着衣服……展示出新船工勤劳、朴实、平凡的生活,今天的船工已当家做主成了新社会的真正主人。作品自然、不做作,生动而富有生活的情趣。从中也可看出作者对生活的热爱和对创作的严谨态度。在创作上往往是由理性认识深入感性的体验中去,由生活点燃的创作激情,孕育抒情的艺术语言,引起观众愉悦的美感和艺术的共鸣。这一时期,邵克萍还创作了如《要把荒滩变良田》、《春风又绿江南岸》、《闵行新家》、《东海之滨》等一大批贴近生活、贴近实际、贴近群众的优秀作品。

"中国新兴版画的奠基者,中国版画工作者的导师鲁迅先生倡导扶植的版画艺术,在20世纪40年代以蓬勃的朝气、坚强的生命力,在内忧外患的神州大地破土而出,茁壮成长。"邵克萍先生崇敬鲁迅先生,也是在鲁迅精神影响下走上从事革命版画道路的。他怀着对鲁迅的崇敬,创作了许多鲁迅著作的插图,许多作品还被放进中学的教科书,影响了好几代读者。《社戏》、《一件小事》更是脍炙人口的作品(图四)。《一件小事》是为鲁迅名篇《一件小事》而创作的插图版画。"我多次阅读这篇名著,深入理解这件小事的思想内涵,想像主要人物的视觉形象和应有环境,并到市郊还有黄包车的乡村收集形象素材,画了不少速写,构了几幅草图。"作者反复推敲、数次易稿,力求删繁求简,重在突出显示人物的精神面貌,展现这位善良的劳动者的高尚品德。我们看到卷起的长棉袄、扎紧的裤脚、散带的旧皮帽和用杂色布缝补的鞋头的拉车夫,扶着老妇人回眸侧身正在询问,脸部朴实亲和,迎着冬日的阳光和北京冬季的风沙向前走去,背后留下长长的由近及远延伸的投影……给人留下无尽的想像。作者对劳动者品格深情地歌颂,充满了无限的崇敬。作品充分运用了版画的艺术语言,主题突出,人物形象生动、细腻,背景和人物相互呼应,黑、白、灰相得益彰,统一中有对比,构

图简洁明快、虚实有致,刀法严谨、木味讲究,彰显出版画独特的艺术魅力。"这幅作品的创作过程使我更为坚信自己认准的两条:体现主题的瞬间选得准、艺术形象塑造得好,每件认真的创作少不了这两条。"

图四 鲁迅《一件小事》插图

春 天 抒 怀

"凤凰涅槃,浴火重生"。邵克萍先生经过"十年文革"的磨耗,精神和身体都受到极大的伤害,没有了刻刀,没有了创作权,他如坐针毡,无所适从,从"五七干校"回来后,终于大病一场,不得不从自己心爱的工作岗位上退了下来……时值1977年初春时节。冬天的坚冰终于在"春天的故事"里融化,春天的雨露滋润着邵克萍的心田,唤起了心中涌动的创作灵感,拿起荒疏十年的笔和刀,带着喜悦、带着思考、带着责任废寝忘食地耕耘在自己所钟爱的艺术园地里。"艺术的生命

在于创造革新,不断探索,才有发展"。这时期他的作品更多的是歌颂改革开放带来的巨大变化,如灿烂的阳光、和煦的春风、宽广的大地、涌动的海潮……都是他心灵的最真实写照。在艺术表现形式上探索版画艺术语言的革新,向民族民间优秀艺术传统汲取营养,向装饰艺术借鉴,又融合水印技法,开拓新视野、借鉴新方法,创作了《激流勇进》、《名酒俏打扮》、《南浦建大桥》、《华灯初上》、《浦江两岸尽朝晖》等富有时代气息的佳作。《南浦建大桥》是这一时期的代表作品(图五)。上海版画家陈超南是这样评价这幅力作的:1990年邵老从报纸上读到南浦建造大桥的有关报道,他认识到这是开发浦东的重要建设项目,很是振奋,冒着盛夏炎暑,多次到工地观察速写,收集创作素材;随时请教工程技术人员,理解桥梁的关键结构,并见到成桥后的蓝图,为创作起草了几种构思的构图。有一次他夜间去工地,观察到工人们在灯光下夜以继日奋战的感人情景。繁杂的工地经过夜色的筛滤,呈现出一副更具历史感染力的图画,比之前的印象更有魅力。于是他又重新构思构图,抓住桥梁主要结构和几处显示主题人物的闪光点,删繁求简画成彩色初稿。工程技术

图五　南浦建大桥

人员对彩色稿的赞赏,鼓舞他一鼓作气地完成了定稿刻画。

《南浦建大桥》以主旋律题材和艺术感染力,在第十届全国版画展上一举获得中国美协与中国版协颁发的银奖。在耄耋之年他又满怀激情创作了《浦江两岸尽朝晖》。作品描绘了上海外滩人民英雄纪念塔旁的大型雕塑"掀起建设的巨浪"高达十米,十分壮观,或许它可以成为上海历史与巨变的一个缩影,位于雕塑作品中心的那位弄潮英雄,不正是浦江儿女的写照吗?邵老用版画预言重塑了这位上海儿女,将他移位于画面的前方,借助他的气概和动势延伸到远方。朝气蓬勃的浦东,以东方明珠塔为中心的高楼大厦建筑群,在朝霞中一派欣欣向荣的国际大都市形象。浦东浦西互相呼应,协奏出一曲大上海的洪亮赞歌。

情 系 故 乡

"少小离家老大回,乡音无改鬓毛衰。"邵克萍先生16岁离开宁波近八十载,而心一直系着故乡,眷恋少年时期的岁月,对故乡有永不磨灭的深厚感情。他多次回乡,故乡的山水情景、时代新貌激励他以手中的画笔和刻刀,把对家乡的深情厚谊,展现为一幅幅壮美的图画。我们欣喜地饱赏到他有关家乡巨变的多幅创作:《百舸争流宁波港》描绘了宁波港的新姿、《甬江春潮》歌颂了故乡的改革大潮、《海宽水深北仑港》展现了洋洋东方大港的深邃、《清清的溪流》再现了东钱湖的清澈……旧颜新貌,画在纸上,刻在心间。这是他作为家乡人终生不渝的深情,更是他慷慨馈赠家乡的丰厚大礼。

2008年夏天,已届92岁高龄的邵克萍先生听说家乡的宁波博物馆年底将建成开放时,他要把自己毕生创作的木刻原版、版画以及手稿、文献资料悉数捐赠给宁波博物馆。他不顾年迈体弱,冒着酷热亲自动手整

理作品,历经数月之久。捐赠的作品年代跨度从 1940 年到 2006 年近七十年。这批精品佳作镌刻着时代烙印,贯穿了中国新兴版画发展史的脉络,既是他生平创作历程的写照,更是中国新兴版画史的缩影、中华民族复兴的记录;既有极高的艺术价值和文史价值,更是一部爱国主义教育的生动教材。从中彰显出邵克萍先生德艺双馨、卓越风范和高尚情操。

伫立凝视邵克萍先生捐赠给宁波博物馆的那一幅幅思想深远、艺术精湛的珍品力作,耳边回想起他锵锵作响的浓浓乡音,倍感他仁厚长者的关爱和希望办好家乡博物馆的殷切期嘱。在邵克萍先生诞辰九十五周年之际,谨以此文作为纪念。

(作者单位:宁波博物馆)

马涯民与宁波天一阁

应芳舟

一、马涯民人物小志

马涯民(1883—1961),名瀛,原字伯年,后字涯民,以涯民字行,笔名古彦、谛僧,浙江定海县(现舟山市普陀区勾山镇)人,是著名学者、教育家和方志编纂家。出身于家道中落的工商业者家庭,自幼聪颖好学,善于接受新思想、新事物,阅读面极其广博,凡经史古文、数学外文、近代报刊无所不览,这些为他后来从事教育和编辑工作奠定了深厚的功底。1901 年在宁波储才学堂就读,1904 年上海中西书院肄业,从此步入了社会。1909 年,在表兄李哲浚的帮助下,在南洋劝业会及南京江宁电报电话局谋事。1913 年、1914 年分别在杭州盐政讨论会、两浙盐产整理处任职(图一)。

马涯民先生一生从事教育事业二十余载,曾在上海明新中学、江西广丰振育学校、定海县高等小学任教。1922 年起,受宁波教育界人士邀请,在宁波甲种工业学校、私立效实中学、民强中学、鄞县县立中学、甬江女子中学、奉化中学西坞分部、三一中学等学校执教或担任学校重要职务,所教科目有语文、历史、地理和数学等,成为享誉当时宁波教坛的多面手。从上我们可以看出,马涯民先生执教不分公办还是私立,也不管学校是国办抑或是传教士所办,这也是马涯民开放、开通、开明的教育理念使然。马涯民重视言传身教,待人平等和气,因而师生均十分敬佩爱戴他,上门向他请教的人络绎不绝。

马涯民以方志编纂见长,曾两度参与志书编辑。1923—1925 年,与姻亲慈溪陈训正编《定海县志》。

图一　马涯民先生像(时年76岁)

1933年1月,鄞县通志馆成立,他应邀担任编纂主任(陈训正为总纂)。民国《鄞县通志》历时18年始成,凡51编36册,共约550万字,附地图75幅。马涯民呕心沥血,最终为这两部志书赢得方志界崇高地位贡献了重要力量。《定海县志》被近代方志界评为"辛亥革命后浙江新修县志中之佳作"。著名学者竺可桢称《鄞县通志》为"古今方志第一";《浙江地方志》称《鄞县通志》为"辛亥革命后浙江地方志中体例创新、篇幅最巨、内容丰富之县志"。至今这两部方志仍是研究宁波、舟山尤其是近代宁波历史极为重要的参考文献。

解放后,马涯民先生积极参政议政,连续多年被选为宁波市人大代表。1953年,还被浙江省人民政府聘为文史研究馆馆员。

马涯民先生除对解放前后的宁波教育、方志编修起过重要作用之外,他对宁波的文化文物事业也居功至伟,这主要体现在他担任宁波市古物陈列所(曾设在今天一阁博物馆内尊经阁,系管理天一阁的机构)负责人期间,长期参与管理范氏天一阁(图二)。

二、参与管理天一阁

近代中国是一部多灾多难的历史,作为家族藏书

图二　尊经阁(原宁波市古物陈列所办公处)

楼的天一阁亦是如此。1933年9月,天一阁遭遇罕见强台风袭击,藏书楼东墙受损,数万卷古籍岌岌可危。而此时的范氏族人经济困顿,无力修缮,一筹莫展。所幸的是在冯孟颛等一批热爱乡邦文化文物人士奔走之下,官员、乡绅、文化人士联合组织了一个名为"重修天一阁委员会"的专门机构,积极向宁波及旅外宁波籍人士开展募捐活动(图三)。同年11月19日,重修天一阁委员会在宁波召开第二次会议,出席者有张崚桐、杨菊庭、范多禄、陈如馨、范佑卿、陈宝麟、范吉卿、赵芝室、范庆祥、范盈汶、冯贞群、马涯民(冯贞群代)、叶谦谅、

图三　20世纪30年代重修天一阁藏书楼

倪维熊、汪焕章、冯莼琯(杨菊庭代)等甬上各界名流。可见,马涯民先生也是这一委员会的早期重要成员之一。

重修天一阁委员会维持了长达九年之久的时间,直到1941年6月23日,马涯民与杨菊庭、周诚哉等人担任移交监交人见证重修天一阁委员会将银钱、书帖、文卷、器具移交给天一阁范氏族人,这才标志着重修天一阁委员会已经在事实上完成了自己的历史使命。

拒见蒋介石,昭示马涯民先生的崇高气节。能够攀附高官显贵是一部分人向往的,但是马涯民却不这么认为。蒋介石一生多次登上天一阁,当年捐款两千银元响应重修天一阁委员会的募捐活动,出力也可谓不小了。1949年4月中旬(应在24日前),蒋介石离开大陆去台湾前夕特意造访了天一阁。但是,出乎蒋介石意外的是,宁波文化界将迎接他登阁一事作了低调处理。

据相关文史资料记载,该月中旬,蒋介石要随员寻找几个对天一阁藏书熟知的宁波老先生一道随同去天一阁。几经周折,秘书联系的马涯民、朱赞卿、冯孟颛和杨菊庭等人却均推托并未前往。最后,蒋介石带了蒋经国、张群等人来到天一阁。天一阁管理人员范鹿其恭迎蒋氏父子一行,并向蒋一一介绍藏书情况。蒋似听非听,一副神不守舍的样子。他东摸摸,西看看,见一泓清池,微微涟漪,不禁喃喃自语:"今日古阁一别,何日再得重登?"蒋心头凄楚,心情低落,最后在离开天一阁前说:"算啦!我们在这里拍一张照。"即匆匆结束了天一阁之行。马涯民先生当时不知是卧病在床,托辞未往,还是以蒋家王朝末日将临,避而不见面,我们今日已不得而知,但他不为权贵折腰的气节和洞察时局的政治敏锐性应该值得我们肯定。

解放后,天一阁收归国家所有,由古物陈列所负责保护和日常管理。从此,以马涯民为代表的宁波文化界人士更加发自内心地爱惜、爱护"文化瑰宝"天一阁,

甚至超过了自己的一座书楼和财产(图四)。

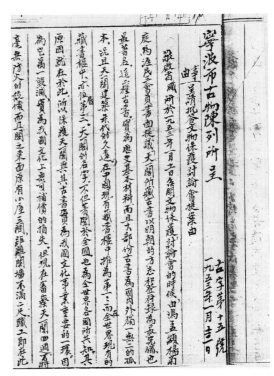

图四　马涯民在呈请当局文件中提到天一阁是中国现存第一藏书楼

马涯民行使管理权力,具体参与到天一阁日常工作应该是在1951年。1949年5月,宁波宣告解放,位于天一阁之后的尊经阁内当时设有古物陈列所,范氏后人范鹿其任主任并负责兼管天一阁。1951年5月,鄞县通志馆编辑主任马涯民呈请市文教局将未分发完的《鄞县通志》、通志馆所藏书、物及通志馆代管之鄞县文献委员会书物归并古物陈列所以节省经费开支。同年9月,宁波市文教局同意将原鄞县通志馆和鄞县文献委员会并入古物陈列所,并委马涯民为负责人。

马涯民担任古物陈列所负责人一直到1959年3月才告结束,时间跨度将近八年之久。当时的古物陈列所主管图书和各项文物,兼管天一阁。我们可从现存天一阁的档案查阅到马涯民与范鹿其联合编制的该所1953年度常规预算,计有电灯费为36万元,电话费为

96 万元、搬运川旅费为 120 万元、整理书籍费为 80 万元、收购文物费 240 万元(不含陈列所职工工资和办公费)。年度预算表还显示临时费部分计有购置橱箱桌架 500 万元、办公寝室炊事用具 500 万元、厕所建设费 100 万元、电灯电话 200 万元、防火器械 200 万元和杂具零物 100 万元。

此外尚有许多涉及天一阁的修缮保养项目,如地板更换、楹柱油漆、插销配置、千晋斋、阁东小屋修理、前后假山和池塘修整,共计修理费 1050 万元。以上项目在 1953 年 9 月即告竣工,实际支出约计 710 余万元。另外还对天一阁旁的老大难民房问题,预算 4000 万元用于征用民房,这包括民房估价 3000 万元和修理费 1000 万元。我们可以从以上年度预算看出当时兼管天一阁的古物陈列所一年的经费支出情况和详细用途。

妥善解决办公用房难题,消除天一阁火灾隐患问题。天一阁东面及西首居民日常起居用火,对天一阁整楼藏书构成极大威胁。1953 年 1 月 11 日下午,在古物陈列所内召开由马涯民担任大会主席的第二次文物保护讨论会议上,马涯民、冯孟颛、杨菊庭三人向大会书面提议"天一阁房屋及书物为国内外著名最应保护的文物,现今防火设备不够,难免火烛危险,宜将阁旁厨房迁移尊经阁北首余地,同时在余地添建员工办公住宿等室"[1](图五、六)。

前已述及 1953 年度预算里虽然列有一笔专项征房经费,但事情远没有想像中那么简单。因为政府财政经费有限,且征房又须同多户房东磋商,而有些人甚至远在上海等地。

同年 3 月 13 日,马涯民向当局提交《关于要求解决办公用房的报告》。在报告中,马涯民对社会形势进行了认真分析,认为当局现在重点开展的是经济建设,暂时存在着无款可以划拨的事实,但是市政府可以通过拨给天一阁附近居民质量相当的没收房屋来与之交换。这样一来,不但可以消除长期困扰天一阁的火险

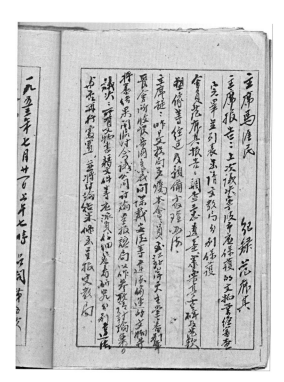

图五 马涯民在文物保护讨论会上的主席报告

图六 马涯民起草的《宁波市文物保护讨论会简则》

之虞,也不需要花费巨款建造天一阁办公用房,实在是一举两得。为圆满解决屋舍问题,马涯民等人在文保讨论会上多次商讨,并向当局数次呼吁尽早促成此事。后在相关部门的调解之下,最终由市政府征购坐落在原天一巷25号的房屋。

1953年11月8日,马涯民等40人被推选为文物展览会筹备委员。事情起因是宁波文教局为唤起社会大众对祖国文物的重视,打算在1954年春节期间举行一次文物展览会。在第一次筹备委员会上马涯民被委员们公推为临时主席,委员会下设秘书、征集、鉴别、编辑、陈列、宣传等六股,马涯民担任副主任和编辑股股员。出于安全的考虑,文物展览会最终选址在天一阁,各委员轮流值日办公,加上招募来的中学生维持秩序,保障了展览会的顺利进行,增进了宁波广大人民群众对地方文化的热爱。

作序古物陈列所《古籍阅览室古籍分类目录》,阐述六部图书分类法。马涯民的序言作于1957年4月,包含的史料信息较丰富,据此我们可以知道解放初期市古物陈列所储藏的古籍整体情况,比如当时收藏的古籍已经不下千余种,数量更是高达四万余册(均不含天一阁原藏书)。他将来源划分为三类:一为本地私人藏书家的捐赠,这占了最多数;二为解放时接管前鄞县图书馆的古书及宁波专区、宁波市拨给的没收书籍,这占了十分之一、二;三为用复本向各图书馆及古旧书店交换而来的图书,此类情况最少见。

针对如何更好地将近代中国才引进来的社会科学、自然科学、期刊、年鉴以及教科书等书籍进行汇集、分类,马涯民先生开创性地提出在中国传统图书分类法——经、史、子、集"四部分类法"基础之上,再设立综合部,以容纳丛书、类书、期刊、年鉴四类目;设立杂部,以容纳古时私塾读本、考试用书和近时学校课本、科技用书四类目,使古物陈列所收藏的书籍都能依照分类得以收录。马涯民自信地说:"(按照六部分类法)既不

致如昔年之十分类法,强把我国古籍零切碎割,归纳于十类之中;也不致如近年藏书家所编目录,强把我国所无有而新近出现的门类,硬行挤入四部里面。在我国图书馆分类目录还没确定以前,这样酌古准今的苦心,当能为我国图书馆界所共谅。"[2]

马涯民长期与古文献打交道,深知培养专门人才的重要性,因而他在当时对天一阁的管理方面提出了扶植青年骨干等有益意见[3]。对于天一阁藏书及接收的书籍书画须在伏天曝晒,但古物陈列所苦于人手不足一事,马涯民均想方设法予以圆满解决。1951年至1954年12月,古物陈列所获赠图书达一百数十箱之多,而这期间正是马涯民担任领导职务的时候。他还被推选为"整编书籍委员会"委员,编订获赠和接收而来的图书书目,以供后人查找研究之便,可见他对宁波地方文献的征集、保护和利用不遗余力(图七、八)。

图七　马涯民签名　　　图八　"马涯民"印文

马涯民与甬上宿儒冯孟颛先生交情深厚,文章往来频繁,曾联合修辑《鄞县通志·文献志》人物、艺文两编。冯孟颛曾担任重修天一阁委员会主任一职,亲手参与天一阁修缮工作,他亲眼见到阁内藏书凌乱,于是在征得范氏族人同意后,利用天一阁重修募集来的剩余资金编辑了一部天一阁史上重要的藏书目录《鄞范氏天一阁书目内编》。冯、马二人互知古文献目录学功底,在冯的盛情邀请之下,马涯民对该藏书目录书进行

了仔细审定。这也是新中国成立前最后一部关于天一阁的重要藏书目录。

1955年11月,马涯民被选为宁波市文物管理小组副小组长。1960年2月9日,宁波市文物管理委员会在天一阁成立,年事已高的马涯民先生出任副主任。同年,对宁波城厢文物古迹和古籍书画保护功不可没的宁波市古物陈列所宣告撤销,彻底结束了历史使命。

三、书写天一阁历史

马涯民撰写的长篇《天一阁记》作于1954年1月,它既是一篇描述天一阁丰富藏书文化的简史,同时也是一本记录马涯民自身在天一阁期间工作的总结报告,更是一部融人文掌故于其内的带有导览性质的经典游记。今天我们无论怎样来评价它都不为过,但是怎么评价也都绕不开"天一阁"这三个字。

《天一阁记》篇幅宏大,在同类文章中居首,它较详细地记述了天一阁的创阁时间、命名由来、民间传说、献书修《四库全书》、人员管理、千晋斋、明州碑林、藏书转移以及阁藏石刻等诸多情况。马氏对天一阁前后假山着墨颇多,如阁前假山,通过海礁石的点缀,辅以石笋、石桌、石凳、石洞、石桥等,营造出福禄寿三字和九狮一象的园林小品。而天一阁藏书楼建筑本体之后的假山构筑出一幅五狮献剑的全景,这是一般人所不太知晓,亦是别的文献未曾记录的。

《天一阁记》史料丰富,文章通俗易读。马涯民当年参与重修天一阁委员会,因而他的文章所含的史料可信度极高。据该文介绍,天一阁在重修之前四周都是一些低矮的瓦砾围墙;为防藏书盗窃,阁楼的前后围有木栅栏(这可在天一阁历史照片中看到),在重修之后才被拆除。原本天一阁范围极小,到阁后假山为止,重修之后才得以扩展(图九、一○)。

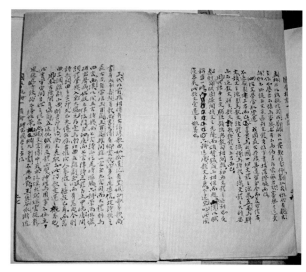

图九　马涯民捐赠的手稿(一)

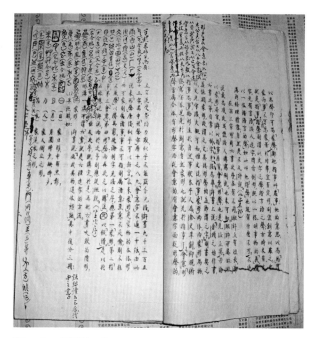

图一○　手稿(二)

天一阁建筑本体东墙曾在1933年毁于台风,但根据马涯民先生的记录,我们还发现天一阁前假山的东围墙在1953年8月亦被大风所吹倒。于是,将原本钱、张二公祠内遭人毁弃的甬上三忠遗墨刻石移嵌至修复后的该围墙内。时间应在当年的9月27日之前。甬上三忠指的是明末时期的陈良谟、钱肃乐和张苍水。甬上三忠遗墨刻石今藏天一阁东园凝晖堂帖石陈列室。

在文记中，马涯民提到当年曾发愿建造"新天一阁"的构想，这也是笔者首次见到此类史料。当年从现在中山广场迁到天一阁内的宁波府学尊经阁的用地是重修天一阁委员会向范氏族人购买而来的，原本打算再在尊经阁旁余地之上用钢筋水泥建造一座三层楼的房子，取名为新天一阁，把天一阁的古籍移藏到该楼进行保护，以免火灾。但是，因为抗战爆发，无法募集到足够多的建设资金，只好作罢。后来，天一阁内的古籍与落后的保存条件之间的矛盾愈发突出，政府部门终于拨款在尊经阁旁新建藏书库三层计960平方米，内藏天一阁线装古籍、器物等，则是在1981年了，这是后话。对天一阁进行的修缮工作严格执行"修旧如旧"的原则，尽量避免失掉文物原状，如阁板下面的藻井也是仿照《营造法式》描摹上去的，可谓颇为用心。

上文已提及古物陈列所缺少办公用房以及居民烧饭用火对天一阁构成严重威胁一事。马涯民在记文中对此写得更加详细，他呼吁政府拨款征集天一阁西首民房，并指出日后可将楼下改作古物陈列所员工办公和膳宿的地方，楼上储藏接管而来的书物，尊经阁陈列古器物供人参观，而天一阁仍旧保持明清时期的风貌，不再靠近火烛。后经市政府和省里派员数次考察，于1953年6月拨款三千万元征购西面民房，一千万元修理民房，另拨给一千余万元用于修理天一阁及添置器物。旷日持久的古物陈列所办公用房及天一阁火灾隐患问题就这样得到妥善解决。

马涯民的《天一阁记》最大史料价值是记录了解放初期他担任古物陈列所负责人的情况。如1952年发起成立"文物保护讨论会"，共同商讨如何做好宁波文物古迹保护（图一一、一二）。事情的起因是当时的市文教局鉴于市内外的文物古迹等，因为大规模的生产建设日益遭到破坏，所以下令古物陈列所召集地方爱

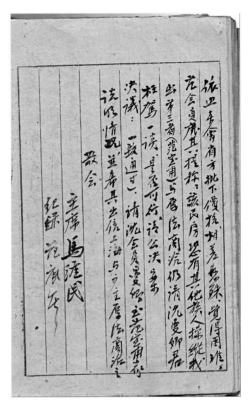

图一一　文物保护讨论会会议记录本(内页)

图一二　文物保护讨论会会议记录本书影

好文物和有特长者以及文教界人士组织了文物保护讨论会这一半官方半民间的团体，用来开会商讨文物保护的对策。这也是宁波成立最早的文物保护专业团体之一。

该文记述有详有略，但是同样彰显史料价值，如他写到1951年政府拨款400多万元更换天一阁遭白蚁蛀蚀的柱子两根，向我们传递出人民政府关心天一阁的积极信号。1953年7月，天一阁创建人范钦70岁时所塑的像从月湖碧沚范钦祠堂迁到天一阁一楼西室陈列。这些历史的细微记录有助于我们在充分掌握文献基础之上，着手开展对天一阁历史较有深度的研究。

马涯民先生有着对事物非凡的预估能力，他是已知有确切文字记录的率先提出天一阁是中国现存最古老藏书楼的人。他同情范氏族人制定的苛刻族规，如阁门与书橱门的锁钥分房掌管、烟酒火烛不许登楼等规定，并认为这些规定对阁楼存在至今是有效的。马涯民感慨"所以到现在，已经四百年光景，还有一部分古书存在，而且明末至清以来各地的藏书楼都归消灭，天一阁居然还存在，可以算作全中国最古的一所藏书楼，在全世界藏书楼历史最长的，也要排做第三了"[4]。

其实，早在一年前，他在《呈请批答文物保护讨论会提案由》（古字第15号，1953年1月13日）文件中，已经向宁波市人民政府文教局说明了天一阁在国内外的重要地位。时光匆匆，四十多年后，中国图书馆学权威专家在一次研讨会上也提出了这一论断，肯定了马涯民先生提出这一说法的准确性。

四、书香长留天一阁

马涯民先生一生孜孜不倦地从事中学教育、辞书方志编辑和学术研究工作，终年笔耕不辍，著作等身（图一三、一四）。早在1915年，马涯民即受聘进入上海商务印书馆，任字典部编辑。首版《辞源》问世后，他参与修订并校正达数百条，以深厚的国学功底令人刮

图一三　马涯民捐赠的书稿

图一四　马涯民著作书影

目相看。马涟民的著作既有研究性的学术专著,也有供中学师生阅读的教学参考书,此外还有不少实用性很强的字典类工具书。他学术兴趣浓厚,研究范围也十分广泛,主要著作有《诗的格式》《历代文学家年表》《微积分学》等。又与人合编《实用学生字典》,自编《平民字典》、《国音学生字汇》、《破音字举例》等书籍。他的代表作《国学概论》成为国学入门必读书籍之一,此书也奠定了马涟民先生在学术界的较高地位。

1961年8月,马涟民先生病逝。噩耗传来,生前挚友冯孟颛以"春风桃李花开日,秋雨梧桐叶落时"挽联,痛悼马先生的离去。他的子女遵照遗嘱将马涟民先生一生所藏书籍共计藏书78种288册和手稿如《中国近代文学史》、《国学常识教授本》、《中国文字学大意》、《综合检字法文字表清稿》、《国学常识》等16种[5]捐赠给国家,今收藏于马先生曾工作过的宁波市天一阁博物馆。马涟民先生牢牢秉承化私为公的藏书理念,他是学者型藏书家向天一阁赠书的较早代表和突出典范,后来引导了冯孟颛、朱赞卿等一批享誉江浙地区的大藏书家向"南国书城"天一阁捐献书籍的轰轰烈烈潮流。

毛翼虎先生在他的回忆录《梦幻尘影录》中这样评价马涟民先生:"宁波沦陷后这个有民族气节的老人,一不愿做汉奸,二无力去后方,因此来屈就奉化中学西坞分部主任的职务。解放后他是宁波市人民委员会委员,对天一阁及地方文献有很大贡献。"[6]笔者认为这是十分中肯的。

斯人已逝,书香长存。在全国重点古籍保护单位——天一阁博物馆三十万卷古籍所构成的茫茫书海之中,涌动着一泓来自马涟民先生无私赠予的清泉。这是发生在昨日的书林佳话,却也值得我们后来人深深铭记。

(作者单位:天一阁博物馆)

注 释

[1] "第二次文物保护讨论会议会议记录",天一阁博物馆馆藏档案,编号A9。

[2] 转引自骆兆平编纂:《天一阁藏书史志》,上海古籍出版社2005年,第107—108页。

[3] 周克任:《记马涟民先生》,《宁波文史资料》第3辑,第180页。

[4] 转引自骆兆平编纂:《天一阁藏书史志》,上海古籍出版社2005年,第368页。

[5] 周克任的《记马涟民先生》一文第181页将捐献数量记为"藏书78种285册和手稿16种"。有误。

[6] 见王永杰主编、宁波市政协文史资料委员会编:《宁波文史资料第18辑》(梦幻尘影录——毛翼虎自述),宁波出版社1997年,第68页。

弦上的风雅
——一座城市与藏书楼的琴事钩沉

谢安良　贺宇红

引　子

琴棋书画,文人四事,琴居其首。在中国,古琴是最古老的弹拨乐器,也是最具人格化的乐器。《红楼梦》第八十六回,贾宝玉得知林黛玉会弹琴时,便要林妹妹奏上一曲。林黛玉却道:"若要抚琴,必择静室高斋,或在层楼的上头,在林石的里面,或是山巅上,或是水涯上。再遇着那天地清和的时候,风清月朗,焚香静坐,心不外想。"又说:"若必要抚琴,先须衣冠整齐,或鹤氅,或深衣,要如古人的像表,那才能称圣人之器,然后盥了手,焚上香。"林黛玉不愧为一介才情女子,可谓深谙琴中之道。

在中国古代文人心里,古琴非寻常乐器,而是一种"圣人之器"。在文人雅士的生活中,古琴是作为"圣人治世之音,君子修养之物"的面目呈现的。它以其清、和、淡、雅的音乐品格,寄寓了中正平和的儒家情怀和超凡脱俗的道家境界。"众器之中,琴德最优。"千百年来,古琴远远超越了音乐的意义,成为中国文化和理想人格的象征。

古琴的历史,相传源于华夏祖先伏羲、神农削桐为琴,绳丝为弦,而其可考的历史至少在 3 000 年以上。

从春秋时期的《诗经》开始,历代大量的诗词、史书、小说、戏文、绘画等均有古琴的记述与描绘,可见古琴在古代广泛的社会生活基础。也正因如此,数千年历史的古琴得以"活态的艺术"传承至今天。

2003 年,古琴被联合国教科文组织列入世界非物质遗产代表作名录。

前章　四明琴操

在琴史上，宁波是一座占据着重要位置的城市。宁波与古琴的深厚渊源在于，宁波历代迭有琴家名手。北宋的高僧琴家从信、演化、则全等，南宋的吴文英、史弥远、丰有俊、朱翊等，元明时期赫赫有名的“浙派徐门”，直至清代的华夏、孙传霁、张锡璜等，四明与古琴有着难以割舍的缘分。除此之外，更有著名的古琴理论家、欣赏评论家袁桷、戴表元等，以及近代以来古琴收藏名家虞和钦、秦康祥等。

宁波保国寺是目前长江以南现存最古老、保存最完整的木结构建筑之一，也是现存宋、辽、金时代木构建筑中唯一可以和宋代《营造法式》木作规定相印证的建筑。负责修建保国寺大殿的是住持则全和尚。则全不仅是一名独具审美眼光的建筑师，而且是一名著名的琴家高僧。

北宋有一个琴史上很著名的琴僧系统。祖师爷是宋太宗的宫廷琴师“鼓琴天下第一”的朱文济。朱文济把琴艺传给和尚夷中，夷中又传给知白和义海，义海传给则全，则全传给了照旷。在这个延续了100多年的“琴僧系统”中，则全是其中重要的一环。

则全和尚，号“三学法师”，天台宗“山家派”大师知礼的徒弟。作为著名的琴家，则全先是跟师叔知白学琴，后又受师父知礼之命出游，跟义海和尚学琴，以琴传播“山家”思想。则全继承其师义海的传谱，琴曲演奏达到了很高的艺术境界，在当时颇受推重。

则全和尚著有《节奏指法》一书，从理论上总结了他的演奏经验，是琴学重要文献之一。宋人赵希旷评论：“宣和间所传曲调，唯僧则全为之胜。”说它是当时最好的传谱。《则全和尚节奏指法》后来收录于《琴苑要录》中，留传了下来，这是后人在古琴艺术传承发展中追溯古人指法的重要依据。

甬上另两位高僧琴家演化与从信，均出家于天封塔附近的大中祥符寺。宋真宗时，演化曾应召入宫传艺。史载北宋著名诗人苏舜钦家中藏有一张宝琴，约演化抚响，弹毕悦音久久不散。苏舜钦曾作《演化琴德素高昔尝供奉先帝闻予所藏宝琴求而挥弄不忍去因为作歌以写其意云》，诗中记述了演化入宫弹琴传艺，因其高超琴艺而声动千门的情景，并生动描绘了演化的高超琴艺：“风吹仙籁下虚空，满坐沈沈竦毛骨。按抑不知声在指，指自不知心所起。节奏可尽韵可收，时于疏澹之中寄深意。意深味薄我独知，陶然直到羲皇世。”

从信以精通于鼓琴而闻名于世。《延祐四明志》记载，北宋太宗当政期间，从信曾受太宗召见，获赐号并御批。

琴僧系统外，让宁波在琴史上占有重要位置的是“浙派徐门”。在中国琴史上，“浙派徐门”享有较高威望。明人刘珠《丝桐篇》提到：“迄今上自廊庙，下逮山林，递相教学，无不宗之。琴家者流，一或相晤，问其所习何谱，莫不曰：徐门。”

“浙派徐门”指的是徐天民、徐秋山、徐梦吉、徐和仲等徐氏家族一脉五代所创立的古琴流派。其创始人为徐天民。

徐天民，名宇，号雪江，严陵（今浙江建德）人，与浙派代表人物毛敏仲共同受业于浙派创始人郭沔（楚望）唯一的入室弟子刘志芳。徐天民经常来往临安、天台和明州间，曾客居于其入室弟子、翰林大学士袁桷的家塾。袁桷的家塾位于今宁波莲桥街毛家巷内。徐天民最大的贡献是使浙派古琴传统在家族内代代相传，形成渊厚的古琴家学，祖孙五代代有著名琴家。同时，他培养了袁桷、金如砺、何巨济等众多重要琴家，使浙派古琴音乐发扬光大。

徐门琴技经过徐秋山、徐晓山第四代传到了徐和仲。徐和仲，名诜，“浙派徐门”代表人物。明永乐年间,太子少师姚广孝向朝廷推荐"天下善鼓琴者三人",其中之一即为四明徐和仲。徐和仲曾辑《梅雪窝删润琴谱》,并创作名曲《文王思舜》。明成祖朱棣曾遣使召见,并予以赏赐。回来以后任四明邑庠训导27年,一直到逝世。

史载徐和仲的演奏"得心应手,趣自天成",远近人士慕名向他求学的很多。明嘉靖《宁波府志》记载了一则徐和仲琴艺的故事。当时宁波有一个姓薛的琴手,因为长于弹奏《乌夜啼》,人称"薛乌夜"。他自恃小有名气,不服徐和仲,很想让徐和仲弹奏《乌夜啼》一曲,与之比比高低。而徐和仲却总也不肯满足他的愿望。"薛乌夜"没有办法,只好求别人请徐和仲演奏此曲,自己藏在隔壁偷听。曲终之后,"薛乌夜"心服口服,拜倒在琴几之下说:愿为弟子,幸不负此生。徐和仲琴艺之高明由此可见一斑。

徐和仲之后,其二子徐惟谦、徐惟震,得家传,均为有明一代著名的琴家。

在"浙派徐门"弟子中也不乏古琴名家。袁桷(1266—1327),字伯长,号清容居士,元代翰林大学士,被誉为元代甬上第一大学士,有很高的琴学修养。19岁时成为徐天民的入室弟子。他所撰的《琴述》,为中国古琴文献史上的名篇。周冕,字汝服,居于日湖,徐和仲弟子,明代"浙派徐门"的重要琴家。

后章　古阁清音

近代之后,四明琴家断代,清音暂歇。又百年后,为四明重续弦歌的是百年藏书楼天一阁。古琴、琴谱、琴画,天一阁"琴学三藏"让文献名邦、东南名邑再续琴缘,重放清音。

第一段　古琴的新声

说到天一阁的古琴,不能不提一个人——秦秉年。因为天一阁现藏14张古琴均为秦氏所捐赠。秦氏家族为甬上望族,秦秉年先生是秦氏支祠主人的第五代后裔。其父秦康祥先生(1914—1968),字彦冲,原名仲祥。西泠印社社员。擅诗文书画,亦精鼓琴,工金石篆刻。秦康祥是近代著名的收藏家,家藏丰富,多属艺术珍品。他也是著名的浙派琴家和斫琴匠,收藏有十余把古琴。遵照父亲的遗愿,其子秦秉年先生曾先后于2001年、2003年两次捐赠家藏文物272件(套)。

2005年12月,秦秉年先生最后一次将家藏的文物悉数捐出,在这批捐赠物中有几件沾满灰尘、很不起眼的古琴。

若干年后,这批宝藏才被"发掘"出来。一个偶然的机会,著名古琴演奏家杨青来甬,为这批古琴做了初步的鉴定。后来又经过著名斫琴大师王鹏和著名琴家陶艺先生鉴定。鉴定结果令人兴奋:这确实是一笔宝藏,一笔天一阁400多年来未曾拥有过的宝藏。初步认定14张琴中有唐琴1张,元琴1张,明琴10张,清琴2张。

14张琴中,以一张题有"唐开元二年石上枯"的仲尼式墨漆古琴年代最为久远(图一、二)。

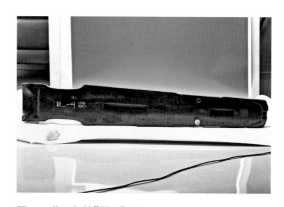

图一　"石上枯"琴(背面)

这张琴的鉴定还有一段插曲。2010年年初,著名琴家陶艺先生来到天一阁对所藏古琴进行鉴定。当时陶艺一见这张琴就眼前一亮,感到很是眼熟。原来20多年前他曾在上海赵孟頫后人、时任商务印书馆高级

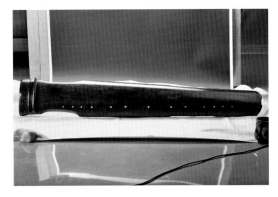

图二 "石上枯"琴(正面)

编审的赵鸿雪那里看到过这张琴的照片。当时赵鸿雪藏有"民国十大名琴"的玻璃版照片,其中一张即为题有"石上枯"字样的古琴。凑巧的是,1995年,陶艺还曾买到过一张"石上枯"琴的拓片。天一阁所藏的这张古琴腹内侧刻有行楷"唐开元二年雷霄斫"八字。结合其形制、制作工艺、漆胎和漆色及蛇纹断等综合判断,陶艺认定天一阁藏"石上枯"琴与赵鸿雪藏照上的"石上枯"琴应为同一张,是较为典型的唐琴。

这张琴凤沼上有一篆印"楚园藏琴",下方为"三唐琴谢"。"楚园藏琴"和"三唐琴谢"为清末藏书家安徽贵池刘世珩(1875—1926)的别号。刘世珩、秦康祥均为当时上海著名收藏家,可以肯定这张琴曾为刘世珩收藏,刘世珩之后,转藏秦康祥。

其实,"石上枯"琴历史上早有其名。从史料看,至少在元代,"石上枯"琴就已有记载。笔者在元《西湖志》中查到,西湖葛岭玛瑙寺高僧芳洲有古琴二:一名石上枯,一名蕤宾铁。并分别有赋诗。关于"石上枯"的诗中,芳洲提到"奇琴久蓄款识古,云是零陵水边石上之枯桐"。这里透露了两点信息:一是在元代,"石上枯"就是一张历史悠久的名琴;二是"石上枯"之名,其意为"石上之枯桐",点明了其制作材料。诗中又说"迩来居我玛瑙坡,声价压倒伽陀罗",可见其身价奇高,为主人所珍视。

后来,清末民初九嶷派创始人、著名琴家杨时百也

曾鉴定过一张"石上枯"琴。杨时百在其所著《琴学丛书》"藏琴录"中未录入"石上枯",但在其后的《琴学随笔》中专门提到了"石上枯"琴。

有唐一代,斫琴名家辈出,尤以西蜀雷氏家族为最著。雷威、雷霄、雷文、雷珏、雷迅……雷氏三代九位斫琴大家,号称"蜀中九雷"。唐琴历来为琴家推重,但除雷氏琴外,唐琴各名家均无作品流传至今。即便雷氏琴,据专家考证,全世界现存也仅18张,可见其珍奇。

除唐琴"石上枯"外,天一阁藏古琴中目前可考的还有两张明代名琴。一张为伏羲式墨漆古琴,龙池内有行书"嘉靖己卯岁孟夏,皇明衡国藩翁制"。"皇明衡国藩翁"即衡王朱佑楎。衡王朱佑楎(1479—1588),明宪宗朱见深第七子,成化二十三年(1487)封为衡王。

明代宗室造琴之多,可称空前,其尤者为四王琴。"四王",即明代宁、衡、益、潞四王。《琴学丛书》说:"明宁、衡、益、潞四王皆能琴,潞琴最多,益次之,宁、衡最少。"衡王琴传世甚稀,所知者仅清末民初杨时百旧藏宣和式太古遗音、涂东辰旧藏师旷式无名琴和郑颖孙旧藏伏羲式龙吟秋水等寥寥几张。

另一张为仲尼式墨漆古琴,龙池内有篆书"天启三年三吴张敬修斫"字样。张敬修,明代制琴名家。明代制琴高手很多,最著名的则要数张氏敬修、委修、顺修等人。明张岱《陶庵梦忆》称张敬修制琴为吴中绝技之一,"可上下百年,保无敌手",极其推崇。

第二段 琴谱的间奏

或许是天作之合,14张古琴的到来,恰好与沉寂已久的天一阁原藏琴学善本相配。天一阁藏琴学著作共有25种,既有古代琴谱,也有琴学著作。其最有价值的当算《浙音释字琴谱》、《三教同声琴谱》及《琴史》,其中前两部均为明代琴谱,皆为天一阁馆藏孤本,后一部为琴史专著(图三—五)。

上世纪80年代初,川派古琴家查阜西在全国普查

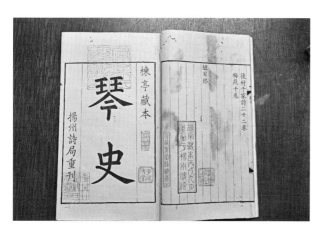

图三 《琴史》书影

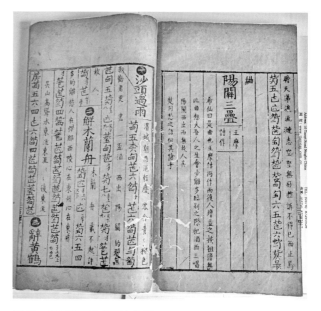

图五 《浙音释字琴谱》书影

传统的琴歌,其中一些还是现存最早的版本,其中以八段的《阳关三叠》最为有名。

《阳关三叠》是唐代著名琴歌,千百年来被人们广为传唱。琴歌以王维诗《送元二使安西》为词,全曲曲调纯朴,略带淡淡的愁绪,表达了离情别意及对远行友人的关怀。题中所谓"三叠"指的是全曲三段基本上是一个曲调变化反复三次。

《三教同声琴谱》是明代文人张德新辑录的儒、道、佛等"三教"音乐作品的古琴曲集,成书于明万历壬辰年。琴谱共三卷,收四曲,均有词。其中《释谈章》为首次刊传之佛教曲;另两首《明德引》、《孔圣经》为儒教曲,还有一首《清净经》为道教曲,故名《三教同声琴谱》。这些作品的刊刻,是明代中后期社会思潮和世风的必然,"三教同声"与当时"三教一理"的思潮是一致的,与明代宗教音乐的存在情况也相符合。

无论《浙音释字琴谱》,还是《三教同声琴谱》,其琴谱记录方法均为减字谱。减字谱是古琴谱最主要的记谱方式,它由汉字的部首、数字和一些减笔字拼合而

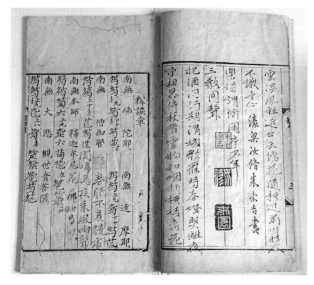

图四 《三教同声琴谱》书影

古琴谱。在天一阁善本库中,查阜西意外地发现了一本重要的琴谱,这就是《浙音释字琴谱》。

《浙音释字琴谱》是现存最早的古琴谱集。成书于1491年前,由南昌龚经(稽古)编释。原书残,现存两卷,录琴曲三十九曲。每曲逐音配有文字,大多难以演唱。天一阁藏明初龚稽古所辑刻本《浙音释字琴谱》,几百年来在天一阁出版的书目中及在天一阁的插架上都误记为"臞仙《神奇秘谱》"。

《浙音释字琴谱》的一个重要价值是它记录了一些

成,故称减字谱。减字谱这种古琴记谱方式,主要功用是"记指",也即只记录弦位和徽位、左右手的弹奏方法,但不直接记录音高、旋律。因此古琴传授往往需要老师"口传心授"配合。

《琴史》,成书于1084年,作者朱长文。为清乾隆刻本,全书共六卷。前五卷按时代顺序收156人与琴有关的事迹,有所辨证和评论。末卷为琴艺的专题论述。作为现存最早的一本琴史专著,《琴史》记录了大量琴家资料,其琴评多有精辟独到处,为后人提供了珍贵的琴学参考。

这本《琴史》还是甬上私家藏书楼倾诚捐助天一阁的重要见证。它是民国时期宁波藏书家、文物鉴定家朱赞卿别宥斋捐赠的10万余卷藏书中的一种。

第三段　琴画的对话

《礼记》云:"士无故不撤琴瑟。"古琴既为文人雅士不可或缺的修身养性之器,必然在文人的生活中扮演重要角色。在中国古代的绘画中,古琴出现频繁,著名的如晋顾恺之的《斫琴图》、宋赵佶的《听琴图》、元赵孟頫的《松荫会琴图》、明唐伯虎的《雪山会琴图》等。天一阁藏琴画以扇面为主,人物刻画精细,山水勾勒工致,笔法秀媚古雅。

画中文人雅士或柳下,或石上;或溪畔,或山谷;或竹林,或松荫;或梅丛,或荷塘;或操琴,或听琴,演绎着中国传统文人的生活形式,透露的则是传统文人的人格精神和处世大道。画中人物仙风道骨,山水林树萧瑟疏淡,画笔散漫,看似随意,其实是将古人那种愿意隐遁山林的性格和内在的思想,涂抹在画面的一枝一叶之间了。

画人抚琴,琴人作画,参化渗透。就艺术意旨而言,琴与画是彼此融通,相互促发的。

中国的写意水墨画清淡、空灵、雅致,简简单单、虚虚实实几根线条,就勾勒出中国哲学蕴涵的精髓。

琴音清而不浅,晦而不涩,疾徐相间,仿佛中国画中的

那种水墨烟云,极讲究情景相融的蕴藉(图六—九)。

图六　程萌"鹤听琴图"(吴曾善行书)设色纸本成扇(天一阁藏)

图七　程萌"鹤听琴图"(吴曾善行书)设色纸本成扇背面

图八　郭兰祥携琴访友图(陈澹如隶书)设色纸本成扇(天一阁藏)

图九　郭兰祥携琴访友图(陈澹如隶书)设
色纸本成扇背面

古琴稀稀疏疏的萧瑟之气,排布下一个"弹欲断肠"的气场,由此产生的"乱声",有一种流溢之美。中国山水画的散点透视与古琴的漫无节奏,一同验证了中国美学的古典精神——一种自由出入于天地自然的人文情怀和整体意境。绘画和琴声疏淡的背后,其实是一种精神自由,一种超然物外的风骨。

古琴的气质四个字:清、微、澹、远,古琴的审美情趣"和雅"、"清淡",古琴的韵味虚静高雅。弹琴者须将外在环境与平和闲适的内在心境合而为一,方得琴中妙趣。

传说,伯牙曾跟随成连学琴,虽用功勤奋,但终难达到神情专一的境界。于是成连带领伯牙来到蓬莱仙境,自己划桨而去。伯牙左等右盼,始终不见成连先生回来。此时,四周一片寂静,只听到海浪汹涌澎湃地拍打着岩石,发出崖崩谷裂的涛声;天空群鸟悲鸣,久久回荡。见此情景,伯牙不禁触动心弦,于是拿出古琴,弹唱起来。他终于明白成连先生正是要他体会这种天人交融的意境,来转移他的性情。后来,伯牙果真成为天下鼓琴高手。

心物相合,方能人琴合一。这才是琴家追求的最高艺术境界。

从这个意义上看,绘画与弹琴,有着一种精神上的相互贯通。

尾　声

"泠泠七弦上,静听松风寒。古调虽自爱,今人多不弹。"刘长卿《弹琴》讲的"今人"不爱弹琴,其缘由实是古琴的淡远之旨、超然襟怀不为世俗所理会、所崇仰。但在风雅四明,弦歌却是不会断的。

"青山不墨千秋画,碧水无弦万古琴。"山水万古依旧,风雅千秋不绝。在"今人多不弹"的年代,在百年藏书楼天一阁,再次响起梧桐清音。6月11日至12日,天一阁的古琴、书画荟萃,名家云集。画家江文湛、陈永锵、老圃等,琴家李祥霆、龚一、陶艺等,或作画,或抚琴,重现四明文人风雅之会,以"活态的方式"传承四明古琴文化。

(作者单位:宁波日报、天一阁博物馆)

博物馆古琴活化收藏与保护

陈亚萍

为更好地保护与利用博物馆馆藏的珍贵古琴，浙江省博物馆近日举办了中国古琴国际学术研讨会暨凤凰和鸣——浙江省博物馆藏唐代雷琴演奏会。来自海内外琴学领域的琴学专家学者吴钊、龚一、成公亮等，以及全国各大藏琴丰富的博物馆代表们共40余人参加了此次古琴国际学术研讨会。研讨会围绕着"中国古琴文化研究"、"古琴的保护与利用"和"杨宗稷与近代琴学"三个主题，展开深入的探讨与研究，以博物馆馆藏古琴为代表的乐器类文物如何保护与利用成为讨论的重点。

在浙江音乐厅举办的浙江省博物馆藏唐代雷琴演奏会，其亮点是：名琴名家。名琴是浙江省博物馆馆藏珍贵文物："彩凤鸣岐"琴与"来凰"琴演奏；名家是囊括了当今海内外古琴艺术界深具威望和影响力的古琴大家：吴钊、成公亮、姚公白、刘善教、李明忠、丁承运等，其中不乏国家级非物质文化遗产项目（中国古琴）代表传承人。

"彩凤鸣岐"琴与"来凰"琴是传世古琴中的鸿宝重器，系出名门，虽有千年高寿，但保存完好，声音更是让人称奇，因此两琴在经过精心的修复后，装配上采用传统制法的丝弦——"太古冰弦"，即能奏出美妙的清音，这是促使我们举办此次演奏会的最大动因。演奏会的推出，引起了各方的关注。与会的中国古琴艺术界的专家、学者，对浙江省博物馆能将如此珍贵文物作为乐器演奏，无不表示赞赏。来自香港的著名琴家谢俊仁说："就是希望博物馆开始把它们的重要的藏品，不但是放在展览馆，而且让音乐家去弹奏，那么乐器就有生命了。"古琴爱好者对此次演奏会反响热烈，好评如潮。

"今天对于我来说是幸运的，很少有人有机会亲眼目睹文物的实用价值。现场弹奏的曲子都是唐代的古琴经典曲目，不经意间就会把人带入唐朝时代。"古琴爱好者谈少飞道出了所有音乐爱好者的心声。

面对专家学者和普通观众的反响，如何更好地保护与利用馆藏古琴成为我们思考的重点，以博物馆馆藏古琴为代表的乐器类文物在进入博物馆之后，是否需要重新唤醒它作为乐器的本身功能呢？是否可以在博物馆里继续为大众发挥更多的价值呢？

活化收藏重新唤醒古琴的生命

现代琴坛对于公共收藏机构博物馆的馆藏古琴，一直存在着这样的争议：古琴进了博物馆之后，"活琴"就成了"死琴"。何谓"活琴"，何谓"死琴"？"活琴"是指古琴不仅能看，还能弹奏；"死琴"的概念是：只能看，不能弹奏。为何会有这种说法呢？因为入藏博物馆后，古琴作为文物研究和保护的对象，重视古琴作为文物的价值，即历史文化的价值。"馆藏古琴两个属性，一个是乐器，一个是文物"（龚一，《馆藏古琴的应用》）。进入博物馆后，馆藏古琴就往往失去了作为乐器的本身属性和主要功能，其生命似乎在进入博物馆时就被宣告"死亡"，只剩下了文物的属性，所以才有了"死琴"的说法。

然而进入博物馆典藏的古琴，是否就真的成了"死琴"呢？是否真的就不能再发出声音了呢？是否其作为乐器的生命就终结了呢？其实不然，现存大部分博物馆馆藏古琴，基本上都是可以弹奏的老琴，且古琴的音色、音量在入藏博物馆半个世纪之后，仍然相当出色。这些沉睡多年的老琴，并未因入藏博物馆库房而失去了生命，相反，在博物馆的保存之下，躲过了天灾人祸，得以重新被世人所熟悉，静静地等待着唤醒它们的时刻到来。因而，作为公共收藏机构的博物馆，不仅

有责任，而且有义务唤醒沉睡多年的馆藏老琴，活化收藏，让老琴们重新焕发生命，弹奏出古色古香的唐宋清音。

古琴兼具有形与无形文化遗产的价值

2003年11月7日，中国古琴被联合国教科文组织列入世界第二批"人类口头和非物质遗产代表作"名录，以无形文化遗产的方式得到了世界的认可。博物馆馆藏的传世古琴，作为文物收藏和保护的对象，则是公认有形的琴文化遗存的载体。以古琴为代表的馆藏乐器类文物本身有着双重属性的特殊性，因此博物馆对于馆藏古琴的保护与利用，应遵循馆藏古琴所蕴含的双重价值的原则，兼顾两头，既重视馆藏古琴作为文物典藏、展示的有形文化遗存的价值，也应挖掘古琴作为非物质文化遗产隐含的更为深厚的历史文化积淀，其中古琴的音色就是一项最为关键的内容。

以往，博物馆对于馆藏古琴的研究，偏重于器形、断纹、铭刻、断代等，而古琴的音色，则不在研究和保护的范围之内，往往被博物馆藏琴保护和研究所疏忽。古琴，作为中国传统的乐器，它的声音有着不可替代的作用，对于音色的追求是历代琴人选择的主要标准，也形成了独特的审美标准，在深厚的古琴历史上占有重要的地位，有着举足轻重的影响。如杨宗稷对古琴音色的偏爱，认为非"音韵全美"，否则不会收藏在手。试想，如果一张古琴，仅仅是因为有着非常漂亮的断纹与外形，而没有传世的声音，怎么可能在历经岁月的沧桑之后，还能留存下来呢？古琴的音色，尤其是唐宋名琴的音色，已经与现代的琴人越来越远。有很多古琴，如大名鼎鼎的雷琴，对于它的音色，后代的学者也只能从文献中去寻找，而聆听则成为一种奢想。文字性的描述，自然没有真实地听到琴声来得真切与可靠，尤其是对于古琴的斫制而言。因此，一张能够演奏，且发出美

妙声音的古琴,它的研究意义,与只是研究琴的形制、断纹、铭刻不可同日而语。现代的斫琴者,可以通过聆听唐宋古琴发出的原汁原味的声音,准确地追寻到中古时代制琴名家们的心声,与唐宋时期斫琴名家的审美标准重新接续,对于复原古琴的音色、音量,以及古琴的斫制工艺,有着极为重要的意义。

基于博物馆馆藏古琴具有双重属性的考虑,我们对入藏博物馆的传世古琴,在保护、收藏、使用上,应该更多地考虑如何来发掘古琴的乐器属性,使传世古琴更能发挥其所具有的独特价值,以下是我们的尝试与设想:

(一)对馆藏古琴进行系统整理、鉴赏,进行合理的修复与保养

博物馆馆藏古琴,在多数情况下,往往不主动做修复,不上弦,也不做技术修复处理,以保持入馆原貌为现状的保护原则。馆藏传世古琴在未进入博物馆之前,是在代代琴人之间相传,历代以来的琴家对于名琴、鉴赏、题刻、保养、修复,殚精竭虑,尽心尽力地守护这些珍贵的文化财富,才使得我们在千年之后,仍然有幸看到它们。如浙江省博物馆收藏原清末琴学泰斗杨宗稷旧藏的14张古琴,每一张琴杨宗稷都是精心呵护和维修,使得它们的生命延续到现在。

浙江省博物馆延续传世古琴鉴赏与修复的传统,于2005年邀请了当代著名琴家成公亮、丁承运对馆藏古琴进行系统鉴定,寻找到了在琴坛失踪半个世纪之久的杨宗稷藏琴,认定至少有10余张琴为唐宋古琴,其中的五张为唐琴,且有出自唐代最负盛名的斫琴高手雷威、雷霄和李勉之手的。如此珍贵的传世唐宋古琴重新被发现,对于我们而言,如何保护成为当务之急。在2009年特聘请著名斫琴名家、琴学家、陕西艺术研究所特聘教授李明忠对馆藏30余张古琴,运用传统古法,进行了系统而精心的修复和保养。对于馆藏古琴,依据每张古琴的琴性,分别安装上传统的丝弦,保持了力学上的平衡,防止古琴因为久不张弦而散架、

变形,更有利于古琴的保护。因此博物馆对馆藏古琴保持原貌的原则与规范,是否适用于古琴这一特殊的乐器类文物呢?这一点值得商榷与探讨。

(二)展示馆藏古琴,传播古琴文化

展示是现代博物馆实现其教育功能最有效的途径与方法。博物馆馆藏古琴在经过系统整理鉴赏和合理修复后,发掘古琴的历史、文化、艺术价值,将古琴的非物质文化遗产属性与有形物质文化遗存的属性结合,系统地展示古琴非物质文化背后所蕴含的文化、历史信息,如古琴文化渊源、斫制技艺、传世名曲、古琴流派、琴谱与指法等均可以提炼,做专题陈列。在这一点上,浙江省博物馆走在全国的博物馆的前列,于2009年在武林馆区推出古琴非物质文化专题展示"非凡的心声——世界非物质遗产中的中国古琴",是中国首个古琴的专题陈列馆,大规模地专题展示古琴的历史与文化,将古琴的历史、古琴的制作与演奏等古琴所包含的丰富文化信息,以馆藏古琴为载体,运用现代展示手法,将馆藏古琴与古琴深厚的历史文化内涵结合,全面地呈现给观众,获得了良好的评价。

同时,浙江省博物馆积极与海内外收藏传世古琴的机构、个人展开交流,在三年内将举办规模较大的唐宋古琴大展,汇聚传世名琴。此次中国古琴国际学术研讨会的召开,相互交流了信息,对全国的藏琴状况做了一个全面的了解,尤其是海外的藏琴情况,为三年内将举办的唐宋古琴大展做了铺垫。

(三)活化保护,以人养琴,不但发挥其作为乐器的功能,而且也有助于古琴的保护

馆藏古琴的保护,与一般的文物不同,反而类似于传统的建筑物。我们常常会说,传统的民居有人住,它的生命力往往很长,而一旦无人居住,房屋会坍塌,古琴也是类似。"古琴属于漆器,一般而言漆器的确很难保存。而这两把古琴之所以能保存下来而且还能使用,是因为历朝历代都有人在使用它。古琴在安装上

琴弦以后，就能保持力学上的平衡，因而就不至于散架。'彩凤鸣岐'至今仍能使用，就因为在历经千年中，它没有像其他文物一样被束之高阁，而是每隔一段时间都有人给它装上琴弦来演奏它，使它保持这种力学的平衡。这也是我们这次把它拿出来让名家演奏的原因之一"（范珮玲，2010）。因此，对于馆藏古琴的保护，需要更多地赋予它生命的保护，即我们需要邀请当代的名家，在保证古琴的安全情况下，以人养琴，重新焕发古琴的生命，这也是我们此次举办"凤凰和鸣——浙江省博物馆馆藏唐代雷琴演奏会"的初衷之一。"长时间不震动，它的声音就闷掉了，它震动了以后木的结构松弛了，松了，对声音也有好处"（龚一，2010），从中我们可以了解到适当地弹奏古琴，适度地震动琴体，对古琴声音的恢复有着良好的作用，也能让我们真正地全面地认识和分析馆藏古琴的面貌。

（四）活化收藏，名琴名家，形成系列，扩大影响

浙江省博物馆对馆藏唐宋元时期的古琴，一直有一个很好的设想："名琴名家"，活化收藏。浙江省博物馆拟以馆藏唐、宋、元名琴如"彩凤鸣岐"琴、"来凰"琴、"谷应"琴、"秋鸿"琴、"春雷秋籁"琴、"号钟"琴、"韵雪"琴、仲尼式七弦琴、"风鹤"琴、"大成"琴演奏，以五年或十年为一周期，每半年或一年以固定时间、固定场所，分别邀请海内外古琴名家大师，举办音乐会。音乐会的方式与规模都是可以调整的，既可以是小规模范围内的雅集，也可以是规模比较大的音乐会。古琴大师们遵循计划表，若有变动，提早三个月告知馆方，馆方重新调整，长此以往，"名琴名家"就成为定期举办的古琴艺术活动。广大古琴爱好者可以通过网络提早得知预定的时间计划表，不管是国内，还是国外，都可以按照计划表，预定时间前来欣赏。

"凤凰和鸣——浙江省博物馆藏唐代雷琴演奏会"是浙江省博物馆在2008年以馆藏"彩凤鸣岐"琴与"来凰"琴录音，成功发行"凤凰和鸣"CD后，又一次对馆藏古琴使用的实践，是对馆藏古琴"活化收藏"的一次探索：邀请海内外古琴名家，以演奏会的形式，选取中短小曲，指法以轻快为上，适度弹奏，使千年唐琴重新焕发出难以抵挡的魅力。

浙江省博物馆对馆藏古琴的设想，是想将博物馆馆藏的"死琴"变成"活琴"，活化收藏，并积极吸取国内外博物馆界对馆藏乐器类文化保护与应用的经验，如中国台湾奇美博物馆、比利时乐器博物馆、英国乐器博物馆等，将馆藏珍贵的小提琴，以严格的申请与检查程序，出借给当代小提琴家在重要音乐会或录音时使用。海内外的这些活用藏品的做法，也为我们更好地利用馆藏古琴提供了新的思路。

（五）博物馆应该成为传承与发扬古琴文化的重要阵地

拥有丰富古琴收藏的博物馆，除了通过展示、展览和研究、鉴赏博物馆馆藏古琴等常规手法外，还应积极拓展馆藏古琴的影响力，带动古琴艺术的传承与发展，使博物馆成为古琴弘扬与研究的重要场所。

与"名琴名家"系列活动同步展开的是名家讲座。我们将尝试定期邀请当代古琴名家，以古琴艺术为题做专场演讲，传播传统乐器的知识，普及古琴文化。成公亮先生与戴晓莲女士都认为以讲座音乐会的形式，边弹边讲，气氛轻松，讲座与演绎交融，更容易使得古琴音乐艺术传播开来，使传统的古琴艺术在年轻的群体中得到更为广泛的传播。

博物馆也可以与高校、琴社展开合作交流，定期邀请几位当代名家弹奏馆藏古琴，让学生们感受一下唐琴、宋琴的音色，缩短与馆藏古琴的距离感，真正地感受、感悟蕴涵着中国传统文化的载体——古琴的艺术魅力。

结　语

对以馆藏古琴为代表的乐器类文物的收藏、保护

与应用的探索刚刚起步,是一项系统而复杂的工程。浙江省博物馆在近几年做了一些尝试与努力,集思广益,尝试改变博物馆馆藏的传世古琴"只见其形,不闻其音"的状态,将沉睡已久的馆藏老琴重新唤醒,开创了馆藏古琴作乐器演奏的先河,为以古琴为代表的馆藏乐器类文物保护和利用提出了新的应用模式。我们也希望得到各地博物馆同行和琴坛的关注,共同推动以馆藏古琴为代表的乐器类文物收藏、保护与应用,唤醒它们,延续它们的生命。

（作者单位：浙江省博物馆）

从出土越窑茶具看浙东茶文化的兴盛

徐学敏

茶具,是指加工泡饮茶叶的用具。宁波饮茶历史悠久,最近在日本金泽大学举行的宁波余姚田螺山遗址自然遗存综合研究日方成果报告会上,专家宣布田螺山遗址出土了6 000年前的人工种植的茶树,为世界最早种茶之发现。史载,西汉时,四明山中有大茗,时以鲜叶晒干成茶,即有绿色珍珠之雅称。自唐中叶起,得益于地理优势、温暖湿润的气候条件、经济繁荣、文化昌盛,经茶圣陆羽的倡导,使茶叶逐渐成为浙东人颇为喜好的饮品。浙东茶文化的兴盛,更可以从出土越窑茶具上得到印证。

一、出土越窑茶具的种类

"越窑"之名,最早见于唐代。唐代开始以所在州名命名有名的瓷窑,唐代茶圣陆羽在他所著的《茶经》中,根据品茶的要求,对各地几个重要瓷窑烧制的茶碗进行了排列,评曰:"碗,越州上,鼎州次,婺州次,岳州次,寿州、洪州次。"他还说:"越瓷类玉,越瓷类冰。"当时,越窑的主要窑场在越州的余姚、上虞一带。因此,越窑是指唐代天宝年间坐落在越州辖区(会稽、山阴、诸暨、余姚、剡县、萧山、上虞七县)内的窑场,以出产类玉似冰的青瓷而著称。超出这个范围的其他地区的窑场,尽管生产越窑风格的青瓷,但不能称之为越窑,而只能归之为越窑系窑场。越窑自东汉开始生产,一直到宋,延续千余年。

浙东出土的越窑茶具主要有6种:

1. 杯:一种为汉晋耳杯。形如船形,深腹,两边突出两个小耳,方便人们拿捏。这种东西既是饮酒的用具,也是饮茶的用具。由于它仿小船,可盛酒或茶在水上漂流,晋代书法家王羲之写《兰亭序》时,就用这种耳杯饮酒雅乐,称为"曲水流觞",即耳杯漂到谁的跟前,谁就必须当场作诗,作不出者饮酒。宁波镇海区汉墓中出土了盘上置耳杯与碗的配套饮具,反映出早期古人饮酒和饮茶的用具是可通用的。《三国志》记载"孙皓密赐茶以当酒",《晋书》记载了东晋桓温招待宾客,不多备酒菜,主要供的是茶果,说明自古人们待客就有以茶代酒的习惯。另一种为西晋鸟形杯,造型为一只展翅飞翔的小鸟,鸟尾可作杯柄。再一种为唐代划荷叶纹海棠式杯,杯口呈椭圆的海棠形,内壁两侧及两头分别刻画写意荷花四朵,这种海棠式造型,小者为杯,大者为碗。

2. 碗:碗是泡饮茶的主要用具。在唐代,茶圣陆羽评价越窑茶碗列全国首位上品,唐代茶碗主要为敞口、斜直腹、玉璧底,装饰技法有划花、印花、堆塑、褐色彩绘、金银饰等,花纹有荷花、荷叶、鱼纹、葵花、云纹、鹤纹、龙纹等。

3. 托盏:由盏和托配套组成的茶具。茶盏为饮茶用具,由盅演变而来,基本器型为敞口小足,斜直壁,一般较碗小,较酒杯大。据考古和文献资料证明,瓷盏在东晋时已有制作,所见实物器形为直口直腹壁,饼状平底足,施青釉。南北朝时饮茶之风逐渐流行起来,茶盏多有生产,唐代及五代时期的茶盏以南方越窑和北方邢窑最著名(图一、二)。唐时茶盏又称"瓯",陆羽《茶经》中说:"瓯,越州上,口唇不卷,底卷而浅,受半升而已。"越窑盏多配有盏托,其托常常设计成荷叶卷边状,上托莲瓣状茶盏。唐代饮茶方式主要为煎煮法,即将以茶叶制成的茶饼碾成茶末后用开水煎煮,煮浓后盛到茶盏中饮用,饮用时将汤及茶末一起喝下。为防止刚烧开的茶汤烫手,也为了敬茶礼节的庄重感,唐代流行"茶托子"——盏托,相传为"建中(780—783)蜀相崔宁之女"所发明。宁波博物馆藏有一件国家一级文物"越窑秘色瓷荷形托盏",堪称茶盏极品。该托盏为

1975年宁波市和义路遗址唐大中二年纪年墓中出土,包括茶盏和盏托两件器物配套组合而成。茶盏高6.5厘米,口径9厘米,造型犹如一朵盛开的莲花,口沿作五瓣花口弧形,外壁压出内凹的五条棱线,形成五个花瓣的界线效果,茶盏内外素面无纹;盏托高3.4厘米,口径15厘米,仿荷叶形,薄薄边缘四等分向上翻卷,极具被风吹卷的动感。盏托中心内凹,刚好稳稳地承接茶盏,看上去似一件不可分开的整体,构成了一幅轻风吹拂的荷叶载着一朵怒放的荷花在水中摇曳的画景,整个托盏青翠莹润如玉,青釉亮洁均匀,胎釉结合紧密,胎为浅灰色,造型设计巧妙,制作精致。

图一 五代越窑秘色瓷碗

图二 唐越窑茶盏和盏托

4. 壶：宁波博物馆藏有大量越窑壶类文物，一种是自西晋至隋唐的鸡首壶；一种是盘口壶或敞口壶；一种是瓜棱执壶或带錾双系瓜棱壶；再一种是带盖长流执壶。宁波博物馆藏越窑壶种类众多，均是贮酒、茶、水通用器物，其中有件秘色瓷执壶为国家一级文物（图三—七）。

图五　唐越窑盖罐　　　图六　五代越窑双鹤纹壶

图三　唐越窑凤头壶

图七　唐越窑瓜棱执壶

5. 茶碾：唐代饮茶是煎煮法，须将茶饼碾成细末放入沸水中煎煮，并加入盐、姜、葱等调料。宁波和义路唐码头遗址出土的一套茶碾，由碾子、碾槽组成，是加工茶叶的用具。1988 年日本福冈鸿胪寺遗址也出土了越窑青瓷茶碾轮，研究确认是从宁波输入的。

6. 大盆：宁波博物馆藏有一件罕见的唐代"双复系大盆"，因盆的口沿上有环形双系而得名，该盆腹深壁厚，应是煮茶之器。

二、越窑茶具海上贸易的繁荣

1973 年，为配合当时挖防空洞的需要，在宁波市区

图四　西晋越窑提梁人物鸡头壶

和义路、东门口进行了为期3个月的考古发掘,发现了唐、五代、宋明州城门遗址、城外造船遗址,出土了900多件文物和一艘龙舟遗物,其中大量的越窑茶具均是贸易瓷,反映唐代宁波已形成了繁荣的海上茶叶之路、海上瓷器之路。

近年,在朝鲜半岛、日本、越南、菲律宾、印度尼西亚、印度洋沿海国家和北非的埃及,都出土过唐代从明州港运出的越窑茶具。2003年至2005年,在印度尼西亚爪哇北岸井里汶外海,考古人员从一艘北宋早期的海上贸易沉船上,打捞出10余万件越窑青瓷。

越窑青瓷技术在10世纪初传到了朝鲜半岛,使朝鲜半岛烧出了与越窑器形、釉色相似的高丽青瓷,其中就有大量的茶盏托、茶盅等器物。

三、浙东禅茶文化的融合兴盛

出土的越窑茶具,大部分从器形到纹饰都烙上了深深的佛教文化印痕。有的茶盏作莲花形或刻画莲花纹,有的执壶盖作塔刹宝珠状,充分反映了禅、茶两种文化的高度融合。

唐宋时代明州著名的有天童寺、阿育王寺、雪窦寺、瑞岩寺、金峨寺和开元寺等。这些名寺中有3个被列为"五山十刹"的行列,都是佛教传播的圣地。宁波鄞县《金峨寺志》载,唐代高僧百丈怀海禅师是该寺的开山祖,他制定的《百丈清规》将坐禅饮茶列为宗门范式。

《百丈清规》"赴茶"条:"方丈四节将为首座大众茶,库司四节将为大众首座大众茶,旦望巡堂茶、方丈点行堂茶等……"其"清新住持"文中有"鸣僧堂中集众门……将茶汤礼。"法堂设两鼓,居东北者称"法鼓",居西北角者称"茶鼓",讲座说法擂法鼓,集众饮茶敲茶鼓。

在寺院里设有"打茶",多至"行茶四五匝",借以清心提神。茶院中还专门设"茶堂",供寺僧坐而论道,辩说佛理或招待施主。设"茶头"专烧茶、献茶酬宾,设施茶僧为行人施茶,寺院专门有种茶,上供诸佛菩萨及历代祖师之茶,称"奠茶"。寺院依"戒腊"年限的长短,先后奉茶,称"戒腊茶",主持或施主请全寺僧众饮茶称"普茶"……茶会成为佛事活动的内容。凡此种种来源于坐禅饮茶,已成为禅事之一体,成为佛教丛林的法门规式。所以唐代明州的天童禅寺、阿育王寺等名寺,不但有专门生产茶的茶园(场),而且寺院中佛茶一体交融极盛,也就是说饮茶从技艺提高到精神的高度,使佛与茶、禅文化与茶文化终于交相圆通。

宋代明州天童等寺院中,有一套肃穆庄严的寺院茶礼和茶宴。茶宴开始时,众人团团围坐,主持按一定程序冲沏香茗佛茶,依次递给大家品尝。冲茶、加水、品饮等都按教仪进行。"吃茶去"成为禅林的法语。"吃茶"在禅人修行中就是坐禅、论佛的意思。

佛教认为茶有"三德":一是醒脑,坐禅通夜不眠;二是助神,满腹时能助消化,轻腹时能补充营养;三是清心"不发",不乱性。众多高僧对茶的推崇,使茶成了养生正心之物,众僧视茶为"神物",以茶养生,以茶供佛,以茶释经,以茶祭祀,以茶正心。值得一提的是,怀海制定的《百丈清规》倡导的是一种"禅农"思想,"一日不作,一日不食",因此,禅寺之茶都是自家种植的,而不是化缘来的,禅宗的兴盛也就推动了茶文化的兴盛。

综上所述,著名的越窑瓷器、得天独厚的贸易港口、海天佛国的圣地,这三者造就了浙东茶文化的传播、交融和兴盛。

(作者单位:宁波市文广新闻出版局)

日本茶室中的禅语与禅画

滕 军

　　日本茶道作为一种文化形式,它的许多现象是接受了禅宗的影响的。例如,茶人的正装为黑一色的袈裟。这与禅宗里的僧服是相同的。茶人在点茶时,必须穿白布袜,这也是禅寺的习惯之一。茶食的日文名称为"怀石"或"温石",取名于禅僧打坐时,为挨过空腹的痛苦而揣进怀里的烧热了的石头。在吃茶食时,不准张口咀嚼食物,咀嚼时不准出声之类的规定也来自禅寺。吃完茶食要将自己用过的碗——用纸擦净,这一习惯也与禅寺一样。在召唤客人入席时采用鸣锣的形式也与禅宗相同。

　　但是茶道作为文化的表现形式,与禅产生明显关系的是在壁龛上的禅语。

　　《南方录》中指出:"挂轴为茶道具中最为重要者,乃客、主得茶汤三昧、一心得道之物也。"这里说的挂轴中就包括禅僧的墨迹。在日本茶道从一种以社交为中心的风雅的游戏,以美术鉴赏为中心的单纯的生活艺术,升华至茶禅一味的"美的宗教"的过程中,墨迹起了决定性的作用。

　　在珠光以前,日本茶室里挂的是从中国进口的高级绘画,在15世纪的将军足利义政所收藏的艺术品登记册《君台观左右帐记》中,竟没有一幅墨迹。在当时,墨迹只是禅寺的专有物,与茶道无关。珠光参禅于一休,从师傅处领得印可证书——圜悟克勤的墨迹之后,茶室里开始悬挂禅语。由此,茶道逐步走向以禅为宗旨的道路。津田宗达写的《茶汤日记》,记载了自1548年至1566年18年间的430次茶会。其中挂轴为绘画的记载约为100次,挂轴为墨迹的记载大约为60次。绘画的统计多于墨迹说明了在宗达的时代,书院茶的遗风还相当严重,珠光的草庵茶只影响到茶道界的一部分。所记载的墨迹几乎都是中国禅师的,包括虚堂智愚、圜悟克勤、了庵清欲、楚石梵琦、中峰明本、无准师范、灭翁文礼等人的墨迹。其墨迹的形式也以法语、偈颂、书翰等横长的大幅为主。其后发生了什么变化呢?津田宗及的《茶汤日记》记载了自 1565 年至 1585 年的茶会情况,其中挂轴绘画出现了 177 次,墨迹出现了 150 次。绘画与墨迹的出现次数接近。另外,神谷宗湛写的《宗湛日记》记载了自 1586 年至 1613 年的茶会情况,其中挂轴绘画出现了 23 次,墨迹出现了 58 次,墨迹的出现次数是绘画的两倍。更要注意的是,随着时代的推移,墨迹的书写者由中国禅师转变成日本禅师,如宗峰妙超、一休宗纯、春浦宗熙、春屋宗园等大德寺派的禅僧。并且,日本歌人写的和歌也成为挂轴的组成部分之一。据松屋久重的《松屋日记》记载,1604 年至 1650 年他所经历过的茶会上,绘画出现 25 次,和歌出现 30 次,墨迹出现 115 次。

根据以上统计可以说明,随着时代的推移,日本茶道尊重墨迹的风气越来越浓;并且,墨迹的书写者也由中国本土的禅师转向流亡至日本的中国禅师和日本禅师,特别是京都大德寺禅师的墨迹特别受到尊崇;墨迹的内容,由横长的法语、偈颂,逐渐变成简洁、含蓄的禅语。尤其是一行字的墨迹受到茶人们的欢迎,这种风尚一直持续至今。墨迹的变迁说明了茶道的民族化、宗教化的进程。

芳贺幸四郎先生在《一行物》中提出了正确对待墨迹的四点标准。

首先,不能把墨迹当成一种珍奇昂贵的艺术品。要把它作为挥毫祖师、道人的高尚人格的结晶。见墨迹如见祖师,参拜墨迹如同参拜祖师,主客都要对挥毫禅师的生平与禅风有一定的了解。

第二,墨迹上的禅语多包含语言所不能表现的高深的禅境。它是以修行多年,对禅的极意、禅的公案了解得相当多的禅者为对象的。如果对禅一无所知、没进过禅门的人是难以理解的。为解其真意,最好拜访正宗师家,参禅修行,得转迷开悟之实。若没有条件参禅修行,也要努力了解表面上的意思,保持谦虚的态度、反省的精神是作为茶人最起码的职责。但要铭记:作为知识了解墨迹的语义与了悟墨迹之境界是天壤之别的两码事。

第三,墨迹的书写者——禅者、道人大都是不识书法笔法的。他们摆脱了书法笔法等俗世的束缚,任禅机勃发而自由挥笔,去努力表现无心的自己。对于这样的禅者的墨迹,用专业书法家的鉴赏标准来论其巧拙是万万不可的。禅者的墨迹最重要的是从墨迹涌现出的书写者强有力的道风和丰厚深远的禅机。其艺术美则是次要的。关键在于敬仰书写者的气魄与风格,反省自己未悟之心,洗去心尘。

第四,"正念始终一贯,纯粹相续"是禅所提倡的,也是难以做到的。人在做某一件事时丝毫不迟缓,毫不放松,不留一点缝隙。例如,在坐禅时便进入坐禅三昧,在挥毫时便进入挥毫三昧,在点茶时便进入点茶三昧,在其间,无一点妄想杂念。事实上,每一幅好的墨迹都是挥毫三昧的产物。在评价墨迹的高低时,除评价书写者的经历、人格、墨迹的来历、禅语的境界之外,就要看此墨迹是否在挥毫三昧之下一气呵成的。

下面具体介绍一些典型的墨迹,以此探讨茶境与禅境是如何联系在一起的。

(一)无

"无"字是历代禅僧常书的一个字,也是茶室里常用的。"无"的出典在赵州禅师的无字案上。说有一个僧人一日问赵州:"门前的那只瘦狗是否有佛性?"发问的僧人心里想,佛典上总说一切众生悉有佛性,狗呀猫呀的当然也有佛性,师傅的回答一定是"有"。可是,赵州的回答却是:"无!"师傅为何回答说"无"? 如何解释赵州的心理,这是此公案的关键。如果按一般的推理,既然"一切众生悉有佛性",狗当然也包括在"一切"之中。但赵州所说的无是驾驭在"有"与"无"之上的"无",是未产生有无相对之前的根源的"无",也可称是绝对的"无"。如果不去禅寺参禅、亲身体验"无"的境界,光看墨迹是无法领悟的。在禅门,了悟无的境界被称作"见性",在茶道界,只有了悟无的境界,才能创造出茶禅一味的真境。

（二）喝

古来有"临济喝、德山棒"之说。指临济义公之喝、德山宣鉴之棒。一喝一棒被称为禅家两大法宝。禅宗是一种实践性宗教,主张依靠禅定三昧之力进入绝对境界,与宇宙这一大生命完全合体,不二如一。在其无限的时间与空间之中兴致勃勃地生活。释迦一代的说法、5 400余卷经文,无需说是通世的真理,但均如画饼充饥、纸上谈兵。放下这些说明书式的经文,亲身冲进这绝对境界,与其化为一体,便是禅宗的修行法。而师傅为帮助修行者突发禅机、实现顿悟,便是大喊一声:"喝!"或是猛击一棒。临济禅师说:"有时一喝如踞地狮子,有时一喝如探竿影草,有时一喝不为作用。"茶人要在茶道的实践中,事事处处寻找、体验禅机,将每一个动作做为悟得一喝一棒之境界的机会,将茶道的实践作为修行的实践。

（三）梦

"梦"是在追悼茶事上常用的墨迹。"梦"一个字集中体现了大乘佛教的人生观。人是注定要死的。人生是短暂的,而且这样短暂的人生也只有一次。从这个意义上来讲,人生就是一场梦,这不仅是人的命运,也是世间一切事物的命运。在这样一个冷酷的事实面前,禅者的生活态度是富有勇气、富有智慧的。它不同于将人生假托于死后世界的来世主义,又不同于纵欲式的现世享乐主义,也不同于轻生重名的冒险主义生活态度。禅者认为,因为人是有死的,生才显得如此难能可贵。正因为人生是短暂的,所以才要珍惜此日、此

刻、此刹那。正因为人生只有一次,才要全力以赴,创造最灿烂的人生。茶道里"一期一会"的道理与此是一致的。将"梦"的墨迹挂在壁龛上而举行的茶会可追忆先人之奋斗足迹,激励后人更加珍惜光阴。

（四）吸尽西江水

这句禅语的出典是这样的。庞居士问马祖禅师:"不与万法为侣者是何人也?"意思是说,唯一绝对的无的境界到底是一个什么东西。马祖禅师回答说:"待你一口吸尽西江水,即回答你。"庞居士借此大悟。我们居住着的世界是一个相对的世界——天地、阴阳、男女、老幼、大小、长短、是非、善恶、利害、得失、主客、自他等都是相对的事物。如果只知这相对的世界就会为一点小事而喜而忧,就会有烦恼。那么"一口吸尽西江水"在物理的意义上是不能解释的,这里用于宗教哲学的范畴。《维摩经》中也说:"一毛吞巨海,芥子容须弥。"其寓意与上面那句禅语是相同的。超越大小、是非、得失这一相对的世界,将西江水——有与无一齐吞掉,就会领悟那绝对的无的世界。这句禅语常用于茶席上。人们随机解释为:一碗茶里有天地乾坤,将其一口吸尽,便会领悟到一些禅意。茶被比喻为西江水。

（五）本来无一物

这句禅语直接道出禅的境界,同时也是茶人们最熟悉的禅语之一。它经常出现在茶席上,甚至有些茶道具也以此命名。

这句禅语的来历是禅宗史上众所皆知。菩提达磨将禅传给了中国,结合中国的道教、儒学创立了中国的禅宗。之后他将衣钵传给了二祖大祖慧可,之后为三祖鉴智僧璨、四祖大医道信、五祖大满弘忍。至五祖,禅宗大兴,五祖手下有700余弟子。这时,目不识丁的慧能来至禅门,请求参禅。五祖弘忍慧眼识金,认定慧能是个宝,愿留下他。可是,就当时的禅宗法规来说,慧能的身分不能出家得度。于是慧能以行者的身分在寺院里住下来,做一些捣米磨面的粗活,只能在夜深人静的

时候与师傅参禅。慧能才质俊发,修行态度真挚,仅用8个月便获得了可继承祖位的道眼和道力。五祖弘忍愿将衣钵传给他。但为了保持传法、嗣法的公正,一日,他集结全山的弟子说道:"你们之中有自信者,将你们自己的了悟写成偈文交给我,若此偈文合于我意,我将把法位传给其作者,并作为传法的标志,把达磨传下来的袈裟和铁钵授予他。"当时,在五祖弘忍的手下,有一位久参之徒——神秀,大家都公认神秀为当然的承法者,除神秀没人敢上交偈文。于是,神秀写了如下的偈文:

> 身是菩提树,心如明镜台。时时勤拂拭,莫使惹尘埃。

五祖弘忍读了此句,认为按照此偈修行是完全正确的,但是,五祖弘忍没有将衣钵传给他。慧能听了此偈说道:"此偈文美是美,可惜没有达到彻悟。"于是,他也做了一段偈文,托别人书写出来:

> 菩提本无树,明镜亦非台。本来无一物,何处惹尘埃。

五祖弘忍读了此偈道:"慧能了悟了。"于是在当夜将法传给了他,将达磨传下来的袈裟和铁钵也授予他。当夜,慧能便动身去南方,开始了他的圣胎长养之旅途。慧能倡导的"本来无一物"的南宗禅获大兴,之后传入日本,茶道中的禅也是通过南宗禅而获得的。神秀倡导的"时时勤拂拭"的北宗禅主张渐修,它在唐初曾盛行一时,但不久便衰落了。

在日本茶道中,"本来无一物"的取义在于不要醉心于搜集茶道具,提倡用简素的茶道具,倾注本来无一物之心,去创造出真正的茶道艺术。虽说无一物,但"无一物中无尽藏,有花有月有楼台"。"无一物"又是茶道艺术创造的源泉。

(六)直心是道场

在日本茶道里,称茶室为修行的道场,那么道的意义在何处呢?关于"直心是道场"的出典可寻至《维摩经·菩萨品第四》中关于光严童子的修行故事。

一日,光严童子为寻求适于修行的恬静地方,决心离开喧闹的毗耶离城。在他快要走出城门时,正巧遇到了维摩。童子问维摩:

> 你从哪儿来?我从道场来。道场在哪里?直心是道场。

听了这句话,力图在远离人间的静寂山中寻求道场的童子大吃一惊,心里受到很大的启发。"直心"即纯洁清净之心,抛却了一切烦恼妄想,灭绝了一切分别执着的纯一无杂念之心。"道场"一般指为修行而造的建筑物,但本来修行是不需要专用的场所的,"直心是道场"中的"道场"才是真正的道场。有了直心,即使是拥挤的电车、人流如潮的十字路口也可以成为道场。若没有直心,即使在恬静的寺院里也修不成正果。《南方录》中指出,"茶室是主客之心灵大扫除、直心结交之场所"。也就是说,茶室即道场。日本茶人们特别重视茶室清洁的原因也在这里。茶人们在"道场"里追求的也不外是"直心"。

(七)心随万境转

在佛教史上,释迦牟尼作为佛教的创始者处于最高的地位,继承释迦的摩诃迦叶为法传第一世,第二十八世便是菩提达磨,达磨又是禅宗的祖师。其中佛教法传第二十二世者为摩拏罗尊者。他写下了这样一段传法偈文:

> 心随万境转,转处实能幽。随流识得性,无喜亦无忧。

其中第一句"心随万境转"常被书写成挂轴悬挂在茶室里,意为人的心智在平常无事的时候,随着外界的变化,可以相当自如地运转。可是当遇到烦恼的事时,心智就会变得滞涩。具体说来,就是脑子里总离不开那个烦恼的事,心想:再不去想了。可又没法不去想,甚至自己掌握不了自己,做出冒昧的事。禅的修行目标就在于,达到自己能控制自己的心的境界,去掉滞涩心智的锈,让自己的心智在任何情况下都顺利地运转。

以上这首偈文,表现了二十二祖摩孥罗尊者了悟了的心境。"心随万境转"绝不是自己的心被万境拖着走,而是在确定了绝对无的主体的原则之下,去应付不断变化着的客观事物。在日本茶道里,"心随万境转"是指以绝对无的主体之心去应付时时发生的事情。如客人晚来了怎么办,突然下雨了怎么办,茶粉洒在榻榻米上怎么办等事情。茶人们通过这些具体事物的修行达到"心随万境转"的禅境。

(八)平常心是道

这一禅语出自《无门关》第十九则。赵州从谂禅师在其修行时代问师傅南泉普愿:

> 如何是道?
> 平常心是道。

这一语竟成了千古金言,特别受到日本茶人们的敬仰。"平常心"即将"应该这样做,应该那样做"的主观能动的心彻底忘却,而持有的一颗无造作的心。寒来着衣,饥来择食,困来就寝。《信心铭》中也指出:"至道无难,唯嫌拣择。"日本茶道集大成者千利休居士在《南方录》中指出:"茶道无非是烧水点茶喝茶。"这与"平常心是道"的境界是一致的。要达到这种境界,听起来容易,做起来却是难上难。未了悟的茶人在点茶时总不免时时有做给人看的想法,特别是当客人是有名的人时,就总会想自己的动作是不是哪儿不好,要想忘掉这些,以"平常心"来点茶实在是不易的。而茶道修行的目的就在于达到"平常心"。

(九)无事是贵人

这句禅语一般简写为"无事"二字挂在茶席上,它的出典是《临济录》中的一句:

> "无事是贵人,但莫造作,只是平常。"

即无造作地按自然法则行事便是"无事"的意思。无造作又不等于毫无修养地乱来一通,而是按照步骤如法地修行,结成转迷开悟之实,了悟后再修行,直至去掉了悟之生味儿,最后达到迷悟两忘、洒脱的境。如水流至低处,春到花自开。"贵人"即这种得到大解脱式的人物。

如果将"无事是贵人"的禅境用茶道用语表现的话,便是千利休的那句名言:

> 夏日求其凉,冬日求其暖;茶要合于口,炭要利于燃。

达到了此要求,便是达到了茶道的最高境界,也便成了无事的贵人。

(十)日日是好日

这是一句经常出现在日本茶席上的禅语,出自《碧岩录》第六则,是云门宗的宗主——云门文偃对他的弟子讲述的他自己的生活态度时的表述。"日日是好日"一句,如果从字义上来讲,可解释为每日都是人生中最快乐的日子。但是每日都快乐的人生恐怕根本就没有,比起喜、乐,更多的是悲、苦。云门文偃的一生也是坎坷不平的。那么他所说:"日日是好日"的意义在何处呢?

对于一个了悟了的禅者来说,他与平常人一样,感到高兴时就开心地笑,感到难过时就伤心地哭。但了悟了的禅者与未了悟的凡人在三点上又是不同的。第一,凡人的感情不过是单纯的无媒介的自然感情的表露。而真正的禅者是从"了悟同未悟"的绝对境界上无心感情的表露。第二,凡人认为人生是让人快乐的东西,他们厌恶悲与苦,喜欢喜与乐。而真正的禅者认为人生不是让人快乐的东西,而是供人玩味的东西,悲喜苦乐都是人生玩味的对象。对于悲与苦,禅者是从正面冷静地接受的。第三,凡人的悲喜是受外部环境左右的,是受社会上普遍存在的价值观左右的。而禅者的悲苦是其主体自身的悲苦。这样一来,无论处于顺境还是逆境都能达到"日日是好日"的心境。日本茶人们十分喜爱这句禅语,并努力实现它,力图无论在什么样的环境里,无论自己身边发生了什么事,都要认真地、不慌不乱地点好每一碗茶。在一次又一次的茶事之中体验"日日是好日"的禅境。

以上介绍了十句日本茶人爱用的禅语。关于其他的禅语,由于篇幅的关系不能一一介绍,下面只列出原文,供参考。

吃茶去	话尽山云海月情
随处做主	南北东西活路通
主人公	蛙鸣蝉噪是佛声
且坐吃茶	高卧闲眠对白云
破草鞋	懈怠比丘不期明日
柳绿花红	好雨奇雪也风流
闲古锥	归一
庭前柏子树	真心
露堂堂	无心
白云自去来	知己
熏风自南来	洗心
掬水月在手	知足
清风拂明月	棒喝
独坐大雄峰	一圆相
壶中日月长	活机关
好事不如无	空是色
明历历露堂堂	本来人
一鸟鸣山山更幽	无一物
三级浪高鱼化龙	山是山
风吹不动天边月	寒松一色
闲事随理	桃花笑春风
击竹一声	茶遇知己吃
松树千年	桥流水不流
啐啄同时	春来草自生
行云流水	眉毛横眼上
色即是空	无心更无事
寂然不动	本来真面目
心法无相	行亦禅坐亦禅
拈花微笑	遇茶茶遇饭饭
和敬清寂	山是山水是水

万法不侣	一事休则万事休
一花开五叶	一杯一杯又一杯
一声云外钟	岩松无心风来吟
一滴润乾坤	溪边扫叶夕阳僧
无风荷叶动	静看寒云片片归
关山半窗月	万壑松风供一啜
昨夜一声雁	芳草野花一样青
时时勤拂拭	即身即佛非身非佛
释迦牟尼佛	色即是空空即是色
春色无高下	心外无法满目青山
心外无别法	饥来吃饭困来打眠
静后见万物	直指人心见性成佛
自然有春意	黄檗六千棒打临济
禅心江山上	逢花打花逢月打月
丹青画不成	一二三四五五四三二一

以上列举出的禅语大部分出典于禅宗佛典,有个别的出典于中国古典诗文,在其后给予了禅意的解释。这些禅语仅是日本茶道用墨迹上禅语的一部分。在选择墨迹时要考虑到茶事的主题、季节、气候、环境、茶道具的搭配,以及壁龛本身的大小与挂轴的大小是否搭配等。

茶席上除用墨迹之外,还根据情况挂用禅画。禅画也称禅机画,12世纪由中国传入日本,随着禅宗在日本扎根、发展,禅画也获得了大发展。可称为禅画者一般具有以下几个特点:(一)禅画一般是由禅者在修行之余画的,技法不能说很高明,一般只用墨,潦草几笔,只勾个图案而已。但在稚拙之中所表现出来的洒脱无心的美是十分迷人的。(二)其内容为祖师们的顶相、名僧参禅的场面、有名禅案的场面,以及表现禅的思想的山水画、器物画等。(三)禅画的表现方法是比喻、暗示式的,不解禅境的人很难理解。茶室中用的禅画与禅宗寺院里用的禅画不同。它不用大幅的顶相,不用图案显著、线条清晰的画,而偏重于小巧、疏淡、含蓄的风格。随着日本茶道的发展,在日本逐渐形成了一种专为茶室用而创作的茶禅画。下面就举几个典型的例子。

（一）《一圆相》

其赞写道："吃了这个，喝茶！"画者仙厓义梵（1750—1837）是日本临济宗古月派僧人，住日本博多圣福寺，性格洒脱恬淡，善书画，赞语也十分锋锐，留下了许多优秀的作品。圆相图是最典型的禅画，表现了了悟了的世界，即一个绝对无的世界。仙厓的赞道出了茶道的禅境，茶道无非是吃点心喝茶的平常事。

（二）《芦叶达磨图》

此图讲的是菩提达磨将禅传入中国时，求见梁武帝，向梁武帝说禅，但没有得到梁武帝的理解与支持。达磨心里非常失望，他想，连被称为佛心天子的梁武帝都如此，我来中国传禅的事业恐怕成功不了了。于是，他脚踏一根芦苇，南渡扬子江去嵩山面壁九年去了。他那身驾风云、飘然而去的身姿、洒脱的境界，在这张画里表现得活灵活现。这一题材的禅画很多，是茶室里常见的禅画之一。

（三）《六祖截竹图》

此图表现了六祖慧能在修行时代的劳动情景。慧能白天捣米磨面，夜晚听经参禅，不久便得大悟，继承了禅宗的衣钵，成为第六祖。据说慧能是在砍竹时、听破竹声而大悟的。所以，采用此题材的禅画特别多。茶人们十分喜爱这张画的原因在于，六祖截竹的情景集中表现了禅宗"动中的工夫胜于静中工夫千百倍"的禅意。在禅宗看来，研究经论，看经礼拜，坐禅冥想固然重要，但耕地、砍柴、捣米等"作务"是直接体验佛道的最佳途径。茶道在这一点上与禅宗一致，主张在添炭、烧水、插花、点茶中获得大悟。

（四）《羽帚·釜环》

此图为大心义统（1657—1730）之作。"羽帚"是日本茶道在添炭技法中将炉边的灰扫回炉膛时用的道具。"釜环"是活动釜环，用时安上，用完可摘下。像这样直接以茶具为题材的禅画也很多，潦草几笔，似像又不像，

稚拙淡白，颇受茶人们的喜爱。大心义统本身是一位爱好学问的禅僧。禅僧涉足茶道在日本是顺理成章之事。在日本的禅寺里，一般都设有茶室，禅僧大都精通茶道。

（五）《椿画赞》

此图为里千家第四代家元仙叟宗室之作。仙叟宗室在赞中写道：

请画山茶花，"命令"太突然。我与山茶花，同是大红脸。

表现了当别人请他画山茶花时仙叟的心情。将自己与山茶花化为一体，说山茶花的红色正是自己不好意思的表情，这样一来便给山茶花灌入了神韵。如果你与这朵山茶花对视一会儿，就会感到山茶花活了起来。仙叟的这幅禅画雅趣横生、素朴活泼，充满茶人淡泊的禅风。

如上所述，挂在茶席壁龛上的禅语与禅画，可以对整个茶事的气氛起一个定格定音的作用。客人们进入茶室之后，先要拜见禅语或禅画，从中领会主人的意图、此次茶会的主题，决定自己在此次茶会上所应持的态度。比如，今日的壁龛上挂的是"即身即佛非身非佛"的墨迹，就表明今日茶事的气氛是严肃的。如果挂的是像仙叟宗室的《椿画赞》那样的禅画，就表明此日的茶会将是轻松愉快的。

禅通过禅语与禅画对日本茶道起指导、归纳的作用，这样一个定义恐怕是没有非议的。

（作者单位：北京大学）

参考文献

1. 芳贺幸次郎《一行物》，日本淡交出版社，1990年。

2. 西部文净《茶席上的禅机画》，日本淡交出版社，1990年。

3. 福埸俊翁《禅画的世界》，日本淡交出版社，1988年。

4. 滕军《日本茶道文化概论》，东方出版社，1992年。

禅茶一味是何味？
——兼论赵州古佛"吃茶去"

吴廷玉

一、禅的美学观照

宗教已经存在数千年了，但关于宗教的界定仍然是众说纷纭，莫衷一是。我认为康德的观点比较深刻和通达。他指出，在人类的意识中，哲学和科学主要解答世界是什么以及人能够知道什么的问题；伦理学主要解答人应该做什么的问题；宗教则主要解答什么是人们生存意义以及人可以希望什么的问题。以此来审视世界上的各种宗教，我感到佛教的解答最贴近人生真义，而禅宗则达到了登峰造极的高度。

不过，按照中国最古老的智慧经典《周易》的观点，任何事物一旦达到巅峰状态就会发生逆转。处于巅峰状态的禅宗，已经将宗教性的衣钵层层剥离，以至于"呵佛骂祖"、"焚烧佛经"，什么偶像啊、权威啊、经典啊，统统失去了神圣的光环。如果从传统的宗教眼光去审视，可以说已经是完全彻底的"去宗教化"了。但是，如果从美学的角度来观照，却是达到了现实生命可造的最高境界。因为美是生命自由的象征，美是人的自由、自觉的本质力量的感性显现。而在现实生活中，人是既难得真正地实现自由也难得真正地达到自觉。巅峰状态的禅宗所显示的，恰恰就是鲜活的生命真正的自由与自觉。

一般来说，禅的智慧就是要使人们实现"妙悟"、"彻悟"，进而达到"正觉"（正确认识）、"等觉"（普遍认识）和"圆觉"（圆融贯通的认识）的境界。如果说，"正觉"尚属于科学境界，"等觉"属于哲学境界，那么，"圆觉"就属于美学境界。唐代的夹山和尚见船子和尚，发

疑之道,犹如太虚,廓然荡豁,岂可强是非邪?'师于言下悟矣。"(《五灯会元》)这是赵州心传。从中我们不难体会到赵州的"吃茶去"原本属"张口即是",此"是"乃"实事求是"之"是"。院主以及后人纷纷拟议,甚至欲作解人,结果千解万解,甚至还推演出许多"案后案",越搞越玄妙,越说越糊涂,陷入了"动念即乖"的误区,诚如绝海诗偈所云:"赵州禅在口唇皮,对客只道吃茶去。丛林浩浩争商量,仔细看来没凭据。"(《送乾机知客归信阳省亲》,《绝海和尚语录》卷下)

现在,我们可以做出一些结论性的探讨了。首先毫无疑问的是,"禅茶一味"与"赵州茶"有密切关系。但是赵州不仅说过"吃茶去",还说过"吃粥末"。为什么就没有催生出"禅粥一味"呢?可见,认定禅与茶并无半点瓜葛也是说不过去的。禅与茶之所以能够合为"一味",正如我们在前面所作的美学分析,是因为二者在精神上的确有灵犀相通之处。所谓"茶烟袅而乳窦飘香,禅悦味而虚实生白"。但是,"禅味"肯定不等于"茶味",企图靠"茶味"来妙悟"禅味"那是绝对行不通的;反之,深悟禅味者,自然知茶味。正如明人卢之颐在《本草乘雅半偈》所说的:"人莫不饮食,鲜能知味矣。……公案云'吃茶去',唯味道者,乃能味茗。"

而且,"禅茶一味"作为一个话语蕴藉的意象,其蕴含早已远远超出了这四个字的字面本身。唐代颇有佛禅造诣的著名美学家司空图曾提出过"味在酸咸之外"、"象外之象"、"味外之味"等美学命题。顺着司空图的思路,我们是否可以说,"禅茶一味",味在禅茶之外。其实,赵州古佛就是这个意思,所以当有人不断地问他"如何是佛"、"如何得道"、"如何是祖师西来意"之类的问题时,他总是不断地以牛头不对马嘴的"无厘头"话语作为回答。

(作者单位:宁波工程学院人文学院)

佛门茶话：吃茶与禅机

夏金华

在古代寺院里,吃茶是僧人日常生活中的常课,不独禅师为然,只是禅寺或禅师与茶的关系更为密切而已[1]。这是因为禅宗寺院大多处于山林之中,由"吃茶"而衍生出来的"种茶"、"采茶"、"制茶"等生产活动,在气候、时节、雨水等因缘的配合下,成为僧人"出坡"(劳动)的重要内容之一。因此,僧传中有关"吃茶"的记载很多,据笔者的统计,仅在《大正藏》的"诸宗部"与"史传部"里提到"吃茶"的地方就达到254次之多! 至于《祖堂集》、《景德传灯录》、《五灯会元》等书有关的记录也很不少。更重要的是,饮茶除了解渴之外还成为禅师们参禅行道的辅助性活动,他们通过"吃茶"的媒介来切磋、勘验、传授、学习修禅的经验与体会,或在田间地头,或于行脚途中,月夜清风,饭后闲话,彼此往返唱和,相契无间,以致破茧脱壳,明心见性而廓然大悟,达到"茶禅一味"的神妙境界。

一

如果从当时佛门的实际情形判断,"吃茶去"原本不过是一句日常口头用语而已,由于禅师将此赋予了禅意,在追求"向上一着"的过程中,作为"提起话头"、启迪后学的因缘,从而使得普通的口头语有了不寻常的意义。何以见得呢? 我们从许多高僧的传记中可以看到这个事实。不单是南泉普愿门下赵州从谂(778—897)的一句"吃茶去"而闻名天下,在他之后,诸如法眼宗的清凉文益(885—958)、临济宗的汾阳善昭(947—1024)、曹洞宗的天童正觉(1091—1157)等不少大德禅师,尽管名声显赫,宗风门派各异,却也有着一模一样的"吃茶去"的记录[2]。

不仅如此,据笔者所涉猎到的禅宗文献来看,提到"吃茶",或借此来为大众说法开示,或与同道交流、交锋等场面最多的是云门匡真禅师,在他的语录中就有14次[3]!当然,没有记录下来的一定更多。至于将吃茶与禅相联系者,在湘、赣、浙、闽、粤一带的禅宗寺院里是非常普遍的事情,像《祖堂集》所记载的诸如石头西迁(700—790)、龙潭崇信、德山宣鉴(782—865)、云晶和尚、夹山善会(805—881)、石室和尚、丹霞和尚、石霜楚圆(986—1039)、钦山和尚、涌泉和尚等禅宗史上著名的高僧,他们的禅修实践均与吃茶密切相关。

赵州禅师的"吃茶去",大家都已耳熟能详。其实,还有与此相类似的是,临济宗杨岐派的杨岐方会禅师,他的"且坐吃茶"之说,却是鲜为人知的。其重要性,同样应该不在"吃茶去"的公案之下。

杨岐方会(996—1049)是一位很有趣的禅师[4],且坐吃茶,几乎成了他的"口头禅",使用起来十分娴熟,其名声闻于禅林。

某日,一位老朋友来访,两人迫不及待,不等寒暄,就交流起修禅的心得来,彼此忘返,谈兴正浓,津津有味,一时竟忘了喝茶,不觉日偏时移,杨岐方会猛然间想起,于是,便对老友说道:"更不再勘,且坐吃茶。"[5]

与许多其他禅师一样,杨岐方会对于有新僧来时,必要考验一下,但方式有异。且总在吃茶之前进行,经过一番勘验,且下评语,表明来者的见地。然后,才请人喝茶。此类事情,在他的语录中有好几次,这里选取一例,作为探讨:

　　一日,三人新到。师问:"三人同行,必有一智。"提起坐具,云:"参头上座,唤者个作什么?"

　　僧云:"坐具。"

　　师云:"真个那?"

　　僧云:"是。"

　　师云:"唤作什么?"

　　僧云:"坐具。"

　　师顾视左右云:"参头却具眼。"又问第二座:"欲行千里,一步为初。如何是最初一句?"

　　僧云:"到和尚者里,争敢出手。"

　　师以手划一划。僧云:"了。"

　　师展两手,僧拟议。师云:"了。"又问第三座上座:"近离什么处?"

　　僧云:"南源。"

　　师云:"杨岐今日被上座勘破,且坐吃茶。"[6]

这段对话饶有趣味。也许是禅师们经常机锋转语,针尖麦芒,有些倦了。有时候也想换换花样,来考考这些新禅和子们还有没有被搞糊涂。所以,杨岐方会提着僧人常用的坐具来问话。坐具,音译为"尼师坛",又称"坐卧具"等。本来是僧人用于坐、卧时敷于地上或铺在卧具上的长方形布巾,以防止植物、虫类伤及身体,以及避免弄脏身上的三衣或卧具。后来,在中国、日本又被用于礼佛或拜见师长,是比丘平时必需随身携带的六种生活用品之一[7]。用坐具作为讨论禅修经验的道具,是再正常不过的事情。

面对第一位上座,杨岐方会考验他的是,有没有自信心,所以,在大庭广众之下,只针对"坐具"本身发问,或反问。还好,这位上座信心满满,没有丝毫的犹豫,所以,他通过了测试,并受到杨岐方会的称赞:"具眼(具有大手眼者之意)。"但需要说明的是,这里还存在一个彼此双方心知肚明、但没有说出来的秘密,那就是"坐具"代表什么,或者说暗指什么。这般情景使我们很容易联想到禅宗马祖道一(709—788)与弟子法常的一则公案来:

　　明州大梅山法常禅师者,……初参大寂。问:"如何是佛?"大寂云:"即心是佛。"师即大悟。……大寂闻师住山,乃令一僧到问云:"和尚见马师,得个什么,便住此山?"常云:"马师向我道:'即心是佛。'我便向这里住。"僧云:"马师近日佛法又别。"常云:"作么生?"僧云:"近日又道'非心非佛'。"常云:"这老汉惑乱人,未有了日。任汝非心非佛,我只管即心即佛。"其僧回举似祖,祖云:"大众,梅子熟也!"[8]

在此公案里,马祖是存心要考察一下法常是不是真正领悟了他所说的"即心即佛"的内在含义,所以,故意让人告诉他,马大师现在不讲"即心即佛"而改为说"非心非佛"了。但法常一眼识破了其中的端倪,他明白,所谓即心即佛也好,非心非佛也罢,通通不过是文字游戏罢了,那背后的道理,我早已一清二楚,任你怎么变,我这里是以不变应万变。得到这个消息,马祖终于放心了,不禁赞叹道:"梅子熟了。"——因为法常住在大梅山,所以用借喻表达法常开悟的事实。这里杨岐方会的"把戏"也是如此做派,看你内心是否有把握,与我所说的是否相契,如果契合,又显得理直气壮,那么,就是可造之材,否则,就只能像赵州禅师所说的那样"吃茶去"了。由于这位上座做到了上述两条,非常绵密细致,并无漏洞。因此,得以顺利通过。

第二位与禅师的对答,是典型的公案程式之一:答非所问。

一开始,杨岐方会设了一个圈套,问道"欲行千里,一步为初。如何是最初一句?"引诱对方中招。因为第一位上座的回答从表面上看起来的确是如实回答,没有拖泥带水。那么,如果是初入佛门的新手,碰到这样的问题是很容易上当的,以为"依样画葫芦",照实答题就是。错啦!事实上,禅师接引学人,并无固定程式,而是随机应变,反复无常,正如马祖所言:"我有时教伊扬眉瞬目,有时不教伊扬眉瞬目;有时扬眉瞬目者是,有时扬眉瞬目者不是。"[9]因此,要正确对答,并非易事,唯有洞彻其中玄机,方能进退有据,应付自如。

果然,第二位上座同样也"不是省油的灯",一眼看穿了禅师的用心,他敏捷地跳过陷阱,张口答道:"到和尚者里,争敢出手?"杨岐方会可不是好对付的,还不死

心,继续为难他。并且换了一种方式,不再说话,而是做了个手势给对方看。上座脱口而出,说了个"了"字这一下,禅师终于认可了,觉得这两位新人不同一般。

于是,他也被放马过去了。

不过,前面两位的出色表现直接导致了第三座上座占了便宜。因为对他,禅师似乎只是例行地问了一句,从何处来,接着,就是招呼他们"且坐吃茶"了,基本没有考察的意思。当然,也许是杨岐方会已经从他的表情上看出端倪,毋须多问了?但这从文献记录上看不出来的,我们只能模拟当时的场景去想像而已。

至于杨岐方会禅师检验其他新僧的案例,或者是与本寺僧众的对话,采用的依然是"且坐吃茶"的手段,但得到的结果却是有正有负,好是热闹。还有与在家信徒,诸如,与禅师好友石霜楚圆或道吾的供养主之间的机锋对答,丝毫不逊色于"禅和子",而且妙趣横生,值得留意[10]。

二

禅机是生动活泼的,它源于得道者的内心,并借助于日常生活的某些细节,诸如棒喝、扬眉瞬目、女人拜、圆相等,在时节因缘的配合下,形象地加以表达,使得即将成熟的后学在前辈的启迪和诱导下,临门一脚,进入圣流。但是,稽诸史籍,历史上大德、禅师的这些努力往往是"广种薄收",撒出去的种子何止千万,能得到收获的,却从未超过一成。所谓修行者多如牛毛,而得道者盖寡,如果严格核算起来的话,几乎是完全不成比例的。这里举唐朝佛门里一个普通的失败的案例,以作说明。——当然,也与"吃茶"有关。

据《景德传灯录》记载,一日,南泉普愿(748—834)正坐在院子里喝茶,突然,看见一小沙弥走进来,到得跟前,禅师忽地将杯中的残茶泼了过去,溅了他一身。小沙弥回头一看,见是南泉普愿,便没有生气,还露齿

笑了笑,普愿也笑了笑,并跷起一只脚,小沙弥不解其意。于是,普愿便起身回方丈室去了。

小沙弥是个伶俐人,回去一想,有些怀疑起来,觉得师父是有什么秘法要传给自己。于是,晚上一个人悄悄地来到方丈室。门果然开着,普愿禅师还没睡,正在打坐,看见他,就问:"你来做什么?"小和尚行了礼,垂手道:"师父今天在园子里用茶泼我,是不是要提示我什么?"普愿看了他一眼,缓缓地说:"那我后来跷一脚,又是什么用意呢?"小和尚张口结舌,无言而退。

在这个故事里,普愿禅师先是泼茶到小沙弥身上,以引起他的注意。然后,以跷脚的动作,发出接引的信号,可惜小沙弥出家未久,对佛法的体会尚浅,无法接招。可是,事后他还是有所醒悟,所以,又去找普愿,希望得到问题的答案。但是,火候未到,心急是没有用的。故而,小沙弥还是一无所获。

不错,佛法是存在于日常生活中,但它属于能体会到它的人,除此之外者,与它无缘。是与不是,能与不能,虽仅一字之差,却有霄壤之别,正如魏府华严禅师示众时所说:"佛法在日用处,在行住坐卧处、吃茶吃饭处、语言相问处。"但是,一旦"所作所为,举心动念,又却不是也"[11]。

佛法的体悟之道,贵在了知真性之体无处不在,皆能生起无量妙用的道理,去迷存真,善于把握难得的因缘"火候",灵光一闪,直下承担,脱口而出,不假思索,是为法门龙象种子。否则,平时缺乏扎实的修炼功夫,临场犹豫不决,在思维卜度的"黑漆桶"里兜圈子,如同油手捉泥鳅,只能眼睁睁地看着一段大好的难得机遇错失了也。如果引用曹洞宗祖师仰山慧寂的话说,就是"滔滔不持戒,兀兀不坐禅,酽茶三两碗,意在镢头边"[12]。关键在于,修行者能否理解在吃茶与劳作之间,把握其中蕴涵着的无边禅意,而不是凭空拿一两个公案瞎说一气。

宗门里有一篇佚名的《真心直说》的妙文,其中说:

"知体则遍一切处悉能起用,但因缘有无不定,故妙用不定耳,非无妙用也。修心之人欲入无为海,度诸生死,莫迷真心体用所在也。"[13]禅机是不早不迟,不紧不慢,要在当下,快如闪电,稍纵即逝。当机不当机,参得透便开悟,参不透便错过机缘。那被普愿禅师泼了一身残茶的小法师由于修养功夫还不到家,所以,当师父借助"泼茶"的动作来启发他时,他临场犹豫,不知师父的用意,因此,牛头不对马嘴,自然无法与师父相契,事后虽有所领悟,再去追寻卜度,却已是明日黄花,徒劳无功,原因即在于此。

三

在中国禅宗史上,公案机锋的记载甚多,可谓五花八门,应有尽有。其回答也颇为复杂,若举扬向上,虽是取世间的零碎之事发问,但答时总归本分,这是禅宗门庭的基本原则,绝不会就事论事,所谓问在答处,答在问处。纵然有似乎是就事说的,也是言在此而意在彼。如果当作具体的事情来理解,那就离题万里了。若要归类来说,大都是取自于现实生活中当下的事物、音声、动作或场景为材料,现买现卖,生动活泼,凸显与其他佛教宗派不同的手段与机锋,以达到活学活用、促人觉悟的目的。

但是,也有部分禅师会省事,仅仅拿过去已有的一些题材来说事,其目的却并无二致,一样是为后学开启证得阿耨多罗三藐三菩提的大门。曹洞宗的创始人洞山良价(807—869)的"文殊与无著吃茶"的公案,即属于此类的范例之一。

文殊,是佛陀时代的菩萨,以智慧著称于世。但他在中国境内经常显灵的地方,却是山西的五台山。"文殊与无著文喜吃茶"的一段因缘就发生在这里。当然,洞山禅师的意思并不在此,而仅仅是提起一个话头,意在言外。这个公案,是他在一次僧众大会上的"开示"。

内容如下:

> 文殊大士与无著吃茶次,乃拈起玻璃盏问无著:"南方还有这个否?"著云:"无。"文殊曰:"寻常将甚么吃茶?"著无对。师(洞山)代展手曰:"有无且置,借取这个看得否?"[14]

这个故事源出《武林西湖高僧事略》、《五灯会元》。说的是唐朝时杭州的文喜禅师去朝礼五台山,途遇文殊菩萨化身为一位老翁,在寺里接待他。当时的情形是这样的:

> 翁曰:"近自何来?"
>
> 师曰:"南方。"
>
> 翁曰:"南方佛法如何住持?"
>
> 师曰:"末法比丘,少奉戒律。"
>
> 翁曰:"多少众?"
>
> 师曰:"或三百,或五百。"
>
> 师却问:"此间佛法如何住持?"
>
> 翁曰:"龙蛇混杂,凡圣同居。"
>
> 师曰:"多少众?"
>
> 翁曰:"前三三,后三三。"
>
> 翁呼童子致茶,并进酥酪。师纳其味,心意豁然。翁拈起玻璃盏,问曰:"南方还有这个否?"
>
> 师曰:"无。"
>
> 翁曰:"寻常将甚么吃茶?"师无对。[15]

洞山借助于这个著名的公案,来考察他座下僧众的悟性如何,以辨别龙蛇。以后,其弟子曹山本寂(840—901)也一再提到它[16],一直到宋代的圆悟克勤(1063—1135)编《碧岩录》一书加以评唱[17],其影响至今依然存在。洞山引用此公案,意在启发学人们不要被"前三三,后三三"之类的数字外相所迷惑,凭空生出许多葛藤来,徒增烦恼,而应当直下承担,因为自性是佛,真妄不二,文殊举杯吃茶,童子叫唤,无非本分之事,直说了去就是,不必计较。像此后的无著文喜那样,在充当寺里的"典座"[18],当他再次面对文殊大

士再度显影时,即十分自信地斥道:"文殊是文殊,文喜是文喜。"并毫不留情地用搅粥篦打过去。从而获得了大士的认可,加以赞叹,且说偈云:"苦瓠连根苦,甜瓜彻蒂甜。修行三大劫,却被老僧嫌。"[19]

吃茶,成为导出禅机的媒介或工具,在我国禅宗历史上具有某种必然性,深具本土特色。事实证明,这种行为非常有效,所以流传开来,绵延不绝,乃至于传到日本、朝鲜等国,产生了重要影响。这是因为吃茶动作本身乃出于人在劳作或思维的间隙,是大脑、身体处于休息和放松状态的时刻,最容易接受或开启神秘直觉的机关,从僧传史料文献中的大量记载中可以得到充分的验证。

从佛法的根本来说,无非不出真、俗二谛,真谛则一法不立,所谓实际理地,不受一尘也;俗谛则无法不备,所谓佛事门中,不舍一法也。就宗门而言,即俗说真,扫除俗相,但要知道,真俗同体,并非二物。因此,吃茶与禅机,仿佛一对孪生兄弟,有着浓厚的血缘关系,你中有我,我中有你,倘能即俗而真,从吃茶中,得见佛性,第一义谛,则是上上利根,大开圆解。这是禅师宗徒们的拿手好戏,曾在漫长的历史舞台上一再上演,其中的本末因缘,值得我们深入地进行研究。

(作者单位:上海社会科学院)

注 释

[1] 禅寺里的僧众一日之间,几乎无不与茶相伴。这一点我们可以从《景德传灯录》卷二十六对僧人一天生活的记叙中得到印证:"晨朝起来,洗手面、盥漱了,吃茶;吃茶了,佛前礼拜;佛前礼拜了,和尚主事处问讯;和尚主事处问讯了,僧堂里行益;僧堂里行益了,上堂吃粥;上堂吃粥了,归下处打睡;归下处打睡了,起来洗手面,盥漱;起来洗手面、盥漱了,吃茶;吃茶了,东事西事;东事西事了,斋时僧堂里行益;斋时僧堂里行益了,上堂吃饭;上堂吃饭了,盥漱;盥漱了,吃茶;吃茶了,东事西事;

东事西事了，黄昏唱礼；黄昏唱礼了，僧堂前喝参；僧堂前喝参了，主事处喝参；主事处喝参了，和尚处问讯；和尚处问讯了，初夜唱礼；初夜唱礼了，僧堂前喝珍重；僧堂前喝珍重了，和尚处问讯；和尚处问讯了，礼拜、行道、诵经、念佛。"（《大正藏》第五十一卷，第427页上）

[2]《金陵清凉院文益禅师语录》："师（文益）令僧取土添莲盆，僧取土到。师云：'桥东取，桥西取？'云：'桥西取。'师云：'是真实，是虚妄？'问僧：'甚处来？'云：'报恩来。'师云：'众僧还安否？'云：'安。'师云：'吃茶去。'"（《大正藏》第四十七卷，第590页上）《汾阳无德禅师语录》卷上："师（汾阳）云：'认著依前，还不是久立，吃茶去。'"（《大正藏》第四十七卷，第598页上）又如："上堂云：'雪消云散尽，雾卷日当天，吃茶去。'上堂云：'一轮才出海，万类尽沾光，吃茶去。'"（《大正藏》第四十七卷，第607页上）《宏智禅师广录》卷四。"后镜清问僧：'赵州吃茶去作么生？'僧便行。清云：'邯郸学唐步。'雪窦拈云：'者僧不是邯郸人，为甚么学唐步？'师（宏智）云：'吃茶去，吃茶去。明明指人无异语，家风平展没机关。谁道？'"（《大正藏》第四十八卷，第50页下）

[3] 参阅《云门匡真禅师广录》卷中，《大正藏》第四十七卷，第555页下—573页下。

[4] 杨岐方会曾做过一首《自术真赞》，类似于自画像式的表述，蛮有意思的，特录如后，以供参看："口似乞儿席袋，鼻似园头屎杓。劳君神笔写成，一任天下卜度。似驴非驴，似马非马，咄哉杨岐，牵犁拽杷。指驴又无尾，唤牛又无角，进前不移步，退后岂收脚！无言不同佛，有语谁斟酌？巧拙常现前，劳君安写邈。"（《大正藏》第四十七卷，第648页下）

[5]《杨岐方会和尚语录》，《大正藏》第四十七卷，第642页中。

[6]《杨岐方会和尚语录》，《大正藏》第四十七卷，第642页中。

[7] 比丘随身携带的其他五物分别是：上衣（郁多罗僧）、大衣（僧伽梨）、中衣（安陀会）、钵和漉水囊。

[8] 参见《景德传灯录》卷七，《大正藏》第五十一卷，第254页下；或《五灯会元》上册，第146页，中华书局点校本，1984年版。

[9]《五灯会元》卷五，《五灯会元》上册，第257页，中华书局点校本，1984年版。

[10] 兹录一则杨岐方会与某供养主的对答，以供参看："一日，道吾供养主驻书至。师（杨岐）问：'春雨霖霖无暂息，不触波澜试道看。'主云：'适来已通信了。'师云：'者个是道吾底，那个是化主底？'主指云：'春雨霖霖。'师抚掌大笑云：'不直半分钱。'主便喝。师云：'者瞎汉向道不直半分钱，又恶发作什么？'主抚掌一下。师云：'且坐吃茶。'"（《杨岐方会和尚后录》，《大正藏》第四十七卷，第464页下）

[11]《景德传灯录》卷三十，《大正藏》第五十一卷，第466页中。

[12]《五灯会元》中册，第534页，中华书局点校本，1984年版。

[13] 出自《大正藏》第四十八卷，第1002页上一中。

[14]《洞山大师语录》，《大正藏》第四十七卷，第512页中。

[15]《五灯会元》卷九，《五灯会元》中册，中华书局点校本，1984年版，第545页。

[16] 曹山禅师先后提到八次，参阅《曹山大师语录》卷上、下，《大正藏》第四十七卷，第532页中一下、541页中一下、542页上一中。

[17]《碧岩录》卷四，《大正藏》第四十八卷，第173页中一174页中。

[18] 典座，为丛林东序六知事之一。主要负责寺院中僧众的斋粥供应。要求清洁卫生，食物配置适当，并以节俭、爱惜为原则。一般推举志行高洁之僧担任，以助于办道修持。

[19]《五灯会元》卷九，《五灯会元》中册，中华书局点校本，1984年版，第545页。

心术并行,禅茶双修
——论茶礼在佛教中的意义

关剑平

以饮茶为载体而展开的礼仪性活动,也就是茶礼不是佛教所特有的茶文化现象,也不是佛教最早把饮茶礼仪化,但是佛教茶礼却给人留下了最为深刻的印象。本文旨在追溯茶礼起源的基础上,探讨佛教茶礼的发展特征,对于当代佛教茶礼的建设方向提出建议。

一、茶礼的起源

茶礼起源于世俗社会的社交活动,在两晋南北朝时代已经广泛分布在圣俗两界。

世俗社会在社交生活中首先将饮茶礼仪化,最广为人知的礼仪性利用方式就是以茶待客。陆纳用茶招待造访的谢安[1];新安王刘子鸾、豫章王刘子尚与昙济道人[2];元义与前来归降的西丰侯萧正德[3];风流领袖王濛对于同僚的士大夫们[4];《桐君录》中的交广人[5]等都有过褒贬不一的茶礼应酬。

同时,宗教性的茶礼也开始出现。晋代王浮的《神异记》中记载了仙人丹丘子希望用山中的大茶,与制造、烹点技术高超的虞洪交换茶,之后虞洪如约以茶祭享[6]。这是与道教相关联的献茶。剡县(今浙江嵊县)陈务妻习惯于在每日饮茶之前先以茶祭古冢中的亡灵[7]。在南朝齐太庙的四时祭里,茶是昭皇后的祭品之一[8]。这是在中国传统文化意识下的宗教性献茶。

甚至在国家、全社会层面上,传统宗教意识支配下的祭祀活动也开始吸收茶叶乃至茶礼。《南齐书》卷三《武帝纪》:"祭敬之典,本在因心,东邻杀牛,不如西家禴祭。我灵上慎勿以牲为祭,唯设饼、茶饮、干饭、酒脯而已。天下贵贱,咸同此制。"

祭祖祀鬼、供奉神佛的文化功能与饮茶习俗的形成与普及同步发展。带宗教色彩的献茶之所以出现得如此快与传统宗教祭祀的观念密切相关。

唐代初年有关于宗庙祭祀的争议,太子宾客崔沔有"人所饮食,必先荐献"的总结,进而援引晋中郎卢谌分析祭祀的特征:"近古之知礼者,著家祭礼,皆晋时常食,不复纯用旧文。"[9]即在距晋不远的古代,谙熟礼仪制度之家都使用日常饮食充当祭品。另外,齐武帝在解释他选定祭品的原则时也说是"生平所嗜"[10]。

正因为中国人将死者的世界视为现实世界的翻版,认为活着的时候所需要的东西,死后也同样需要。最一般的需要当然是不可一日或缺的饮食。于是为了表达孝子贤孙之情,还尽量使用高级、时兴的食品。茶作为新兴的时髦饮料,很自然地被用作祭品,因此在饮茶习俗成立之初就被赋予了宗教色彩。就像谚语所说的"上供神知,人有一吃"。祭品是参加祭祀的人们在之后的祭筵中的饮食。因此,祭品的选择更多地反映了祭祀者或被祭祀者的好恶,世俗饮食的性质同时存在。

齐武帝希望仅仅使用节俭的茶等为祭品的作法能够为全社会所接受,所谓"天下贵贱,咸同此制"。从历史上看,他的愿望可以说是实现了,从后世儒家所主导的祭祀对于茶礼的应用状况上看,其频率远远超过酒礼的使用。

二、佛教茶礼的性质

尽管如此,说起茶礼,大家首先联想起来的还是佛教茶礼。在日本,茶礼一般是指佛教尤其是禅宗以茶为载体的礼仪仪式,间或指早期的饮茶。因此茶礼的研究也主要在佛教茶的研究中进行。古田绍钦在《入宋僧与茶》中指出:

唐代是中国禅宗最兴盛的时代,另外,饮茶习俗也很盛行。除了时代的联系以外,饮茶习俗没有停留在单纯的解渴和强调药效上,在禅宗寺院开始作为茶礼而饮茶,给饮茶增加了精神的涵义。这可以说是唐代文化的产物,其中还引发了饮茶器具的茶碗的制造技术的革新,生产出大量的名碗。[11]

今枝爱贞在《茶礼与清规》中,从中国和日本的规定僧侣生活规范的清规入手,结合现代日本寺院的茶礼,考察了茶礼的具体举行方法[12]。

事实上,通过分析《敕修百丈清规》可以看出,禅宗仪规的基本特征之一是普遍采用茶礼。充分程式化是作为仪规的茶礼的先决条件之一,高度的礼仪化提升了茶礼的规格,使得茶礼得到更加广泛的重视,日常化的频繁应用促使专业人员的产生,寺院制度从根本上保障着茶礼的顺利进行。佛教茶礼是吸收、改造世俗茶礼的结果,包括了茶与汤两个项目,反过来茶礼又作为佛教参与社会活动的机缘而被使用,成为普世的手段[13]。

佛教茶礼的起点应该在两晋南北朝,当时,僧侣热衷于模仿文人风流,参与饮茶的切实记录不一而足,已经超过道教。就宗教而言,佛教徒的茶给人以比较强烈的印象,更具特色。社会各阶层、各文化集团都饮茶,茶的烹点方法都一样,能够给人留下强烈印象的不是茶自身,而是茶的文化特征,具体地说就是茶的礼仪规范。日常饮食也是僧侣修行的组成部分,一旦他们接受饮茶,就自然而然地将佛教理念和仪式规范糅合进文人茶中,形成佛教色彩浓厚的茶礼。昙济道人向新安王刘子鸾、豫章王刘子尚献茶是举行佛教茶礼的一个实例,只是受资料条件限制,无法考察当时究竟将世俗茶礼改造到什么程度。

就像福岛俊翁先生所指出的:"几乎所有的法要仪礼应接管待里,一定有奠茶、上茶、点茶、吃茶、会茶、讲茶的记载。"[14]也就是说几乎所有的寺院活动都要使用茶礼。如果世俗社会"无酒不成宴"的话,那么佛教寺院就是"无茶不成礼"。

茶礼作为清规的一部分而被记载。"'清规'是禅宗特有的内部规范,即是禅院(或丛林、禅寺)的组织规程及内部日常生活的管理规则。这些规范是广义的戒律,是富有'中国特色'的佛门规制。"[15]由此看来,在禅宗寺院,茶礼不仅因高度的使用频率而具有举足轻重的地位,而且其性质是寺院仪轨,就是说具备规范僧侣生活的作用,这才是茶礼在寺院被高度重视的宗教性原因。

正是宗教的高度仪礼要求促使包括茶礼在内的佛教仪轨高度发达,甚至让以礼仪文化著称的儒家也自叹不如:"尝闻河南夫子因游僧舍,值其食时,顾而叹曰:'三代礼乐,尽在是矣。'"[16]只是这个礼仪之花,在中国没能永久昌盛,现在盛开在日本。

三、现代佛教茶礼建设的意义

古代中国的佛教茶礼具有禅宗清规的意义与作用,在佛教的宗教生活中发挥着无可取代的作用。茶礼在佛教中的消失与佛教戒律的衰微至少从现象上看是一致的。现代佛教界已经出现大力弘扬清规戒律的呼声。智海在《〈百丈清规〉初探》中说:

> 禅宗对于传统戒律的行事规范是非常重视的,戒与律是禅宗实践的基本保证。百丈怀海禅师清规的制立使禅宗走向独立,并为禅宗花开五叶的绵延不绝奠定了基础。同时,清规的丛林礼仪为禅宗教团的确立给予了充分保证。可以说,清规是禅宗千载传播的制度建设。百丈的清规,本着与戒律不一不异的指导思想,出发点实际是结合中国的本土实情,要为禅门的修学实践制定一套相应的保障制度。作为禅门之中的特殊规

范,清规从来没有、也绝不可能代替戒律,在一般禅林中清规与戒律并举是不容忽视的事实。清规的实质是发扬戒律的精神主旨,与戒律的整体精神是相吻合的。清规以随方毗尼的视角,在若干行为规范上对戒律进行了适当的补充变动。其中,作务普请制度是佛教律仪中国化的显著标识,清规作为禅门的行为规范不仅没有扬弃戒律,相反,在许多具体的规定中,无不以戒律作为出发点与落脚点。时至今日,不仅佛教的戒律日趋衰微,就连禅门清规的许多内容也已逐渐被人淡忘,本文讨论清规的目的不仅在于辨析它与戒律的异同,更重要的是提倡强化戒律意识,突出清规在一定时域中的实用性和对戒律的回应这一事实。我们期待着中国禅宗对戒律与清规的大力弘扬。[17]

智海法师在指出戒律的重要性的同时,也指出了现代佛教界在戒律方面的严重问题。如何重建现代佛教清规戒律,或许是个见仁见智的问题。身在茶都的光泉法师把着眼点放在了佛教茶文化建设上,基本思路就是通过佛教茶文化的复兴再建禅宗清规。"心术并行,禅茶双修。"茶礼是否能够成为重建传统戒律的行事规范的突破口?这是留给佛教茶礼的课题。谁是这个课题的承担者?是佛教僧侣还是茶艺师?答案是不言而喻的。

宋明理学的代表人物之一的程颢曾说:

> 学禅者常谓天下之忙者,无如市井之人。答以市井之人虽日营利,然犹有休息之时。至忙者无如禅客。何以言之?禅者之行往坐卧,无不在道。存无不在道之心,此便是常忙。[18]

就是说僧侣日常的举手投足无不是修行。日本僧人道元在1223年来中国留学,根据他的留学体验撰写了《典座教训》、《赴粥饭法》等关于饮食的修行心得。宗颐在成书于宋哲宗元符年间(1098—1100)的《禅院清规》卷六中还有"谢茶不谢食"的认识,反映了茶礼在

全体饮食修行中的重要意义。由此建设起来的佛教茶文化不仅可作用于佛教界自身,还可以通过普世的渠道,反馈、回报社会,在现代中国文化的复兴中将发挥无可替代的作用。

（作者单位：浙江树人大学）

注 释

［1］《晋书》卷 77《陆晔传》。

［2］《茶经》卷下《七之事》。

［3］(北魏)杨衒之《洛阳伽蓝记校注》卷 3《城南》,范祥雍校注,上海古籍出版社,1982 年。

［4］《太平御览》卷 867《饮食部二五·茗》引《世说新语》。

［5］《桐君录》,(宋)唐慎微《重修政和经史证类备用本草》卷 27《菜部上品·苦菜》。

［6］《茶经》卷下《七之事》。

［7］(南朝宋)刘敬叔《异苑》卷 7,"丛书集成初编"本。

［8］《南史》卷 11《后妃·齐宣孝陈皇后传》。

［9］(唐)崔沔:《宗庙加笾豆议》,(宋)姚铉辑《唐文粹》卷 39,"四库全书"本。

［10］《南齐书》卷 3《武帝纪》。

［11］村井康彦编《茶汤的成立》,中村昌生等编《茶道聚锦》2,小学馆,第 72—73 页。

［12］《茶汤的成立》,第 79—86 页。

［13］具体请参考关剑平《〈敕修百丈清规〉所反映佛教茶礼的特征》。

［14］福岛俊翁《〈敕修百丈清规〉题解》,千宗室主编《茶道古典全集》第 1 卷,淡交新社,1957 年,第 392 页。

［15］劳政武《佛教戒律学》,宗教文化出版社,1999 年,第 78 页。

［16］宋潜说友《咸淳临安志》卷 77《寺观三·崇福院》。

［17］佛教网站:《中国内江圣水寺圣域佛教》。

［18］《二程遗书》卷十五,程颢、程颐《二程集》,中华书局,1981 年。

中日禅茶交流的大动脉
——浙东运河

赵大川　韩棣贞

如果说,宁波(明州)是中日禅茶交流海上丝茶之路的启航的咽喉,那么,浙东运河则是沟通宁波与杭州,中原地区乃至开封、长安的大动脉。

浙东运河开凿的历史可上溯至春秋时。据《越绝书》载,"勾践时采锡山为炭,称炭聚,载从炭渎至练塘。各因事名之,去县五十里"。练塘是"勾践炼冶铜锡之处。采炭于南山,故其间有炭渎"。当时,越地水运发达,东浮大海,北达吴都,西溯江淮。

浙东运河,自杭州东渡钱塘江至萧山县的西兴镇,经西兴东至宁波,长约 200 千米。中间过钱清江至绍兴城,自绍兴东过曹娥江至上虞旧城,再东北至余姚县,接余姚江,东至宁波。春秋越王勾践时已有局部运道,传说创自西晋。南北朝时,已建有渠化堰埭,著名的有过曹娥江及钱塘江的四埭。唐代,修建运道堤塘。北宋,由杭州至宁波要渡过钱塘、钱清、曹娥三大江,越过七大堰坝,即钱清二堰、都泗堰、梁湖堰、通明堰、西渡堰。南宋定都杭州,运河为东通宁波出海的主要航道,朝廷在维修管理,增建堰坝、斗门、闸及水门等方面用力最勤。

日本学者冈千仞于光绪十年(1884)五月来中国游历,次年三月返国,著《观光纪游》一书。他精于汉学,用汉文成书。书中有许多对清代浙东运河风情的描述。书中记载:"蛏浦坝高二三丈。二十四日晨,用水牛十余头拖船上坝,乘势下泻,滑落入江极快。江中行四五里至春浦坝,亦用水牛揽坝至江东一港。前行过马家堰,较小,雇村人拖船过堰,群舟争先喧哗。暮至横河坝,坝旁岸上设大木桩,桩上贯横木棍。推棍转桩,系桩连舟有绠索,徐徐转下,人坐舟中甚安稳。""但春浦坝与横河坝一段港窄浅难行,有小堰以人力拖过,行旅不少。"再现了百年前浙东运河的牛力、人力绞盘过坝的情形(图一、二)。

图一　浙东运河纤堤(1928)

中日友好交往历史悠久。《史记·秦始皇本纪》记载,传说徐福入海求神药,最后到达日本。中日一些学者为此成立"徐福学"研究会等组织。其中有一说,认为徐福是从大运河经浙东运河至明州(今宁波)赴日本的。汉代、两晋也有商船经浙东明州到日本、高丽、东南亚交往的记载。从隋代开始,日本即派使团来中国。第一任使节于隋大业三年(607)入隋。到唐乾宁元年(894),日本共向中国派遣使团十六次。遣唐使中不仅有使节,也有学者高僧。历次遣唐使团大多从明州登陆,经浙东运河入唐,浙东运河成为中日科技和茶禅交流的主渠道。始建于东晋咸和年间的杭州灵隐寺和上天竺寺,始建于隋代的杭州下天竺、中天竺寺和天台国

清寺,始建于晋代永康年间的宁波天童寺和始建于西晋太康年间的宁波阿育王寺,都是日本、高丽等高僧膜拜圣地。此外,日本的高僧、商人自发入唐,中国的高僧经运河从明州赴日传经,这些都极大地促进了中日茶禅的交流。

日本高僧最澄、空海、圆珍入唐

跟随遣唐使团最早入唐且影响最大的日本高僧,当数和"茶圣"陆羽同时代的传教大师最澄(767—822)、弘法大师空海(774—835)。最澄,近江(今滋贺县)人,是日本佛教天台宗的开山鼻祖;空海,赞歧(今香川县)人,则是日本佛教真言宗的创始人。最澄于唐贞元二十年(804),随藤原葛野磨为首的遣唐使团入唐,于唐永贞元年(805)返回日本。空海于唐永贞元年(805)入唐,元和元年(806)回到日本。最澄、空海都曾登临天台山,在国清寺拜师求法,回国后大兴天台教义,并尊国清寺为祖庭。日本平野立雄于1941年所著的《杭州》一书,还记载有空海到杭州灵隐寺和最澄到杭州的史实。当时,陆羽刚逝,但其《茶经》已广为传播,陆羽好友道标时为灵隐寺住持。我们有理由推断,通过道标,最澄和空海将陆羽的《茶经》传播到日本。

最澄、空海二位大师入唐求法归国后,在佛教教

图二　浙东运河过坝图

义、文学诗歌、茶道、书法、绘画方面都对日本产生了巨大的影响,他们被誉为"伟才"。以他们二人为首的日本佛教宗派,在日本宗教界被称为最澄·空海教团组织,由最澄·空海教团组织在平安期初叶创建的佛教宗派称"天台·真言二宗"。

最澄于唐永贞元年(805)由天台国清寺、杭州净慈寺、明州(今宁波)天童寺和阿育王寺参究佛教返日,并携带浙江茶籽回日本种植。现滋贺县阪本村国台山麓的茶园,相传为当年最澄种茶旧址。元和元年(806),空海从明州(今宁波)登船返日,也携带许多浙江茶籽,并分植在日本各地,还将制茶知识传播到日本。最澄和空海应是从浙江携茶至日,在日本传播种茶、饮茶最早的二人。

最澄和空海在中日茶禅交流中的一大功绩,是将浙江茶叶的种植、制作、烹饮从寺院推向皇宫。在最澄、空海的推动下,日本寺院种茶树极为普遍。最澄和空海与当朝日本嵯峨天皇情意深厚,常有诗词往来,茶禅尽于其中。据《日本后纪》和《类聚国史》载,日本弘仁六年(即唐元和十年,815年),嵯峨天皇巡游至近江(今滋贺县)梵释寺,寺僧献茶,天皇饮之大悦,乃在首都附近五县广种茶树,指定专充贡品。大和的元庆寺种茶树也相当成功,宇多天皇退位后曾于898年访问此寺,寺僧也以香茗款待。

另外,在中日茶禅交流中特别值得一提的是最澄的弟子智证大师圆珍(814—891)。据1941年日本《新修日本文化大系》载,圆珍于唐大中七年(853)入唐。圆珍的船只在今福建省连江县靠岸,经浙江黄岩,到天台国清寺,后沿浙东运河,于大中八年(854)九月二十四日到越州(今绍兴)开元寺,又循浙东运河,渡钱塘江来到杭州。到杭州拜谒灵隐等寺高僧后,略住两京(今长安、洛阳),还上五台山巡礼求法。由于日本战乱少,圆珍入唐时,留传至今的仁寿三年"日本国太宰府公验"(即通行证件),见证着中日茶禅交流的历史。

高丽高僧僧统义天

杭州西湖西面玉岑山下有一座古刹,名慧因寺,为后唐天成二年(927)吴越王钱镠所建。宋代慧因寺左右松丘竹坞,前后麦垄菜畦,寺内殿宇华整,僧寮香积众多,是杭州颇负盛名的寺院。

慧因寺之所以出名,盛于晋水禅师,名于僧统义天,而韵于东坡居士。

慧因寺高僧颇多,自晋水禅师任慧因寺住持后,以贤首教为东南宗所,疏释《华严经》等凡数十种,声誉大振。高丽国王子僧统义天,不远万里航海而朝,乞为师门弟子。

义天(1055—1101),高丽文宗仁孝王第四子,高丽宣宗次弟。其俗名王煦,辞荣出家,被封为"祐世僧统",故许多古籍称其为"僧统义天"。北宋元丰八年(1085)春,僧统义天自高丽出发,在明州(今宁波)登陆,沿浙东运河,经余姚,达天台国清寺;又到钱塘(今杭州)拜谒净慈寺住持圆照禅师为师;后又循江南运河北上,过长江,折西至开封朝贡。

开封朝贡后,义天请从钱塘慧因寺净源(即晋水禅师)口授《华严经》,宋神宗赵顼降旨可其奉,并派遣大臣主客郎杨杰护送他到慧因寺。他在慧因寺从净源受法,又在天竺寺从慈辩从谏学天台教义,谒金山了元参问禅要等,心得颇丰。他还由杨杰陪同至龙井衍庆寺,参拜辩才禅师,游"龙井八景",喝龙井茶。

义天学成归国后,其兄宣宗及母大喜,命其金书《华严经》。他弘法传道,在日韩影响颇深,还创建高丽灵通寺,卒赐"大觉国师"。晚清《复初斋文集》卷二十五有《跋高丽灵通寺大觉国师碑》,碑文中曰:"高丽灵通寺大觉国师碑在宋宣和七年乙巳。所谓大觉国师者,名义天,即东坡诗所云三韩老子西求法者也。"僧统义天与苏东坡交情深厚,在开封朝贡时,苏东坡也参与接待。

北宋元符元年(1098)冬,高丽国遣使入宋,千里迢迢由贡舟经浙东运河载至慧因寺。

北宋建中靖国元年(1101),宋徽宗登基,高丽遣使祝贺,并捐赠黄金两千两,请于慧因禅寺造华严经阁及卢舍那佛、普贤菩萨、文殊菩萨像,朝廷皆应允,高丽并送慧因寺义天金书《华严经》。杭人遂称慧因寺为"高丽寺"。

慧因寺作为中国与高丽两国友好往来的象征,受到历代朝廷和杭州地方官及高丽檀越(即施主)的保护和修缮。南宋宁宗曾有题额;清乾隆帝南巡时,曾临幸慧因寺,赐名"法云寺"。

日僧荣西、辨圆、道元入宋

赵宋王朝南渡后,于绍兴八年(1138)定都临安(今杭州),杭州一跃成为全国政治、经济、文化中心。余杭径山寺、钱塘(今杭州市)灵隐寺和净慈寺、明州(今宁波)天童寺和阿育王寺为"天下禅院五山",钱塘中天竺寺、湖州道场山、温州江心寺、金华双林寺、明州雪窦寺、台州国清寺、福州雪峰寺、建康(今南京)灵谷寺、苏州万寿寺和虎丘寺为"天下禅院十刹"。钦定的"天下禅院五山十刹",以临安为中心、江南运河和浙东运河为两翼分布。日本、高丽等国高僧如潮般从明州登岸,参谒阿育王寺、天童寺,循浙东运河遍访台州国清寺、钱塘灵隐寺和净慈寺,最后登上余杭径山寺,一心求法。

据日本《云游的足迹》记载,仅南宋至明代,日本来华求法的僧人就有443人。两宋时期,日本高僧入宋传播茶禅影响最大的是荣西、辨圆和道元等。心怀弘法大志而东渡传法的中国高僧也不少,如道隆、祖元等。宋元时期,中国经浙东运河赴日的高僧就有27位。

荣西(1141—1215),全称明庵荣西,字千光,为日本临济宗创始人。他早年在日本三井寺、延历寺修行,南宋乾道四年(1168)、淳熙十四年(1187),曾二度入宋,从天台万年寺虚庵怀敞受临济宗黄龙派禅法,拜谒杭州灵隐寺、净慈寺,后随师到天童寺服侍两年多,于

绍熙二年(1191)回日本。即日本建久九年(1198),他写就《兴禅护国论》,成为日本临济宗的奠基之作。他得到镰仓幕府的信奉和支持,在龟谷和京都分别建寿福寺、建仁寺,大兴临济宗。除了佛教方面有很深的造诣外,荣西对陆羽的《茶经》和茶之功效也颇有研究。其所著《喫茶养生记》是日本第一部有关茶的专著,对佛教参禅、吃茶功效等都作了一一阐述,对日本饮茶走出皇宫寺院、普及全国各阶层起到了推动作用。

南宋中日茶禅交流最重要的三人,是径山寺第34代住持无准师范和日本高僧圆尔辨圆、希玄道元。

师范(1178—1249),字无准,梓潼(今属四川)人,俗姓雍。他九岁出家,十八岁受具足戒,20岁到明州阿育王寺从佛照德光(1121—1203)参禅问法,后到钱塘灵隐寺谒见松岳源,最后依西华秀峰破庵祖先(1136—1211)为师,尽得其传。嘉定十三年(1220),他出世开法于明州清凉寺,又先后迁主焦山普济寺、明州雪窦寺和阿育王寺。绍定五年(1232),他奉旨主径山寺。宋理宗赵昀召其入修政殿奏对,赐金襕衣;并命其在慈明殿升座说法,垂帘而听,事后称善,赐号"佛鉴禅师"。当时,日本、高丽有"双径,为道之所在"的说法。南宋嘉熙二年(1238)所绘,藏于日本东福寺的师范画像,是辨圆入宋求法回国时带去的。画像题额为师范的顶相自赞:"大宋国日本国,天无垠地无极,一句定千志,有谁分曲直,惊起南山白额虫,浩浩清风生羽翼。"体现了高僧的博大胸怀。

其时,师范道声远播,号称"天下第一宗师",圆尔辨圆、神生荣尊、妙见道佑、了然法明、随乘湛慧、性才法心、樵谷惟仙等高僧纷纷前来求法,其中最出众的当数辨圆。辨圆(1202—1280),字圆尔,日本骏河(今静冈县)人。他五岁初闻佛法,八岁习天台教义,十八岁剃发得度,专心潜修天台教义。南宋端平二年(1235),他从明州入宋,学明州景福山月公之律、杭州天竺柏庭之教,后拜径山寺师范为师。经过师范千锤百炼的调教,辨圆深究参悟,学有所成。淳祐元年(1241),辨圆

回国时,师范画了一张宗派图给他,并付法衣。辨圆从南宋带去千余卷典籍,其中有南宋《禅苑清规》,这也是日本《东福寺清规》的蓝本。据日本《茶文化史》载,"茶道"源于"茶礼","茶礼"源于南宋的《禅苑清规》。这也是径山茶宴与日本茶道渊源关系的脉理。日本东福寺所藏、当年辨圆从南宋带去的箔押朱漆玺天目台,见证着中日茶禅交流的历史。

道元(1200—1253),全称希玄道元,俗姓源氏村上,内大臣久我通亲之子,日本曹洞宗创始人。他14岁出家到比叡山学天台宗教义,后到建仁寺从荣西的弟子明全学禅,并于南宋嘉定十六年(1223)入宋求法,在宋五年,历游天童、阿育王、径山等寺。宝庆元年(1225),他到径山求法,谒见径山寺住持如琰(1151—1225)。如琰热情接待了这位异国的年轻高僧,于明月堂设茶宴款待。后他在天童寺师事曹洞宗第13代祖如净(1163—1228)三年,受曹洞宗禅法和法衣而归。回国后,他在深草建兴圣寺,又在越前(今福井县)建永平寺作为传布曹洞宗的根本道场。他悟性极高,著述颇丰,有《正法眼藏》九十五卷、《普劝坐禅仪》一卷、《学道用心集》一卷、《永平清规》、《永平广录》等,其中不乏将中国茶禅介绍到日本的内容。他圆寂后,孝明天皇赐"佛法东传国师"谥号,明治天皇赐"承阳大师"谥号。

日本画僧雪舟入明

值得一提的还有入明的日本著名画僧雪舟(1420—1506)。图五是1956年纪念世界文化名人时,由著名画家傅抱石所绘的雪舟等杨画像。雪舟,原姓小田,名等杨,生于备中(今冈山县)赤滨。他幼时在宝福寺出家,16岁去京都,入相国寺修行。有缘结识日本水墨画元老如松及其继承人周文,开始了他的画僧生涯。

雪舟于明成化四年(1468)随使臣天舆清启,从周防(今山口县)港出发入明。他在宁波登陆后参游了天

童寺、阿育王寺,随后沿浙东运河到杭州。他遍游西湖名胜,拜谒灵隐寺、净慈寺,又上径山寺,再循京杭运河,取道镇江、南京、扬州,一路北上,当年到达北京,逗留半月,翌年从原路返回,一路观光游览,写生绘画,而后回国。留传至今并保存在日本各寺院的画作有《唐土胜景图》、《归中真景图卷》等。

千年流淌的大运河和浙东运河作为交通要道,不仅有利于融合华夏南北文化的差异,对世界东西方文化的交流也起到了一定的促进作用。浙东运河方便了琉球的进贡,中、日、韩各国间的茶禅交流,也为各国使节的朝觐提供了方便(图三—五)。

图三　浙东运河常见的乌篷船

图四　绍兴水城门

图五　余姚运河古桥(1937)

使 节 朝 觐

据《宋史》卷487列传第二四六"高丽"条目载,北宋熙宁七年(1074),因北方受到契丹的阻挠,高丽使节舍良鉴来言要求改道从明州(今宁波)入宋境。自此起,明州开始接纳高丽使者。尔后,经浙东运河至杭州,循京杭运河至长安、开封,一直是日本、高丽等国使节朝觐的路线。元丰元年(1078),宋朝廷派安焘、陈睦乘明州所造两艘"神舟"出使高丽。从此,中国和高丽友好往来日益频繁。据《江南通志·扬州府》载,元丰七年(1084),宋神宗"诏京东淮南筑高丽馆以待朝贡之使",即从高丽来访的人,抵达明州后,可通过浙东运河、江南运河到扬州稍作休息,再取道江北运河前往宋都开封。政和七年(1117),经朝廷许可,在明州建高丽使馆。今宁波月湖镇明路、宝奎巷一带,有市级文物保护单位——高丽使馆遗址,原为宝奎庙址。宝奎庙建于晚清时期,原为南宋宝奎精舍,而宝奎精舍则建在高丽使馆原址之上。据南宋《宝庆四明志》载,高丽使馆,"今宝奎精舍,即其地也"。宣和六年(1124),徐兢(1091—1153)奉命出使高丽,回来后写就《宣和奉使高丽图经》,对往返高丽有详尽的阐述。

两宋时期,今浙江杭州、宁波等地不仅日本、高丽等商客僧人云集,而且东南亚商人和阿拉伯人也很多。

1842年"五口通商"之前,中国政府禁止外国人到内地游历。开埠后,有条约细则规定"夷人不得内地游历",只有经朝廷恩准的外国使团才可以在宁波登陆,沿浙东运河过钱塘江,循京杭运河到北京觐见皇帝。

(作者单位:杭州陆羽与径山茶文化研究会)

"天下第一行书"《兰亭序》与宁波之缘

周东旭

永和九年,岁在暮春。大书法家王羲之和江左名士谢安等41人,在会稽山阴兰亭举行"修禊礼"(古代民俗于农历三月上旬的巳日,到水边嬉戏,以祓除不祥,称为修禊,三国魏以后始固定为三月初三)。天朗气清,惠风和畅。名士们畅叙幽怀,饮酒赋诗,王羲之在微醺之间,欣然为大家所写的诗写了一篇序,该序就是被后人称为"天下第一行书"的《兰亭序》,又称《兰亭叙》《禊帖》。唐时,因为太宗皇帝十分喜欢该帖,死后带入昭陵,所以现存的《兰亭序》主要是唐人摹本,有虞世南、褚遂良、冯承素的摹本。千百年来,凡是学习书法的人,都要临摹《兰亭序》,对其顶礼膜拜,还留下了许许多多的兰亭序版本,北宋大文豪苏东坡诗云:"兰亭茧纸入昭陵,世间遗迹犹龙腾。"(《孙莘老求墨妙亭诗》)可见兰亭版本之多。历代文人墨客不光喜欢右军飘逸的书法,更喜欢文章里描绘的自由精神世界,茂林修竹,曲水流觞,无拘无束。所以人们喜欢在构建园林时把亭子命名为兰亭,喜欢摹刻《兰亭序》。在宁波,我们在文物帖石中发现许多《兰亭序》,另外还可以拾掇许多关于书圣王羲之的奇闻逸事和兰亭掌故(图一)。

一、书圣王羲之曾隐居奉化六诏

奉化剡源九曲,风光秀丽,充满着诗意画意。千百年来,吸引着许许多多的文人墨客流连其间。

剡源一曲,名六诏。这个名字的来源就是因为书圣王羲之,据邑志上的记载是因为书圣王羲之曾隐居此地,当时的皇帝下六次诏书召他回朝廷做官,他坚辞不去。元代陈沆的《剡源九曲图记》中记载道:"水一曲

图一　王羲之像

图二　奉化六诏村右军墨砚池(杨古城先生提供图片)

而为六诏,晋右将军王公逸少隐居其间,诏六下而不起,地由是名。后人为之立庙,有砚石存焉。"据《奉化县志》上载:"奉化县西有水曰剡源,夹溪而出,其地近越之县,故名。以曲数者凡九,一曲曰六诏,有晋王右军祠。右军隐于此,六诏不赴,故名。山有砚石,右军所遗也。右军宅在金庭,其去六诏密迩,故别业在焉。"现在的嵊州金庭为王羲之后人聚居之地,金庭离六诏不远(图二、三)。

根据《晋书》里的记载,永和十一年,王羲之受会稽郡刺史王述排挤,愤然辞职。辞职后"羲之既去官,与东土人士尽山水之游,弋钓为娱。又与道士许迈共修服食,采药石不远千里,遍游东中诸郡,穷诸名山,泛沧海。叹曰:'我卒当以乐死。'"最后"朝廷以其誓苦,亦不复征之"(见《晋书·王羲之传》)。

因为王羲之与六诏的一段缘,以后的文人学者写了无数的诗歌歌咏这件事。元代陈基曾有一首《一曲六诏》诗:"一曲溪头内史家,清泉白石映桃花。当时坚卧非邀宠,六诏不朝百世夸。"内史即指王羲之。清代全祖望的《句余土音·剡源九曲诗·六诏》:"右军泼墨处,一昔来金庭。九曲自兹始,六诏想清风。"

至今六诏不光有许多王羲之的遗迹,还流传着诸

图三　大砚石(上刻"右军遗迹,伴我山民志","伴我山民"为清代奉化书法家毛玉佩先生号)(杨古城先生提供图片)

如因为王羲之爱鹅养鹅,所以大白鹅现今成为奉化的特产。还有如奉化方言中"我"、"鹅"不分,据说也是因为源自羲之爱鹅。"砚埋尘土鹅群少,六诏空山自白云",是诗人对逝者如斯的感慨。

二、兰亭八柱第一为余姚人虞世南摹写

唐代书法家虞世南摹的《兰亭序》被称为最能体现兰亭意韵的摹本,虞世南得智永和尚真传,有魏晋风韵,与王羲之书法意韵极为接近,用笔浑厚,点画沉遂。虞本《兰亭》原无摹写人名款。因历代屡经装裱刷洗,字迹墨色已极暗淡。帖后有元人所题"臣张金界奴上进"小字一行。上钤元文字"天历之宝"印。所以明清人也称之为"天历兰亭"或"张金奴本"。拖尾有宋代魏昌、杨益的题名,后有明代宋濂、杨嘉祚等十二家题跋十三则,董其昌题跋中曾提出"似虞永兴所临"。清初梁清标题称"唐虞永兴临禊帖"。后流入清廷内府,有乾隆皇帝题识玺印。乾隆时列为"兰亭八柱本第一",也直接称虞世南所作(图四、五)。

图四　虞世南像

图五　兰亭八柱第一

虞世南,字伯施,唐初越州余姚人。唐太宗尝称其有德行、忠直、博学、文辞、书翰为"五绝",《新唐书》中

记载:"世南性沉静寡欲,笃志勤学。……同郡沙门智永善王羲之书,世南师焉,妙得其体,由是声名藉甚。"他的书法继承二王传统,外柔内刚,笔致圆融冲和而有遒丽之气。唐时与欧阳询、褚遂良、薛稷并称唐初四大书家。历代对他的书法均有所评论。《书后品》云:"萧散洒落,真草惟命,如罗绮娇春,鹓鸿戏沼,故当(萧)子云之上。"《书断》卷中列其隶、行书为妙品,称其书"得大令(王献之)之宏规,含五方之正色,姿荣秀出,智勇在焉。秀岭危峰,处处间起;行草之际,尤所偏工。及其暮齿,加以遒逸"。《述书赋》云:"永兴超出,下笔如神,不落疏慢,无惭世珍。"《宣和书谱》还把虞世南晚年正书与王羲之相后先,又以欧、虞相论曰:"虞则内含刚柔,欧则外露筋骨,君子藏器,以虞为优。"

三、李清照避难明州丢失
定武本《兰亭序》

"赌书消得泼茶香,当时只道是寻常",清初词人纳兰容若在《浣溪沙》里用宋代女词人李清照的事典,来比喻夫妻情投意合,有着共同的爱好。宋代女词人李清照和丈夫赵明诚喜欢收藏,谙于鉴赏,并有不少古董、书籍、字画。据李清照在《金石录后序》中写道,她常与丈夫赵明诚比赛看谁的记性好,能记住某事载于某书某卷某页某行。经查检原书,胜者可饮茶以示庆贺,有时举杯大笑,不觉让茶水泼湿衣裳。只是好景不长,金人南下,李清照跟随高宗皇帝避难江南,辗转台明之间,失落无数珍贵古玩。她寓居奉化时,失落定武本《兰亭序》。定武本《兰亭序》,相传为唐初大书法家欧阳询摹勒上石。因北宋时发现于定武军(今河北定县),故称定武本《兰亭》。军是宋代与州、府同级而隶属于路的一级行政区划名称。据元代宁波学者袁桷在《清容居士集》卷四十六《跋定武禊帖·不损本》云:"赵明诚本,前有李龙眠蜀纸画右军像,后明诚亲跋。明诚

之妻李易安夫人避难寓吾里之奉化,其书画散落,往往故家多得之。后有绍勋小印,盖史中令所用印图画者,今在燕山张氏家。"(图六)

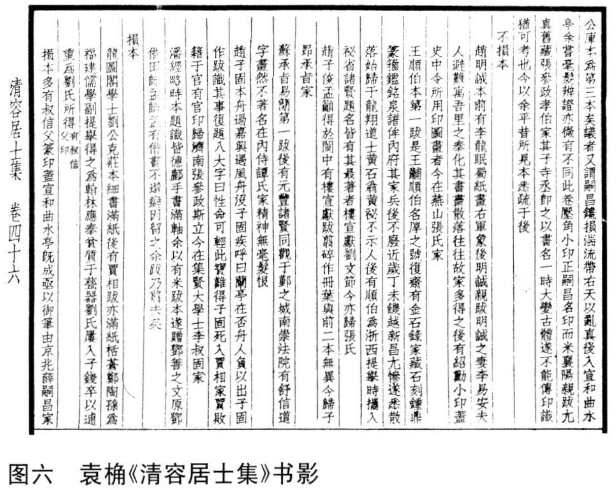

图六　袁桷《清容居士集》书影

李清照失落的定武《兰亭序》,上面有李龙眠画的王羲之像,李龙眠即李公麟,北宋时著名画家,字伯时,号龙眠居士。后面有赵明诚的跋文。失落的定武兰亭为史弥远所得,绍勋即史弥远的图章印文,史弥远是南宋丞相,越王史浩之子,明州人,南宋时,四明史氏家族一门三宰相,权倾朝野。这件事,同样在清代宁波学者全祖望的《鲒埼亭集·诗集·李易安兰亭叹》里得到论证。该诗上有序:"前有龙眠所作《右军小影》,毫发无损,易安流寓奉化,遂归史氏。宋亡,流转入燕。是吾乡兰亭掌故也。京邸曾见之于宗室贝子斋中,谷林劝予以诗记之。"在清代的时候,这本定武《兰亭》又流入皇族宗室贝子书斋中。全翁的诗里又写道:"兰摧芝焚亦天孽,孤鸾飘泊剡源栖。剡源山水虽然好,孰为夫人慰累唏。箧中何物甲万卷,内史禊帖良绝奇。六诏词宫香火近,展卷荐以秋江蓠。"说李清照在六诏右军祠中展开禊帖,献上江蓠,祭拜王羲之。这恐怕是诗人的一种艺术想象罢了。在《剡川诗钞续编》里还有一首孙士伦的《寓夫人》也写李清照寓居剡源一事:"吾乡多寓介,亦有寓夫人,居士李易安,才名耀千春……无何老是乡,旋托剡水滨,右军禊字帖,携来碧磷殉。后归有力者,光芒射古鄞。"

四、余姚秘图山"续兰亭会"

元代著名学者陶宗仪曾见过许多兰亭集刻,他在《南村辍耕录》里写道:"兰亭一百一十七刻,装褫作十册,乃宋理宗内府所藏,每版有内府图书钤缝玉池上,后归贾平章。至国朝有江南,八十馀年之间,凡又易数主矣,往在钱唐谢氏处见之,后陆国瑞携至松江,因得再三披阅,并录其目,真传世之宝也。"下面附十册兰亭目录,其中"丁集一十刻"中有"余姚县治",贾平章为南宋宰相贾似道,余姚县治所藏的兰亭序刻本为宋代余姚县令常禈所刻,摹拓之本后被宋理宗藏于内府,后又流落民间,陶宗仪才得以一见。

而余姚最有名的兰亭掌故应该是发生于元代至正二十年(1360)的秘图山续兰亭会。余姚县治内有一座小山,据说当年大禹治水经行到此,将治理姚江之图藏于此山山洞中,小山因此得名为"秘图山",又称之为方丈山,山南有小湖,命之为"秘图湖",秘图山虽然只有二十来米高,但小巧玲珑,有奇石洞壑。当时方国珍的幕僚刘仁本仿照兰亭的景物对秘图山进行改造,种植奇花异木,并修建了一座亭子,取名为"雩咏亭",取《论语》"春服既成,童冠浴沂,舞雩咏归"之意。又招集当时的名士四十馀人召开"续兰亭会",其中有赵俶、谢理、朱右、僧悦白云、王霖、朱绚、僧阜、徐昭文、郑彝、张溥、僧福报等,聚集在秘图湖边,曲水流觞,举行修禊礼。而且要求各位名士按照晋人兰亭修禊原诗之韵,再赋诗唱和。事后把这些诗汇总,由刘仁本写《续兰亭诗叙》,并列有图次,请四明篆刻大家胡伸瑛镌刻于石上。碑高三尺八寸,宽一尺九寸,共四块。第一块为图,水石竹木。中有方池,池上有雩咏亭,亭边有高风阁,旁刻题字。第二块即刘仁本的叙和他人的补叙,第三四块即这些名士的诗作。后人称这四块帖石为《续兰亭会图石刻》。

这块碑刻至清乾隆年间,由经史学家邵晋涵摹拓后赠与史学家钱大昕,钱大昕题跋于帖末,并写进《潜研堂文集·金石》卷中。可惜这四块帖石在"文革"时被毁。

余姚秘图山的续兰亭会,是元代余姚的一次盛大文化活动,可见兰亭会的聚会千百年来始终吸引着许多文人学士,刘仁本写道:"东晋山阴兰亭之会,蔚然文物衣冠之盛,仪表后世,使人敬慕不忘也。"并说:"余有是志久矣。"可见策划这场"续兰亭会"是刘仁本的一个心愿。终于在至正二十年完成了这个宿愿,传为余姚文坛佳话。刘仁本,字德元,黄岩人,元末中进士乙科,历官浙江行省左右司郎中,后入方国珍幕僚。

五、天一阁神龙本《兰亭序》和 丰坊临《兰亭序》

天一阁博物馆内藏有两种《兰亭序》帖石,现在游客均能看到,一在东园(园林学家陈从周先生设计)的凝晖堂,即神龙本《兰亭序》。神龙本《兰亭序》是唐冯承素摹本。首部有"神龙"二字左半印,所以又称"神龙兰亭"或"神龙半印本兰亭序"(图七、八)。

此本乃冯承素影印王羲之《兰亭序》真迹之上,以笔依原迹轮廓钩摹,然后填墨而成,最接近原作,故此本历来最受推崇。嘉靖初年,丰坊以冯承素摹《神龙兰亭》为底本上石(图九)。现存帖石后一块还有清嘉庆十八年(1813),金石学家翁方纲鉴赏后的诗跋:"唐临绢本极纷拿,始信朱铅态莫加。漫执神龙凭诸印,不虚乌镇说文嘉。书楼带草明兰渚,玉版晴虹起墨花。今日四明传拓出,压低三米鉴赏家。"末有"覃溪"钤印。另外嵌于天一阁前的兰亭墙壁之上,为丰坊摹的《兰亭序》,落款为"嘉靖五年八月十日丰坊临",另有"丰坊"、

"存礼"等印。近来,根据文物专家王开儒先生的研究,天一阁收藏的神龙本《兰亭序》是真品。甬上媒体已做相关报道。

图七 天一阁兰亭

图八 天一阁神龙本兰亭序

图九 丰坊临《兰亭序》

丰坊字人叔,一字存礼,后更名道生,字人翁,号南禺外史,明代宁波人,是藏书家范钦的好友,是一个奇才,也是一个怪人。丰坊博学多才,尤精书法,家有万卷楼。黄宗羲在《丰南禺别传》对丰坊有如下描写:"读书注目而视,瞳子尝堕眶外半寸,人有出其左右,不知也。"可见读书之用功。但丰坊性情怪僻,不善治家,晚年家财丧失殆尽,其万卷楼藏书为门生窃去十之有六,后又不幸遭遇大火,所存佳本已无多。丰坊与天一阁范钦交往颇深,早年范钦曾从万卷楼抄书,故万卷楼劫余之书尽售与天一阁。丰坊为人愤世嫉俗,孤傲不羁,而且聪明过人。据说他常常伪造古书,说是家传,因此也留下了许多恶名。全祖望《天一阁藏书记》则指责丰坊"谬作朝鲜尚书,日本尚书",讥为"贻笑儒林,欺罔后学"。其实据考证,《朝鲜尚书》、《日本尚书》均确有其书,并非臆造伪作。丰坊晚年穷困潦倒,贫病交加,客死僧舍。其实在封建专制社会里,丰坊的怪僻行为完全可以理解为魏晋人的风骨,更值得人惋惜。

六、林宅藏有董其昌临《兰亭序》

在宁波紫金街的省级文保单位林宅的西花园,有二方明代书画家董其昌临的《兰亭序》,董在帖后有跋:"每以修禊日临写《兰亭》,今春仲游武林,候梅花,经旬风雨,遂缓归棹,三月三乃在雨篷,了无书兴,以正午补之。其昌。"并有篆文方印两枚"宗伯学士"、"董氏玄宰"。董其昌,字玄宰。明松江府华亭人。万历十七年进士,授编修,天启时累官南京礼部尚书,以阉党柄政,请告归。崇祯四年起故官,掌詹事府事。他把临摹的《兰亭序》送给好友陈继儒。陈继儒,字仲醇,号眉公,明松江府华亭人,自命隐士,居住小昆山,而又周旋官绅间,当时人颇有讥诉。清代文学家蒋士铨的传奇《临川梦·隐奸》的出场诗中有"翩然一只云间鹤,飞去飞来宰相衙",许多人认为是讽刺陈继儒,松江古称云间。陈继儒与董其昌齐名,也精于书画文学。陈继儒也在此帖上写了一个跋:"宋内帑所藏禊帖有百七

十刻,惟率更令逼真。勒石不可得,独褚河南摹本留传人间,曾在董宗伯家,或疑双钩。今宗伯用褚法,宜抚右军之神第一烜赫书也。右军以鼠须写茧纸,此卷亦写高丽镜面笺。转变悉异,转赠象三谢使君,使君知兰亭,近幸善藏之,勿落萧翼手!眉道人陈继儒题。"后有篆文方印"陈继儒印"、"眉公"两方。这篇跋文告诉我们一个信息,即陈把董其昌临的《兰亭序》转赠给象三谢使君,象三是谁?象三即谢三宾,字象三,号寒翁,鄞(今浙江宁波)人。工山水画,落笔迥异恒境,但为人品格被后人诟病。那谢三宾收藏的董其昌临《兰亭序》又怎么会到林宅里呢?林宅的主人是同治年间的举人兄弟林钟华、林钟嵩,他们的祖父是林廷鳌,字靖南,别字澹吾。据《四明谈助》记载,林为人"读书尚义,工音律,淡于名利"。民国《鄞县通志》说他"性慷爽,有得辄散诸戚族邻里之困乏者"。现在郁家巷里的盛氏花厅即是林廷鳌的藏书楼近性楼(林氏后人卖与清学政盛炳玮,故名盛氏花厅),林宅是宁波老城里最见精雕细琢的宅子。那董其昌临《兰亭序》又是如何得来,如何刻石上墙,这一切均成一个谜(图一〇、一一)。

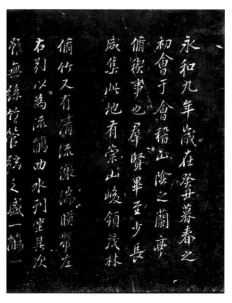

图一〇　董其昌临兰亭序(海曙文管所裘燕萍所长提供)

图一一　林宅(海曙文管所裘燕萍所长提供)

图一二　汤先甲临兰亭序(海曙文管所裘燕萍所长提供)

七、汤先甲临《兰亭序》

在莲桥街俞宅发现两方刻石,也是《兰亭序》,是汤先甲临摹的。汤先甲,字萼南,号辛斋,江苏宜兴人。清乾隆十六年进士,官侍读学士,乾隆三十五年五月,因皇八子擅自进城,时任上书房行走的汤先甲被罢职。汤书法工秀,曾经手书赵秋谷《谈龙录》一卷。而且在这个《兰亭序》边上还有陈兆崙、俞棠的跋。陈兆崙字星斋,号句山,清钱塘人,清雍正八年进士。选为知县,分发福建,受闽浙总督器重,主持鳌峰书院。十三年,入京都任中书兼撰文,充军机章京。乾隆元年,召试博学鸿词,授翰林院检讨,累迁太常寺卿,官科太仆寺卿,著有《紫竹山房文集》。陈跋写道:"乙酉夏五,承汤学士萼南临欧、褚二帖时教,前辈临书法贵得其意,不必字样求肖,即如米老称褉帖为'不'字最多,无一似。以深观之,则'之'字更多,'不'字尚过,似去'之'字,则随处变相,极横溢有趣,可见作者即不无强同,况摹古者乎?萼南于相似中存本色,良善感,言兴趣,辄亦仿定武本为之不惭,老丑可叹也!中伏日识。"(图一二)

俞棠,镇海人。据他在跋中写道"洗读之,知为先生(陈兆崙)临定武本石刻"。民国《鄞县通志》同此说,将其定名为"陈兆崙临定武《兰亭集序》石刻"。而在移赠拓片中,仅有陈兆崙题跋,并没有俞棠的序跋。有可疑之处,期待更多的史资来证实。而且两方帖石上有"三、四"字样,可见还有"一、二"两方帖石,但发现时"一、二"帖石已不知去向。

除了宁波老城的兰亭帖石和奉化余姚的兰亭掌故,在清代还有慈溪书法家姜宸英的《兰亭序》也十分有名,世称"姜本兰亭序"。清末书法家梅调鼎则被日本书坛誉为"清代王羲之"。著名书法大师沙孟海生前挑选作品捐赠家乡时,其中之一就是所书的《兰亭序》精品。宁波当代书法家曹厚德先生也摹过《兰亭序》,并有刻石,印有字帖,后面有书法家沈元魁先生的跋。

宁波历史文化底蕴深厚,从宁波的兰亭掌故即可豹窥一斑。拾掇起来,全祖望所谓"是吾乡兰亭掌故也",令人自豪。

(作者单位:宁波市海曙区文物管理所)

论博物馆志愿者对社会和谐的贡献价值

涂师平

国际博协第 22 届大会于 2010 年 11 月 7 日至 11 月 13 日在上海召开,本届大会的建会主题是"博物馆致力于社会和谐"。"和谐",是 21 世纪的一个关键词。政治和谐、社会和谐、文化和谐、自然和谐、环境和谐等概念,正在越来越多地影响甚至改变着当今社会的方方面面,当然也包括博物馆和文化遗产事业。

博物馆致力于社会和谐,一支积极力量越来越重要,它就是博物馆志愿者。

一、志愿精神引领社会和谐风尚

志愿者,是指利用业余时间,不为任何报酬参与社会服务的人。现代国际志愿者活动始于第二次世界大战之后,各国志愿者相继开展了义务服务活动,在重建家园、发展经济和促进社会文明进步等方面,发挥了巨大的作用。

1970 年,联合国大会通过决议,组建"联合国志愿人员组织",作为联合国系统内一个独特的机构,从属于联合国开发计划署。

1985 年第 40 届联合国大会通过决议,确定每年 12 月 5 日为"国际志愿人员日"(港、台和东南亚等地称作"国际义工日")。许多国家及政府都在这天举办各种活动,大力宣传、赞扬和倡导志愿者(义工)为社会义务服务的重要作用与奉献精神。

每年,全球有 4 000 名符合条件且经验丰富的人员自愿加入联合国志愿人员项目,到发展中国家从事志愿服务。在过去的 30 年里,已有 150 多个发展中国家和发达国家的 20 000 多名联合国志愿者、人员被派遣到 140 个发展中国家从事各类项目工作。

中国的志愿服务主要是由政府组织倡导的志愿活动以及成千上万的较小规模、自下而上的社区基础组织这两方面的力量所推动的。通过志愿活动,志愿者不仅使他们所服务的社区受益,而且令自身受益。志愿者能够通过志愿服务来增强自己对他人的关爱之心和领导能力、管理能力以及沟通技巧。志愿服务通过教导人们要有责任心以及促进互信和谐,让整个社会更有凝聚力。据统计,全国注册志愿者人数达到 2 511 万人。

世界范围内,被生动地概括为"送人玫瑰,手有余香"的志愿工作现在已经发展成具有多种服务功能的社会团体,博物馆志愿者就是其中重要的一支队伍。博物馆志愿者在国际博物馆界也称为博物馆之友。

博物馆之友是指以任何方式支持博物馆发展、形象和影响的人。他们的行为是自愿的、无报酬的。他们出于道义,从经济上,或从事博物馆志愿工作,或贡献自己的专业知识,来支持博物馆的发展。

博物馆之友队伍发展壮大,于 1975 年在比利时成立了一个国际博物馆之友联盟(WFFM)。它是一个国际非政府、非盈利性,把世界各地博物馆之友聚集在一起,并予以支持的组织,是一个完全由志愿人员组成的联盟。WFFM 的成员,由 36 个不同国家的 18 个国家联合会和 27 个协会近 200 万人组成,参与 WFFM 国际性、国家性和区域性的活动。WFFM 认为,通过对社会的开放和社会的积极参与,博物馆将全面完成其使命。

1996 年在墨西哥瓦哈卡举行的第九届 WFFM 国际大会一致通过了《博物馆之友和志愿者守则》,其目的是为所有成员提供指南,加强博物馆之友、博物馆志愿者和博物馆专业人员的关系。

博物馆之友和志愿者追求文化发展的崇高目标。他们把对博物馆的支持、自己的知识、经验和能力带到博物馆。他们这样做的目的是为了提高博物馆和博物馆学的发展水平。承诺自愿积极地参与到博物馆事业中,发挥自己作为社会公民的作用。

作为博物馆社团的一员及博物馆与群众之间的核心人员,博物馆之友与志愿者是一群特殊的观众,代表群众对博物馆这一机构发挥自己最大的作用。

此外,一旦成为博物馆之友或志愿者就代表他们需要承担对应的责任和义务,以保证双方有效合作。

21 世纪初,全世界各大博物馆都处于高速发展时期,中国的博物馆时代也即将到来。目前,我国现有博物馆近 3 000 座,每年还在以 100 多座的数量增长。当前国内博物馆的藏品共约两千多万件,全国每年举办 9 000 多项展览,其中有几十项到国外展出。近年来,各地博物馆都在充分发挥志愿者在公益文化事业上的作用,志愿者已成为博物馆服务的不可或缺的一支重要力量。博物馆志愿者的志愿精神引领着社会和谐风尚。

二、博物馆价值转型需要 发挥志愿者的作用

经济全球化、政治多极化、文化多元化已成为当今世界发展的大趋势,时代的主旋律是"和谐"、"共享"和"发展"。而时代的主旋律对博物馆的社会价值和社会责任提出了更广、更高的要求,并深深影响着博物馆发展的价值转向。

首先,时代需要博物馆从保护藏品延伸到保护遗产。2001 年和 2005 年国际博协两次发布战略计划,都提到要使博协成为"一个在保护世界文化遗产和自然遗产方面令人尊重的声音"。众所周知,博物馆的藏品是关在馆内的物品,传统博物馆只是征集、保护藏品,使博物馆越来越画地为牢、闭关自守;而"遗产"的概念则无限大,包括可移动文物和不可移动文物、有形遗产与无形遗产、文化遗产和自然遗产。保护遗产是时代

对博物馆存在价值的新需要,这一需要,使博物馆工作打开了视野,面对多样化的资源,进入无限大的发展空间,于是,艺术馆、科技馆、遗址馆、生态馆等各种各样的博物馆百花齐放,共生共荣。博物馆的保护对象从历史到现今,从文化遗产到自然遗产,从物质到非物质,从可移动文物到不可移动文物,视野空前扩大;博物馆的展示空间从场馆到社区,从本市、本省、本国到全球,舞台空前延伸。21世纪进入到了一种"大博物馆"、"大资源"的发展时期,也进入到了一种保护遗产"博物馆化"和博物馆文化建设"遗产化"时期。由此出现了各地大建博物馆、博物馆代表各地发展水平和文化软实力的现象。

其次,时代需要博物馆的社会责任从保护遗产延伸到服务并促进社会和谐发展。我们回顾21世纪历年国际博物馆日的主题,可以发现时代鲜明的新需要:2000年,新世纪元年,国际博物馆日的主题是:"致力于社会和平与和睦的博物馆";2001年,主题是:"博物馆与构建社区";2002年,"博物馆与全球化";2003年,"博物馆与朋友";2004年,"博物馆与无形遗产";2005年,"博物馆:沟通文化的桥梁";2006年,"博物馆和青少年";2007年,"博物馆和共同的遗产";2008年,主题升华为:"博物馆:促进社会变化发展的力量";2009年,"博物馆与旅游"。以上主题,充分反映了时代对博物馆参与社会、承担社会责任、体现社会价值的需要,时代要求博物馆:要构建和谐、多元的社会文化;要放眼全球,促进国际多元文化交流;要发动全民参与,教育青少年,保护全世界有形和无形的共同遗产;要加强联合,服务社会发展,做优做强,成为促进社会变化的积极力量;要在保护中利用,推动旅游发展。因此,博物馆的研究活动要跳出"从物到物"的狭隘认识,跳出自娱自乐的"行业角色",转向"从物到人"、"从物到社会"的研究活动,揭示遗产与社会关系问题,使博物馆成为人民的精神家园,成为文明的发动机,成为文化交流的大使。

再次,时代需要博物馆从社会化参与上升到为社会化共享遗产保护成果服务。中国从保障公民文化权益的角度出发,提出并推行博物馆免费开放,2008年中国文化遗产保护日的主题定为"文化遗产人人保护,保护成果人人共享",正是顺应时代需要,以"共享"来满足广大人民日益增长的精神文化需要,以"共享"来激发全民对文化遗产"共保"的热情,以"共享"来平衡社会各方面的文化遗产资源利益,从而使博物馆得到政府、企业、社团等多方面的关心和支持,充满活力。"共享"一方面要培养博物馆的核心观众,使他们成为博物馆活动的忠诚参与者、支持者。另一方面,"共享"也要"共建",博物馆的展览和文化活动要走出去,伸展到社区、企业、部队,共建各种生态博物馆、社区展览馆、家庭收藏展览室等,逐渐使博物馆的影响辐射到社会每个角落。

21世纪的博物馆正处于重大转型的十字路口。博物馆面临需解决的问题是如何保护作为人类共同遗产的文化多样性及生物多样性。全世界希望选择的未来是环境、文化、经济和社会的持续发展。博物馆能够在促进社会和谐方面起协调作用。随着我国博物馆陆续免费开放,博物馆又被推向了社会前沿。它的围墙和门槛被彻底打破了,过去只供少数"精英"研究、欣赏的文物和展览,现在要敞开大门供所有公民共享。博物馆不再只是"博物馆人"的博物馆,展览不再只是面对"少数精英"的展览。现在博物馆的主体应该是"公民",要建什么样的博物馆、要办什么样的展览,不能只是少数领导和专家说了算,要公民说了算;博物馆的建设和发展也不能仅靠政府和博物馆人,要调动全社会的积极性,要把博物馆真正打造成公民的文化殿堂和"精神家园";博物馆人为公民服务也不能仅仅坐等观众上门,还要推出"流动博物馆",主动走向社会、融入社会、亲近公民。而博物馆与社会和公民紧密联系的桥梁,就是博物馆志愿者。

任何博物馆的人力、物力、财力、智力资源都是有限的,但为社会和谐服务的工作是无限的,这就产生了用"有限"去满足"无限"的矛盾。解决这一矛盾的做法就是要跳出自身局限,以"大资源观"理念去整合、调动一切可为我们所用的社会资源。而博物馆可开发的最佳资源,就是志愿者资源。博物馆的志愿者工作无论对社会还是对博物馆,都有重要的意义。作为一项社会活动,它是改善社会风气、建立温馨和谐人际关系的有效措施,是一个让志愿者实现社会价值和个人价值的舞台。从博物馆的角度而言,它是教育传播工作的一条途径,为志愿者这一群体提供了一个参与社会实践和发现自我、提高自我、展示自我的平台。同时,开展志愿者工作也是博物馆走向社会、服务社会的一种实践[1]。

2010年11月国际博协第22届大会在上海举行,而在这次大会上,将举行博物馆志愿者论坛,这又为我国博物馆志愿者提供了一次在国际博物馆界亮相、展示风采的大好机会。中国博物馆志愿者抓住此次机遇,今后还将迅速跻身国际博物馆之友联盟,快捷利用这一独特而又稀缺的国际资源,强有力地发出中国博物馆志愿者走出国门、迈向世界乃至话语全球的心声与强音。这是时代给予中国博物馆志愿者的发展机遇!

三、做大中国博物馆志愿者队伍的方略

我国正处于重大的变革与发展时期,博物馆事业也面临着新的挑战。它需要从狭窄的收藏、研究模式中走出,真正地融入社会,进而成为人们自觉地接受教育和开展自我教育不可或缺的重要机构。国家关于博物馆免费开放政策的出台,为博物馆及其从业人员开启了一道与社会公众亲密接触的门户。博物馆志愿者活动的开展,有助于博物馆完成两项重要的任务:一方面通过该活动博物馆吸纳和利用丰富的社会资源;另一方面,通过该活动博物馆达到其全面开放、融入社会、依靠公众的目的。博物馆志愿者具有两大功能:一是起着博物馆吸纳和使用社会资源的重要功能,它包括博物馆的自我宣传和文保宣传,博物馆的社会资金与人力支持,博物馆对观众的研究与教育功能的实施等;二是作为第三组织起着体现公民社会力量、弘扬民族精神的重要功能,博物馆志愿者是有别于企业、政府的第三组织(志愿组织),它充满活力的原因主要在于,其成员在实现自我的同时又较好地服务了社会,因而它是博物馆本质与志愿精神的完美结合。开展博物馆志愿者活动,不仅可以弥补我国博物馆现有专业人力的不足、节省馆内开支、提高内部管理水平,还能大大改善当前博物馆的服务质量,使之真正融入社会,更好地服务公众。我们要与时俱进,通过管理创新、制度创新、能力提升等手段,做优做强中国博物馆志愿者队伍,增强博物馆致力社会和谐的贡献率。

(一)提供多种志愿者的机会

博物馆大多是事务繁杂而资金紧张。博物馆可以做的工作很多,我们的博物馆也应该根据自己的管理特点,把每个部门需要完成而又缺乏人力的项目集中统计,比如藏品帐目的整理和录入、资料翻译、接待咨询、展览讲解、影像拍摄、展览策划、学术讲座、观众调查、送展进社区、开办社区博物馆和流动博物馆等。把这些项目集中起来再设计成不同的志愿者项目,为更多的人提供选择的机会,为志愿者提供更多的舞台和空间。例如一些长期的志愿项目,比如讲解、咨询项目非常适合退休的老人志愿者。而一些短期的项目,比如只在周末或假期才有的项目,则适合在校的学生志愿者。学生的志愿者项目,可以和博物馆附近的学校联合,把在博物馆当志愿者变成一种社会实践活动,使学生们在博物馆工作的同时得到自我的锻炼与成长。

（二）赋予志愿者相应的权利和利益

志愿者的项目开展起来以后，如何持续发展下去并且保持队伍的稳定也是一个重要的问题。培训一个志愿者成为一位能胜任博物馆工作的合格志愿者是需要花费时间和财力的。那么，对于博物馆来说，志愿者能长期稳定地在博物馆服务，是一件非常重要的事。但是就目前的情况看，志愿者的流失还是很严重的。一些志愿者开展较早的大馆，也面临志愿者流失的问题。需要我们根据博物馆的情况，赋予志愿者一定的权利，这也是吸引和鼓励更多的人成为志愿者的一种积极的策略。比如，为志愿者提供培训等学习的机会，志愿者可以使用博物馆的图书资料，赠给志愿者一些免费的门票，邀请志愿者参加博物馆的一些重要活动，如新展览的开幕式及一些重要的讲座，尊重志愿者的劳动，设法使志愿者的工作更有吸引力。不能因为是志愿者就把自己不喜欢的工作交给他们，应该让每个志愿者感到自己的工作也很重要。把志愿者建设成一个团队，让大家在这里得到快乐和温暖。有条件的博物馆可以为志愿者提供专门的空间，供他们学习与交流。另外，也可以有一些精神鼓励，比如中国国家博物馆规定，如果一个志愿讲解员服务达到1 000小时就可以成为"中国国家博物馆荣誉馆员"。

（三）明确志愿者的职能并建立相应的制度

虽然志愿者是自愿来博物馆工作的，而且是义务的，但是志愿者这个群体并不是一个松散的组织。博物馆需要制定相应的制度，对他们进行科学化的管理。只有这样，才能确保志愿者制度的良性发展。

首先要明确，我们需要志愿者做什么工作，我们的要求是什么，并据此制定相应的制度，来规范和约束每一个志愿者。比如，规定志愿者每周服务多少小时、每次工作时的要求是什么、志愿者的行为规范等。同时还要对志愿者建立专门的档案，并安排教育部门的专人对志愿者进行管理，在志愿者中也要选派责任心强、热心的志愿者充当志愿者的联系人，实行志愿者自治化管理。

其次，建立对志愿者的培训制度也很重要，只有这样，才能保证志愿者按我们的要求去完成工作。对不同的志愿者，根据工作性质的不同进行相应的培训。例如对于知识更新快的讲解员工作，则至少进行每周一次再学习。

最后，在每一个志愿者项目结束后，都要做一个评估与总结。这样可以发现工作中的不足，以便下次改正。例如对讲解员的评估可以包括，每次讲解能否按时到达，声音是否有亲和力，是否能影响观众，是否能和观众互动，肢体语言是否恰当，安排团队的能力如何等。评估不仅是对工作的一个总结，也可以为以后工作提出目标和方向。

从我国的实际情况来看，博物馆的志愿者制度还需要长期的努力，才能使其体系化、制度化。博物馆志愿者的发展空间还很大。只要建立一个适合我国国情的博物馆的志愿者制度，那么，我国的博物馆志愿者就一定会越来越多，志愿者将成为博物馆的得力助手，为博物馆的发展增光添彩，成为一支推动社会和谐的积极力量。

（作者单位：宁波博物馆）

注 释

[1]　吴玲《选聘志愿讲解员　加强博物馆宣教工作》，《丝绸之路》2009年第8期。

博物馆经济学视野下的志愿行为初探

马立伟

早在 20 世纪初,美国波士顿艺术博物馆就率先在博物馆界启动志愿行为机制,将热心博物馆事业的志愿者应用于博物馆的各项工作。此后,国外其他博物馆纷纷效仿,志愿工作蓬勃发展起来,成为博物馆自谋发展和自我完善的重要途径之一。我国是从上世纪 80 年代兴起博物馆志愿服务的,起步较西方国家晚许多,迄今为止虽已颇具成效,但仍有待于深入研究和探讨。在市场经济体制下,博物馆有必要思考和解决志愿工作中遇到的经济问题。如果我们以马克思主义政治经济学理论为指导,借鉴文化经济学理论,构建博物馆经济学的理论,并运用到志愿工作的实践中,也许会有助于我们深层次地探索和理解其特征、内涵与发展规律,从而有利于志愿工作的有效实施。

一、博物馆经济学理论体系的构建

(一)概念界说

改革开放以来,我国的社会主义市场经济体制初步确立,博物馆旧有的经营理念和管理模式等受到巨大冲击,加之政府对博物馆的财政拨款缩减而引发的各种经济现象,使许多学者越发关注博物馆经济学的问题。博物馆学家苏东海先生很早就提出要构筑博物馆特有的经济学理论,其后,不少学者先后就此问题著书立说,进行不同程度的研究。他们以商品经济为背景,从不同视角对博物馆经济学的理论和实践进行了颇有成效的阐释。例如 20 世纪 80 年代就有学者提出博物馆要重视精神消费研究和广告宣传以及博物馆的商品属性和非商品属性,90 年代《中国博物馆》载文"博物馆的经济学分析"、"博物馆经济学初探",新世纪之后有"关于市场经济条件下博物馆商店经营模式的构建"。另《博物馆研究》也载文"国外博物馆经济学研究概述"等,对于博物馆经济学的概念界定莫衷一是。吕建昌先生认为,博物馆经济学是研究"博物馆怎样创收、怎样节省开支的问题……探索博物馆经济运行的规律性"[1]。曾广庆先生则指出:博物馆经济学应包括博物馆宏观意义上的经济发展规划和某个博物馆微观意义上社会效益与经济效益的获取。新世纪后,研究者们大多从博物馆的经济建设、经济效益、旅游生态经济的引进和营销手段等方面探讨博物馆经济学。

我们说,博物馆不可能脱离社会及其赖以生存的环境而孤立存在和运行,社会经济规律和文化经济环境是博物馆正常运行的物质基础与发展空间,是博物馆文化广泛传播的基本保障,也是博物馆能否有效提升社会文化水平和公民素质,为社会及其发展服务的前提条件,在当今市场经济体制下,这一点显得尤为突出。在此,我们不妨对博物馆经济学做如下定义:博物馆经济学是以经济学原理为依据,研究博物馆的经济现象和经济问题,进而揭示博物馆经济发展要素(包括博物馆内部经济资源特征、经济管理体制和人力资源机制等要素)的内在关系和经济运行规律的科学。其研究目的是要寻求博物馆特有的经济运动规律,以便制定科学的经济方针政策,创建有效的管理模式,最大限度地获得社会效益和经济效益。

(二)研究内容

博物馆经济学是文化经济学的分支科学,主要研究博物馆的文化市场、文化产品、文化资源、文化投入、产出及回报、文化供求、文化经济效益、社会效益、文化消费、文化经济政策和管理体制等。简言之就是研究博物馆文化的生产、传播、资源配置和消费的运行机制及其发展规律。其中文化生产是从博物馆工作属性出发加以界定的,因博物馆的生产是非生产性的劳动,所

以其"产品"是一种"精神产品",即用以满足公众精神文化需求的文化产品,这种产品既可以是有形的,如博物馆的纪念品,也可以是无形的,如博物馆提供的教育服务,因此,文化生产是指在博物馆特定的文化生产关系下,由文化生产者以博物馆的文化生产方式,通过精神劳动创造的文化产品的过程系统;文化传播是指博物馆以文化产品和文化服务的形式宣传推广博物馆文化并为公众服务;文化资源配置是指博物馆的馆藏物质资源(文物、藏品和基础设施等)和人才资源的合理化分配;文化消费是指社会公众以自身的经济、精力和时间等方面的投入,在欣赏博物馆的藏品、文物、陈展和享有各项服务时产生的行为过程及其结果。博物馆经济学的范畴宏观上是各级各类博物馆以经济性的推进促使博物馆整体文化经济的发展,微观上是关于"博物馆内部各项具体业务活动、行政管理、后勤服务等方面的经济活动的规律及效益的研究工作"[2]。

(三)博物馆经济学同经济学和文化经济学的关系

经济学是研究社会资源和自然资源如何合理配置从而满足人们各种需求的社会科学,文化经济学是把经济规律及其表现形式的理论应用于文化领域,并探讨社会的文化需求与物质基础之间的相互关系。博物馆经济学是在这两者的理论基础上绅绎出来的概念,其关系是宏观与微观、一般与个别的关系。这两者对博物馆经济学是宏观上的理论指导,它与这两者的出发点总体上是一致的,即都是以合理配置现有资源推动社会经济与文化的发展和完善。另外,这两者研究的内容包含了博物馆经济学诸多方面的内容,为博物馆经济学提供了理论基础和实践条件——博物馆作为以精神生产为内核的文化产业,利用丰厚的文化资源进行文化生产,创造多种多样的文化产品,并根据文化经济政策、文化市场的供求进行文化投资和文化经济管理,满足社会公众的文化消费和精神需求,获得预期的社会效益和经济效益,可见博物馆经

济学是这两者在特定领域中特殊矛盾和运动规律的反映,三者的关系是同质不同域的同心圆关系(图一)。

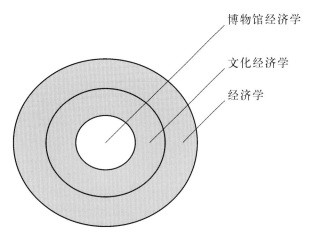

图一 博物馆经济学与经济学和文化经济学关系示意图

二、博物馆经济学视野下的志愿行为

要研究博物馆经济学中的志愿行为,我们首先要了解与之相关的概念以及志愿行为同博物馆经济学的关系。

(一)博物馆的志愿行为和志愿者

博物馆的志愿行为是指依据博物馆的各项工作需要而产生的有利于博物馆和社会发展的、无需经济报偿的利他性行为。志愿行为的主体是志愿者、捐赠者和赞助者,即为博物馆的工作义务服务的、没有经济报偿的、自愿奉献个人的时间、精力、财力和才智的个体,包括不同年龄、不同身份和背景的社会各阶层人士。关于志愿者的身份属性问题,有人认为其是介于博物馆工作人员与观众之间的身份,有人则认为他们是特殊的经常观众或现实观众。笔者同意后者的观点,因志愿者是非职业性的博物馆工作者,一旦被任用,就是经常参观博物馆的现实观众。

(二)博物馆经济学视野下的志愿行为

作为博物馆的一项重要工作内容,志愿行为是博物馆公益职能社会化与最大化的具体表现,在实施过程中,它涉及了博物馆经济学的方方面面:在文化生产方面,志愿行为是博物馆文化生产的组成部分,与之相关的各类志愿人员是博物馆的文化经济资源之一即人才资源,他们的劳动产出与成果便是社会与公众所需的形而上的精神产品;在文化传播方面,志愿行为是具有服务性和开放性的,志愿者向公众传播博物馆文化的行为就是与观众之间的信息交流过程,他们以积极热情和专业周到的服务,来赢得公众对博物馆的信任,进而为博物馆赢得社会效益和经济效益;在文化资源配置方面,志愿者的工作岗位是博物馆根据其文化物质资源对人力资源进行合理化分配的表现;在文化消费方面,志愿行为以低成本和高质量的服务,为博物馆培育观众市场,生成并促进观众对博物馆文化产品和服务等方面的消费行为,同时,志愿者在经济上和物质上对博物馆的捐赠与帮助,也在一定程度上拓展了博物馆的营销渠道,这样就在整体上使博物馆经济处于良性循环的态势中。下面,我们就具体阐述上述各方面与志愿行为的关系和意义。

1.博物馆文化生产中的志愿行为

(1)博物馆的文化生产

根据马克思的《资本论》理论,社会生产由生产力和生产关系构成,生产力决定生产关系。生产者、生产对象和生产资料是生产力的三要素,其中生产者是起决定作用的要素,是指具有一定生产经验和劳动技能的人。生产关系则是人们在物质资料生产过程中结成的社会关系。另外社会生产还分为物质生产和精神生产两大部分,精神生产是人类在创造精神产品的过程中的能力,由此形成精神生产力,即文化生产力,它是由文化生产者和文化物质资源构成的,是人类生产文化产品和提供文化服务的能力。

如果我们以发展的眼光,将马克思生产力的理论运用到博物馆领域,那么博物馆的生产在属性上是文化生产,它从属于社会生产,同样也包含文化生产力和文化生产关系。作为非物质资料生产的非营利机构,博物馆所生产的是精神领域的文化产品,创造的产品以文化价值为导向,博物馆文化生产力即可概括为:博物馆在开展各项业务工作中将其物质资源和人力资源有效控制和转换,为社会创造文化价值的客观物质力量。与社会生产力的发展结构相同,博物馆环境下的文化生产力的发展也离不开生产力的三要素,即有赖于博物馆的生产资料、生产对象和生产者。生产资料包括博物馆的馆舍、服务设施、文物藏品以及由此引发的文化产品等,生产对象是博物馆开展工作的服务对象即社会公众,生产者是博物馆的工作人员和志愿者。与此同时,在创造文化价值的过程中,博物馆也在其内部和外部结成了各种不同的社会关系和经济关系,形成博物馆的文化生产关系;它创造文化价值和文化产品的方式包括社会教育、陈列展览和科学研究等,即博物馆的生产方式。

(2)博物馆文化生产中的志愿行为

实践证明,志愿行为是博物馆文化生产力发展的"助推器",二者相互影响和相互作用。博物馆的文化生产力水平制约和影响着志愿行为的水平和质量,而志愿行为的质量也反作用于博物馆的生产力,一定程度地阻碍或促进其发展。

志愿行为的类型属自内而外的服务型,包括长期和短期两类。长期行为是博物馆在开展具有长效机制的志愿工作中实施的行为,包括吸纳社会各方面的物力和人力资源支持博物馆的建设与发展,开展志愿服务工作,是博物馆在最广泛意义上扩大社会基础的重要举措。短期行为是博物馆定期或不定期地开展面向社会的公益性服务项目,它是长期行为的有效补充形式。这两种志愿行为彼此促进,相互作用,成为推动博

物馆文化生产力的主要力量之一。

志愿者从事的工作范围比较广泛,大致可分为两类,一类是开创性的工作或称为原创性的行为,如辅助博物馆进行科学研究,其劳动是对博物馆文化成果和馆藏资源的一种创造性的精神生产。另一类是具有媒介性的行为,如以文化教育和推广普及博物馆的科学文化和历史知识为平台进行大众传媒的活动,这种生产实际上是对博物馆文化的再生产,具有显著的博物馆文化经济实践性的特征。无论是哪种类型,都会一定程度地影响博物馆的文化生产。

首先,从文化生产力发展的角度,博物馆在策划和实施志愿行为时,其三要素的文化生产者、生产资料和生产对象的关联是:工作人员和志愿者(生产者)利用文物藏品、陈展、基础设施和服务设施(生产资料)实施对生产对象(观众)的服务活动。在此过程中,生产者之间、生产者和生产对象之间结成了各种社会关系和经济关系,即构成了博物馆的文化生产关系。所以,博物馆文化生产力的发展既包括各种博物馆物质力量的总和,还有赖于文化生产者在生产过程中外化的能力与素质。

其次,文化生产力对文化生产关系起决定性作用。即文化生产力决定了文化生产者之间、生产者与生产对象之间的关系结构,文化生产关系对文化生产力的发展具有反作用力——如果博物馆处理好了文化生产中各要素之间的关系,使文化生产关系适应文化生产力的发展,必将促进志愿工作的进度、提高服务质量和水平,相应地也会提高生产者的劳动技能和综合素质,即提高生产者的再生产能力,一定程度地推动文化生产力的发展,反之则会制约其发展。

2. 博物馆文化资源配置中的志愿行为

博物馆的文化资源十分丰富,包括馆藏资源和人力资源。作为文化生产者,志愿者的知识结构、能力素质、专业背景和工作经历各异,如何在博物馆现有资源

的条件下,恰到好处地挖掘其潜力,了解其专长,充分发挥人力资源的作用,反映了博物馆的经营理念和工作水平。因此,要做到科学合理地分配志愿者的工作岗位,就需要博物馆在培训与考核志愿者的基础上,积极与志愿者沟通交流,为志愿者安排适合他们的工作内容,调动其工作兴趣,有效管理和配置博物馆的文化资源,只有这样,才能体现出其资源的社会价值和经济价值。

3.博物馆文化传播中的志愿行为

文化传播是指"以口语、文字、图像以及音频、视频等形式传播文化,并能通过某种媒介进行远、近距离交流和承继的过程"[3]。志愿行为的媒介性正是反映在博物馆的文化传播过程中——志愿者是博物馆经济的直接生产者之一和文化传播的主体,他们以志愿服务的方式诸如咨询、讲解、翻译、编辑资料、文物修复等,一方面传播博物馆的文化,为博物馆获取社会效益,另一方面通过优质的服务为博物馆赢得更多的观众,创造经济效益。吕建昌先生认为,博物馆在社会主义市场经济下是"一个以生产精神产品为主的生产者,这种精神产品是以藏品为核心,陈列展览、教育和研究为手段和形式,满足观众的精神需求,丰富观众的精神食粮,提升观众的人文素养从而提升整个社会的文明和进步程度"[4]。志愿者正是以特殊观众的身份参与其中,经过博物馆的专业培训,对藏品文物等背景材料认真研究、整理加工,然后进一步以思维的方式重组,变静态的知识和藏品为活态的展陈讲解或陈列设计,以崭新的知识面貌和富于个性化的语言、文字与图像等方式向公众传播和推广。

4.博物馆文化消费中的志愿行为

文化消费是社会文明的尺码,是"为了满足精神生活的需要,采取不同的方式享受文化消费品和劳务的过程"[5]。博物馆的文化消费方式是博物馆凭借各种手段和途径吸引观众对博物馆各种文化形式的兴趣,激活其消费动机,促进其消费行为的产生,包括对博物馆的文化产品、文化设施和文化资源等方面的消费。在这个过程中,志愿者为实现这一目标发挥了十分重要的作用,其带来的社会效益和经济效益更是有目共睹。他们将自己鲜活的文化劳动融入到文化市场之中,不断扩大观众参与的范围,增强博物馆在文化市场的竞争能力和消费频度,拉动文化消费需求,以服务形态带动观众的文化消费,实际上他们起到了博物馆活广告和社会宣传的作用。

综上所述,从本质上讲,志愿行为体现了博物馆经济开源节流的理念。开源节流意即增收节支,开源是博物馆以开放的心态和丰富的馆藏资源,广泛争取社会和公众的支持,包括社会物力资源(即社会各界为博物馆提供的经济援助和物质援助)和人力资源(即捐赠人、赞助人、会员和志愿者)的支持,为博物馆创收;节流是指为博物馆节约开支。迄今为止,国内外的博物馆都认识到志愿者和捐赠人在为博物馆的节省经费开支方面的重要作用。据美国博协统计,美国博物馆在20世纪80年代吸引了将近四万名志愿者参加服务工作,比付薪人员的2.5倍还要多,每周有将近10%的志愿者为博物馆付出35个小时或更多。有些博物馆甚至完全由志愿者筹建和管理,为博物馆创下相当可观的经济收入,并节省了开支,促进了博物馆的经济建设与发展。为便于说明上述观点,现将博物馆经济学中的志愿行为流程图展示如下(图二)。

三、当前博物馆志愿工作存在的经济问题与对策

(一)志愿工作中的经济活动

博物馆志愿行为的经济活动包括广义和狭义两方面的内容,广义是指国家在法律法规和政策方针上,对各级各类博物馆的志愿工作采取的各项经济措施,筹

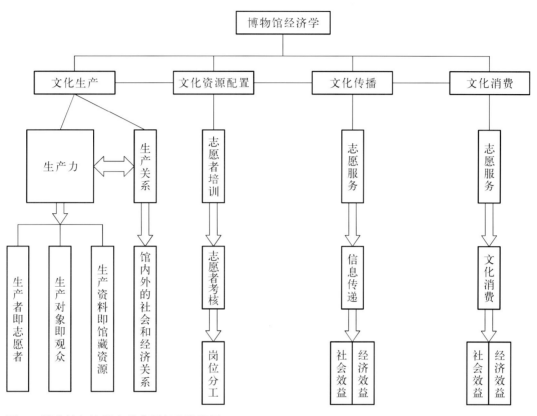

图二　博物馆经济学中的志愿行为流程图

办的各种志愿服务时所涉及到的经济活动等；狭义是指各个博物馆根据本馆需要开展的志愿工作中具体的经济活动，我们在此重点讨论后者。这类活动包括志愿服务专项经费的预算和开支，志愿服务所需设备、设施的建立，志愿者的招募、培训、考核、注册、上岗服务和管理，志愿服务项目的启动，志愿服务获得的社会效益和经济效益等。虽然志愿行为无需经济和物质报偿，可以为博物馆节省很大成本，博物馆与志愿者之间亦非雇佣关系或物质利益关系，但这并不意味着博物馆无需任何投入，相反，博物馆一旦开展工作，就会发生相关的财力、物力和人力的投入，其目的是希望在一定时期内获得回报。即使博物馆达到了预期效果，也还会采取相应的奖励机制回报志愿者的劳动付出。如故宫博物院每年会对服务达标（每年专馆服务 33 次，

每次两个小时）的志愿者进行表彰，奖励故宫的年票、行业书籍并提供免费培训、参观考察的机会等，可见志愿工作中的经济活动存在于每个环节。

（二）博物馆志愿工作中出现的经济问题及其对策

目前，尽管不少有条件的博物馆纷纷开展志愿工作，并大大推进了志愿行为的发展进程，但由于诸多客观和主观因素，在这项工作中仍然存在着一些经济问题，归纳起来大致有以下几点：

1. 相关理论研究还比较薄弱，而将志愿行为置于博物馆经济背景下的研究更是凤毛麟角。这主要是由于这方面的实践活动尚未形成规律性的体系，无法为理论研究提供强有力的实践依据。

2. 有些馆的领导对志愿工作意识淡薄，对征集社会捐赠或赞助不够重视，或对捐赠行为未报以应有的

礼遇,没有认识到其现实的和潜在的社会价值和经济价值,影响了该项工作的进一步推广。

3. 有些博物馆在开展志愿工作前,未做好充分的文化市场调查,缺乏对文化供求和文化消费的了解,以致在制定相关经济计划时不够周密,启用志愿工作预算经费和管理经费时不够科学严谨,无法准确到位地为观众提供志愿服务,结果出现经费不足或浪费的现象。

4. 有些馆缺乏对本馆的现实资源的开发和利用,这一方面表现在馆藏文物藏品、陈列展览和服务设施与文化市场脱节或相对滞后,另一方面表现在对志愿者的管理观念依然停留在小生产方式上,没有融入社会文化大生产的背景中,形成积极有效的奖惩措施和管理模式,即未做到"物尽其用、人尽其才",使志愿服务必需的人力资源和物质资源束之高阁或闲置不用。

5. 有些馆在启动志愿服务项目时,对社会的热点问题和相关政策的把握不准确或单纯追求经济利益,对项目在社会上的宣传推广力度不够,服务内容较为单一,大多为讲解服务,工作领域具有局限性,难以获得预期的社会效益和经济效益,使志愿工作的投入、产出和回报容易陷入不良循环的境地。

我们说,在工作中出现问题是难免的,关键是如何应对这些问题,并提出科学合理的解决方案,在实际工作中加以改进,不断完善。针对上述问题,我们在此提出下列解决方案供参考:

1. 博物馆要开阔思路,丰富志愿服务的实践性内涵和外延,在工作中随时总结经验和教训,为提升理论的立意、深度和广度创造条件,从而在实践过程中绎绎出正确的、符合博物馆经济发展规律与志愿行为规律的理论。

2. 政府和博物馆的行政领导需加深对志愿行为价值的认识,不断扩大博物馆的社会影响,提升博物馆的公众形象,充分拓展志愿服务的领域和空间,吸引更多的社会力量参与博物馆的建设和发展。

3. 博物馆可以设计策划周密的志愿服务计划,做好专门的文化市场调查工作,及时把握观众的消费需求,以"低成本、高产出"为原则做好相关经费预算和财政计划,有的放矢地开展和推进志愿工作。

4. 努力挖掘本馆现有的和潜在的文化经济资源,并以此为依托,认真做好志愿者的招募、培训、考核与管理工作,提高志愿服务的质量,树立品牌意识,减少志愿者的流失量,建立长期稳定的志愿者队伍。

5. 将社会效益置于首位,利用与博物馆相关的政策方针和社会热点问题,如博物馆免票政策和国际博物馆日这样公众比较关注的问题,大力宣传志愿服务项目,以长期项目带动短期项目,拓宽服务领域和工作种类,及时鼓励和表彰志愿行为,真正做到以人为本,以"为社会及其发展"为服务宗旨,优化馆内外的资源配置,积极发挥志愿人员各方面的优势和潜能。

四、结　语

记得曾看到过一则志愿者的经典名言如是说:"世上堪称伟大的东西,往往不是体积,而是精神。一个志愿者就是一把泥土,但我们存在的意义,不是被淹没,而是与无数把泥土聚集在一起,成就一座山峰,一条山脉,一片群峰。这样的山峰,可以改变风的走向,可以决定水的流速。这风,就是社会风气,这水,就是文明进程。"在博物馆经济学视野下,作为文化经济资源的一个重要组成部分,志愿行为呈现出独有的现代文化生产的特征,闪烁着耀眼的人性之美与智慧之光,真正认识和理解志愿行为在博物馆经济中的作用及其对人类文明传承的意义,势必会有助于社会对博物馆事业和志愿行为的认同与支持,有利于博物馆切实做到"取之于民、用之于民"的经营理念,大力推动博物馆文化生产力的发展,从而加快博物馆经济改革的步伐。

（作者单位：北京大葆台西汉墓博物馆）

参考文献

论文：

1. 陈炜、祝重禧《市场经济条件下博物馆商店经营模式的构建》,《石家庄经济学院学报》2005 年第 6 期。

2. 何洪源《博物馆要重视精神消费》,《中国博物馆》1986 年第 4 期。

3. 贾旭敏《广告宣传之于博物馆》,《中国博物馆》1988 年第 2 期。

4. 汤卫《试论博物馆的商品属性和非商品属性》,《中国博物馆》1988 年第 4 期。

5. 田艳萍、韩喜平《博物馆的经济学分析》,《中国博物馆》1999 年第 3 期。

6. 曾广庆《博物馆经济学初探》,《中国博物馆》1999 年第 4 期。

7. 田艳萍《国外博物馆经济学研究概述》,《博物馆研究》2009 年第 1 期。

8. (台) 刘德胜《义工与博物馆行销》,《博物馆学季刊》1999,13(3),第 53—66 页。

9. 李易志《对我国博物馆志愿者工作的思考》,《中国博物馆》2004 年第 3 期。

10. 陆建松《西方博物馆之友与志愿工作者纵横谈》,《中国博物馆》1997 年第 3 期。

11. 曹宏《美国博物馆的志愿者制度对我们的启发》,《北京文博》2007 年第 1 期。

12. 申小红《博物馆文化产品开发中的营销观念》,《博物馆研究》2009 年第 3 期。

13.《五位专家谈解放和发展文化生产力》,《人民日报》2005 年 2 月 18 日版。

14. 陈爱兰《美国博物馆考察记》,《博物馆通讯》2000 年第七期。

15. 李敏行《台湾地区博物馆志愿者招募制度探析》,《中国博物馆》2010 年第 1 期。

16. 楼锡祐《北京地区博物馆志愿人员现状》,《博物馆通讯》2001 年第 8 期。

论著：

1.《马克思恩格斯选集》第 1 卷,北京：人民出版社,1995 年版。

2.《马克思恩格斯全集》第 42 卷,北京：人民出版社,1979 年版。

3. 苏东海《博物馆的沉思》(卷二),文物出版社,2006 年版。

4. 吕建昌《博物馆与当代社会若干问题的研究》,上海辞书出版社,2005 年版。

5. 王宏君《中国博物馆学基础》,上海古籍出版社,2001 年版。

6. ［美］菲利普·科特勒(Philip Kotle)《博物馆营销》,北京燕山出版社,2006 年版。

7. 胡惠林、李康化《文化经济学》,书海出版社、山西人民出版社,2006 年版。

8. 中国国家博物馆社会教育宣传部编《关于历史时空的解码与代言——中国国家博物馆职员讲解工作五周年纪念文集》,知识出版社,2007 年版。

9. 王官仁、王修力《普通传播学》,湖南人民出版社,2009 年版。

注　释

[1]　吕建昌《博物馆与当代社会若干问题的研究》,上海辞书出版社,2005 年版,第 33 页。

[2]　吕建昌《博物馆与当代社会若干问题的研究》,上海辞书出版社,2005 年版,第 39 页。

[3]　CNKI 概念知识元库。

[4]　吕建昌《博物馆与当代社会若干问题的研究》,上海辞书出版社,2005 年版,第 14 页。

[5]　胡惠林、李康化主编《文化经济学》,书海出版社、山西人民出版社,2006 年版,第 42—45 页。

论博物馆志愿服务的开放性

孙丽梅

21世纪,志愿文化在中国博物馆界方兴未艾,伴随着中国文化大发展大繁荣时代的来临,人们的物质生活和精神生活日渐丰富,大批高品位、高素质的志愿人员来到博物馆,用他们无私的奉献精神向社会传播历史和文化,形成了博物馆一道靓丽的风景。

志愿服务是每个文明社会不可缺少的一部分,它是指任何人在不为物质报酬的前提下,贡献个人时间和精力,为改善社会、促进社会进步提供自愿服务。志愿者认为,每个人都有参与社会事务的权利和促进社会进步的能力。同样,每个人都有促进社会繁荣进步的义务及责任。参与志愿服务是表达这种"权利"及"义务"的积极有效的形式。志愿者在服务他人、服务社会的同时,自身也得到提高、完善和发展,精神和心灵获得满足。因此,志愿者工作具备"助人"与"自助"、"乐人"与"乐己"的双重性。

招募志愿工作者在公益场所义务为社会、为他人服务,这是社会发展到一定阶段所产生的一种社会现象。作为社会公益性设施的博物馆,招募志愿工作者为观众提供服务的做法,在国际上是通行的。博物馆是传播社会文化的载体,本身就以开放性为重要的主体特征,招募志愿者参与博物馆工作,既为志愿者提供了实现自身社会文化价值的平台,是博物馆开放性主体特征的多元化表现;同时也拓展了博物馆社会教育功能的途径,改变了传统的面对大众的文化传播方式,进行了以小范围受众——志愿者的专业化教育为第一阶梯、以大范围受众——普通参观者的普及型教育为第二阶梯的新模式的尝试。博物馆志愿者工作,既是基于博物馆的开放性主体特征展开的,又是博物馆开放性主体特征的凸显和发展。

但是,博物馆在开展这项工作之初,在社会上曾引起很大反响,很多人对这一方式不太理解,包括一些前来采访的新闻记者。对于博物馆是否应该采取这一方式、志愿者能否起到相应作用而感到怀疑。如何做好志愿者管理工作,让志愿服务事业健康持续的发展,是我们亟待研究和解决的课题。

国家博物馆从2002年开始招募志愿者,通过8年多的实践和研究我们得出了这样一个结论:在开展志愿者工作中,必须牢牢把握住博物馆和志愿者工作的共同本质特征——开放性,围绕这一基本特征来开展工作,以之为出发点和归宿,才能做好这一工作。具体说来,可概括为四个方面:一,立足于博物馆这一开放的平台,去除种种偏见和束缚,招募自身既具有一定文化素质,同时又有相对稳定的业余学习、服务时间的志愿者;二,对他们采取开放的管理方式,要明确志愿者"特殊观众"的身份,从二者共同的开放性这一基本特征出发来摸索独特的管理机制,建立互相尊重、相互信任的和谐关系,使之既不脱离志愿者的本色,又能行之有序地为博物馆及普通观众提供相应的服务;三,针对志愿者这一第一阶梯的小范围受众,要充分开放博物馆的资源,多途径实践博物馆的社会教育功能,以之为"点",向社会大范围受众这一"面"多方辐射;四,博物馆与志愿者工作的结合在未来日子中还有很大的开放性的空间,要认识并致力于深入这一空间,开展后续工作。

一、开 放 的 平 台

博物馆是一个开放的场所,是向社会展示人类文明和发展的平台;而志愿者是传播文化和文明的使者,通过自己的劳动为社会服务,他们的工作同样具有开放性。博物馆应该为这些无私奉献的使者提供一个深化学习、并有序地为社会服务和展示自我的平台,与他们共同担负起为社会服务的责任,志愿者也需要这个平台,展示自我、实现社会价值。

共同的开放性质将博物馆与志愿者联系到一起。基于这一共识,2002年国家博物馆向社会招募第一批志愿者,得到了热烈的响应。数以千计有志于此的志愿者来到博物馆,准备将自己的知识奉献给社会。从2002年至2006年,国家博物馆先后共招募了五批志愿讲解人员,先后有近3 000人报名参与,有近400人为博物馆提供了志愿服务。

在最初五年中,国家博物馆的志愿服务管理工作从零点起步,经历过曲折和彷徨,也尝到过成功的喜悦。2002年,由于对志愿者了解不够充分,对他们的年龄特征、工作性质、时间规律缺乏足够的认识和细致的研究,刚刚培训好的志愿者,却在一段时间内出现了比较严重的人员流失的现象。为了保证队伍的稳定性,2003年又进行了第二次招募,但人员流失现象仍然没有改观。这种现象给队伍的管理和培训工作带来很大困难。为了改变这种现状,工作人员对志愿者的构成和工作规律进行了研究,将志愿者大致分为三类:

1. 在校大学生

这部分志愿者工作热情高,文化层次也比较高,但是在博物馆的服务时间相对比较短,多集中于在校学习阶段,而且只能利用寒暑假时间完成志愿服务。大学毕业后,随着进入工作岗位工作压力加大,时间相对紧张,无暇从事志愿服务。因此,这部分人群流失率最高,不能保证志愿服务的延续性。

2. 在职工作人员

这部分人也可分成两类:一类有固定工作时间,只能在星期六、日休息时间前来服务;一类工作时间弹性较大,在不坐班的情况下可以前来服务。这部分人的特点是服务时间相对较少,且不固定,但相对比较稳定。

3. 退休人员

这部分人是志愿者群体中最稳定的成员,他们时间充裕,可以保持固定的服务时间,如有临时需要还可以随时调整工作时间,且工作踏实,服务热情高,文化底蕴丰厚,为志愿者队伍的稳定起着中坚作用。

通过对志愿者的分析研究,我们在后续的志愿招募工作中增大了退休人员的比例,减少了在校学生的比例,队伍开始显现出稳定的趋势。

在对志愿者身份的认定上,我们也经历了一个摸索阶段。最初,我们大多数同志把社会志愿人员定位为"馆内工作人员",对他们"严格要求",但很快出现了问题:一方面工作人员抱怨志愿人员业务水平提高慢,工作时间弹性大,布置的工作总不能按计划完成,参加培训时来的人多,为观众服务时来的人少。另一方面志愿人员也在抱怨,志愿工作本来就是义务的,很多同志还有本职工作要做,不可能把全部精力都投入到志愿服务工作中来。于是,有的同志在服务一段时间后便退出了。在这种情况下,我们对这一定位进行了反思,在重新明确志愿者和博物馆结合的基础出发点:"开放性"这一特点之后,也明确了博物馆"开放性平台"的这一自我定位,于是,志愿人员的定位也就随之清晰了:我们最终把志愿人员定位为"观众",一群具有较高个人素养、热心社会公益事业、对文化活动表现出极大关注,同时还非常乐于并能够为博物馆承担一部分力所能及的工作的"特殊观众"。这一定位既避免了对志愿人员过于严苛的要求,同时又凸显了作为"特殊观众"所要遵循的基本规则规范。馆内工作人员和社会志愿人员的心态都变得平和了,彼此间多了几分理解和支持,久而久之,大家相处得就像一家人一样,"亲情"和"友情"成为最基本的维系因素。到目前为止,工作人员与志愿者之间已经达到水乳交融、相濡以沫的境界。究其原因:明确博物馆"开放的平台"这一定位,既以开放的心态招募志愿工作人员,又以此为基础对志愿者进行定位,是顺利、持续开展博物馆志愿者工作的基础。

志愿者队伍稳定了,其作用也凸显出来。从2002年到2007年,国家博物馆的志愿人员累计为观众提供了近6万小时的义务讲解服务,其中6名同志的服务时间超过1000小时,服务时间最长的已经达到2000小时。

招募志愿服务人员为观众义务讲解,这是基于博物馆开放性基础之上,博物馆社会教育工作的新尝试,既实现了社会资源的有益整合,又最大限度地发挥出了各自的社会效益,形成了社会、博物馆、志愿者三重效益多赢的局面。

二、开 放 的 管 理

基于对博物馆与志愿者工作结合的出发点——"开放性"的正确认识,理顺了博物馆与志愿者之间的关系:志愿者不是博物馆的员工,不存在劳动合同关系,双方均平等、自愿的为对方提供服务,不能以合同方式约定对方的责任和义务;但作为"特殊观众"志愿者又担负着一定的使命和任务,也不能放任自流,所以我们加大了感情和培训投入的力度,采取了一套全新的、开放的管理方式。

1. 日常管理的开放性

国博志愿者管理的开放性首先表现在注册及讲解管理方面。志愿人员在通过考核成为志愿讲解员后,就要进行注册登记,领取工作手册。工作期限为一年,期满后如本人希望继续参加志愿讲解工作须提出申请并将工作手册交回注册部门重新注册,依上一年度工作表现可获准延长一年,延长次数不限,志愿讲解员也可根据本人实际情况随时提出中断志愿讲解工作。志愿讲解员通过上岗考核后,服务时间不足50小时的佩戴"临时卡",只能讲解基本陈列,服务满50小时后换领"正式卡",可以讲解专题展览。正式卡上有五颗星,服务满50小时后,第一颗星被染成红色,服务满150小时后第二颗星被染成红色,满300小时后第三颗星被染成红色,满600小时后第四颗星被染成红色,当服务满1 000小时后,不仅第五颗星被染成红色,同时将获得"中国国家博物馆荣誉馆员"称号。目前,我们已经有6位"五星级"志愿讲解员了。

在每年召开的年终总结会上,我们都会表彰优秀志愿讲解员,受到表彰的志愿者都会得到博物馆工作人员为他们精心挑选的专业书籍,以鼓励他们钻研业务,更好地为公众服务。总结会后工作人员和志愿者还会进行联欢活动,自己编导和演出文艺节目。每年的这个时候,志愿者与博物馆工作人员济济一堂,其乐融融,就像一个巨大的家族聚会,彼此之间都能感觉到浓浓的家族气氛。

2.服务平台的开放性

2006年以后,为了让志愿者在闭馆施工期间不间断讲解实践,社教部领导还主动把他们介绍到兄弟博物馆做志愿者,为他们打开新的学习实践的大门。这种开放的胸怀让志愿者感受到家一般的温暖和兄弟般的信任,感情的纽带在这个一百多人的大家庭中维系得越发紧密。

在这种开放行为的示范和感召下,开放自我也成为我馆志愿者的自觉行为,他们无私地将我馆志愿者工作的成功经验和他们在讲解中的心得体会介绍到兄弟博物馆,带动其他博物馆的志愿者工作迅速发展。在馆内志愿者工作室中,也无处不弥漫着开放的气息。他们无私地将自己收集到的所有资料、经验总结,都拷贝到一台公用电脑上。他们建立了"志愿讲解员文档"、"展览文档"、"志愿讲解员影集"等资料库,向所有前来服务的志愿人员开放,共享自己的研究成果。这种开放的意识已经融入到所有从事志愿工作的人员当中,成为一种自觉的行为。

实践证明开放性的管理,不仅不会使队伍涣散,相反由于双方的互相尊重和理解,反而会凝聚人心,使队伍更加稳定。

未来志愿者管理我们将采取志愿者自我管理制度,由志愿者自己选举出自主管理委员会,行使管理职能,制定发展规划、负责日常人员管理、编写会刊等,博物馆只从业务活动上提供指导,经费上给予支持。

三、开 放 的 资 源

博物馆招募志愿者工作,既是整合博物馆、社会和志愿者资源、实现三者效益最大化的尝试,同时也是拓展博物馆自身社会教育功能新形式的一种尝试。志愿者既是为博物馆和社会服务的群体,同时也兼具在博物馆接受专业文化培训的学习者身份,是博物馆社会教育功能的一个特殊受众,承担着学习与传播、把知识文化从小范围的"点"向社会大范围的"面"辐射的特殊作用。这就意味着博物馆要对志愿者尽可能全面、细致、长期地开放所有资源,使博物馆拓展的新的教育途径的功能得到充分实现,使志愿者最大程度地发挥其双重作用。除了常规上岗培训和考核外,我们的做法是通过多种形式的培训、参观和交流,将博物馆的资源最大限度地向志愿者开放。

1.展览培训

自2002年以来,志愿讲解员直接参与了30余个展览的讲解工作。每个展览的筹展阶段,博物馆指导老师都会把相关的展览资料印发给志愿者,让他们了解展览主题、熟悉文物,并做讲解培训工作。例如在常设展《珍藏特展》中,陶器、瓷器、青铜器占了很大比例,而这也是中国古代文物的主要门类,我们安排了几位有多年讲解经验的副研究馆员,为他们开设文物常识课,集中进行中国古代陶器、瓷器、青铜器的基础知识培训。此外,国家博物馆每年还要推出一些具有浓郁民族特色和强烈异域文化特征的大型专题展览,如《文明的时光——良渚文化文物精品展》、《瓯骆遗粹——广西百越文物精品展》等。每个新展览开幕之前或展览之初,展览项目负责人也会在百忙之中抽出时间为他们做现场辅导。对引进的国际展览,我们则会邀请随展的外国专家为大家进行现场指导。如《走近金字塔——古埃及国宝展》、《古代希腊:人与神展》、《我们的家园——澳洲原住民生活展》等都进行了这种尝试,使大家有机会结合展览内容聆听异国专家学者的讲授,有机会接触到来自不同国度、不同地区、不同民族的各色文物,有机会近距离去了解不同文化的精彩与伟大,从而更好地将展览主题诠释给观众。

2. 讲座培训

每一个国家博物馆的志愿者都是从常设展览讲起的,随着服务时间的增多,大家接触到了多种文物门类,涉及了相关知识和学术问题。在增长知识的同时,很多同志也提出了越来越有深度的专业问题。为此,我们以专题讲座形式对志愿者进行较高层次的业务培训。由于主讲人都是在某一学科或某一领域有很深造诣的国内外知名专家、学者,他们的讲座内容往往处在学术的前沿,起点更高、视野更广。如 2002 年,为配合《契丹王朝——内蒙古辽代文物精品展》,我们邀请了著名文物专家孙机先生作了题为《契丹精品文物赏析》的讲座。2003 年,在《天山·古道·东西风》——新疆丝绸之路文物精品展》中,我们先后邀请到北京大学考古文博学院著名考古学家齐东方教授和林梅村教授为我们做了《感受远逝的文明——我所经历的尼雅考古》和《新疆考古新发现与古代中外文化交流》的讲座。2006 年,在《大汉楚王——徐州西汉楚王陵墓文物精粹展》中,我们邀请到中国社会科学院考古研究所著名文物专家杨泓先生,做了题为《从大汉楚王陵出土兵器看中国古代兵器的发展》的专题讲座。同年,结合《商代江南——江西新干大洋洲出土文物展》,我们邀请到青

铜器研究专家李先登先生作了题为《新干青铜器鉴赏》的讲座。

从 2006 年开始,国家博物馆进行改扩建工程,志愿者工作转入学习培训阶段。在这期间虽然没有展览场地,但我们并没有停止对志愿者的培养。开设了"国史讲堂",请来国内文物界知名专家和北京师范大学教授为志愿者进行系统的历史、文物和文博知识培训,充分利用这段难得的"闲暇时间"提升志愿者的业务水平,为新馆重新开放打造国际一流的志愿者队伍做好充分的准备。今天,"国史讲堂"在国博志愿者群体当中已经成为一个黄金品牌,其影响力也正在向博物馆专业人员和社会扩散;而"国家博物馆志愿者"也成为我馆志愿者心目中引以为豪的光荣称号。

3. 学习交流

每年,我们还组织志愿者进行有计划、有组织的外出参观学习和交流考察活动,以增长知识、开阔眼界、加强团队精神、提高凝聚力。我们不仅组织志愿者参观了北京的多家博物馆和名胜古迹,而且还多次组织大家赴外省市参观学习。2005 年,我们组织志愿者赴西安参观学习。参观了陕西历史博物馆、西安碑林博物馆、半坡遗址博物馆、秦始皇兵马俑博物馆、法门寺地宫珍宝馆、咸阳博物馆、汉阳陵博物馆等,还参观了乾陵、茂陵及大雁塔、华清池等名胜古迹。2006 年,我们组织志愿者远赴江西对古瓷窑址和明清建筑进行了学习考察,先后参观了御窑遗址、官窑博物馆、陶瓷博物馆、湖田民窑博物馆、古窑陶瓷博览区。几年间,国博志愿者的足迹遍及山西、陕西、天津、河北、河南、湖北、湖南等地。在一些条件有限的情况下,我们还把这类学习交流和对志愿者勤奋工作的奖励机制适当结合起来,以调动其积极性。通过组织志愿者交流考察,不但可以让志愿者享受更多博物馆的资源,增长知识开阔眼界,给予志愿者的工作以适当的鼓励,同时也增进了与各兄弟博物馆志愿者之间的交流,充分实现了资

源的开放性。

四、开放的发展空间

目前,国内博物馆的志愿者大都服务于讲解岗位,他们当中还蕴藏着更多能量有待于发掘和施展,其自身也有着在更多领域为博物馆发挥才能的诉求,志愿服务的内容还有更大的发展空间;而博物馆也还有很多岗位有待于社会力量的补充和更新,还可以为志愿服务提供更为广阔的发展空间。中央文明委印发的《关于深入开展志愿服务活动的意见》中提到,要"不断拓展志愿服务的领域,丰富志愿服务的内涵"。为谋求志愿服务事业健康、持续的发展,在未来的博物馆志愿者工作中,我们还需要增强开放意识和开拓精神,在更多的岗位上向志愿者敞开大门,给他们提供更多服务社会的机会,将开放的理念融入到博物馆各项工作中。

博物馆是公益性设施,其主要作用是传播社会文化,承担独有的社会教育功能;志愿者服务也是随着社会的进步而兴起的公益性服务,二者的共通性是开放性这一本质特征。只有把握住开放性这一本质特征,在开放的平台上,探索对志愿者开放的管理模式、提供开放的资源,展望未来更大的开放空间,博物馆志愿者工作才能实现既拓展博物馆本身社会教育新途径,又为志愿者提供更大程度、更多元化实现自我社会价值的机会,同时达到博物馆、志愿者、社会效益最大化的目标。

(作者单位:中国国家博物馆)

试论志愿服务与博物馆公共性的发展

孙丽霞

志愿服务是指:"任何人自愿贡献个人的时间及精力,在不为任何物质报酬的情况下,为改善社会服务、促进社会进步而提供的服务。"[1]可以看出,志愿服务特点是:自愿性、无偿性、公益性,是一种传递着"奉献、友爱、互助、进步"精神的行为,体现了一种有利于社会发展的积极的价值取向。

19世纪初,志愿服务在西方国家出现。它直接渊源于宗教性慈善服务,经过二百多年的发展,西方国家的志愿服务活动已经比较成熟和完善,服务也涉及社会的方方面面。博物馆的志愿服务也早在1907年就在美国波士顿艺术博物馆开始了。由于历史的原因,我国大陆地区规范化、制度化的志愿服务起步较晚。20世纪80年代才建立了正式的志愿服务组织,而博物馆界开展志愿服务活动是在20世纪90年代之后。我国博物馆志愿服务活动虽然起步晚,但2000年之后,博物馆志愿服务发展非常迅速,各大中博物馆的志愿服务活动广泛地开展起来。志愿者的身影几乎遍及博物馆的各个工作岗位,志愿服务一定程度上弥补了博物馆人手不足、服务水平不平衡等实际问题,扩展了博物馆公共服务范围,提高了服务的质量。志愿者也会把他们参与博物馆公共服务工作所了解的博物馆日常信息、藏品所蕴藏的传统文化知识、博物馆文化理念在社会上进行更为广泛的传播,起到了博物馆沟通社会的纽带和桥梁作用,对扩大博物馆的社会影响力和宣传力,更加充分发挥其社会公共职能有着积极的意义。

志愿服务可以在博物馆如火如荼地开展起来,这不仅是由于志愿文化的发展和社会影响的扩大,也是由于博物馆自身的性质所决定的。博物馆是服务于社会,服务于公众的公益性机构,公共性是其根本属性,志愿服务的精神本质是公益性,博物馆以公益性为核心的公共性与志愿服务有着天然的共性,博物馆能为志愿服务提供广阔的舞台,志愿服务又能提升博物馆的公共性,二者相得益彰。这不仅使二者的属性得到了充分的发展,也成为推进志愿服务和博物馆公共性发展的合力,也成为推进社会文明,引领社会和谐的重要力量。

一、志愿服务与博物馆的公共性内涵

博物馆的公共性是一个非常宽泛的概念,现在博物馆界还没有明确的概念定义。一些学者对博物馆公共性的内涵或特点做了归纳总结。吉林大学的史吉祥教授认为:博物馆的公共性有四个主要内涵:公正性、公平性、公开性、公益性[2]。南京师范大学的程露硕士认为,博物馆公共性的三个特点是:共同性、开放性、参与性[3]。我们从《国际博物馆协会章程》"博物馆是一个为社会和其发展服务的、非盈利的永久性机构,并向公众开放。它为研究、教育、欣赏之目的,征集、研究、保护、传播并展示人类及人类环境的见证物"的博物馆定义来看,从现代博物馆三百多年的发展历程来看,结合我们目前博物馆的实践工作,笔者认为,博物馆的公共性最基本的内涵应该是公有性、开放性和公益性。

公有性是指说博物馆所征集、研究、保护、传播和展示的人类及人类环境的见证物,是人类文化的共同财产,归全社会和全体民众所有。不管是公共博物馆还是私人博物馆的藏品都是人类文化的产物,这里的"所有权"不是法律概念里的财产所有权的概念。世界博物馆发展史就是一部人们认识博物馆公有属性,推进其发展的历史。1683 年,由英国贵族阿什莫尔捐赠全部藏品,真正对公众开放的博物馆——阿什莫尔博物馆的成立,是近现代博物馆的里程碑,也是博物馆公

有性发展的起点。

近代公共博物馆出现 300 多年来,人们对博物馆的捐赠一直伴随着博物馆的发展,世界上有许多博物馆因捐赠成立,许多博物馆的重要藏品来自捐赠。包括了 14 个博物馆、17 个研究中心的世界上最大的博物馆复合体——美国史密森学院的建立是源于一次捐赠。我国国家博物馆、上海博物馆许多国宝级藏品也是来源于捐赠。捐赠是一种志愿行为,几百年来,人们前赴后继、不计回报、无私地对博物馆进行捐赠,正是基于人们对博物馆公有性的认识。他们认为博物馆是人类文化财产最好的保存、展示场所,是保障人们实现与生俱来的文化权利最合适的公共空间。捐赠者通过他们的志愿行为强化了博物馆的公有性,使博物馆成为人们践行志愿服务、实现志愿服务最终目标——促进社会进步的理想场所。

开放性是指博物馆是一个对所有公众开放的公共领域,任何一个公民都有权利来到这个开放的空间,参与这里的公共文化活动,接受教育,休闲娱乐。博物馆开放包括几个层次,第一层面是对普通观众开放,欢迎公众走进博物馆,参观展览、听讲座,享受博物馆提供的一切公共服务。《国际博协职业道德规范》中规定:"管理机构应保证博物馆及其藏品以定期的和合理的开放时间向所有人开放。特别要关注那些特殊需要的人们。"这是博物馆最基本的开放程度。第二层面是对需要利用博物馆资源的人群开放,他们来到博物馆参观、交流、查找资料,例如进行专门研究和学习的专业人员。我国《博物馆管理办法》第 12 条:"在确保藏品安全的前提下,博物馆应当为馆外人员研究提供便利。"第三个层面是对志愿者开放,志愿者深入博物馆内部,参与博物馆的具体工作,与博物馆员工一起为公众提供服务。

第三个层面的开放是一种最深层次的开放。无论是小学生还是白发苍苍的退休职工都可以成为直接服

务观众的义务讲解员，也可以是参加策划、设计、布置展览的幕后工作人员。他们的出现，让观众容易有亲切感，拉近了博物馆和普通观众的距离，使人们更愿意走进博物馆。由于志愿力量的加入，也使博物馆的公共服务工作更周到更加细致入微，提高了服务水准。同时，志愿者所体现的奉献、友爱、互助、进步的志愿精神，也为观众打开了认识博物馆的另一扇门，加强了观众对博物馆公共性的认识，使博物馆的开放性、参与性迈上一个更高的台阶。

免费开放是近年来博物馆真正打开大门的一项措施，但是因此许多博物馆出现人满为患、人员缺乏的困难。这时候，大量训练有素的志愿者承担了疏导人群、免费讲解、咨询导览等工作，在各自的岗位上发挥了非常重要的作用。由于博物馆的开放性，志愿者走进博物馆，而走进博物馆的志愿者更是一支保证博物馆更好开放的生力军。

公益性是指博物馆对社会的服务是永久而非赢利的，是社会全体民众在博物馆这样一个公共空间行使公共文化权利、享受公共文化利益的体现，是博物馆的根本社会属性。公益性在博物馆的三个基本职能：收藏、研究、社会教育中体现得最为充分，其收藏和研究的是全人类的文化财产，教育是以社会大众为对象，其所有职能都是以服务社会、服务公众的公益性为第一要着的。博物馆的服务性质与志愿服务的性质——公益性，博物馆的服务对象与志愿服务的对象——社会及公众都是一致的。正是由于这些一致性，博物馆成为志愿服务最理想的空间。在博物馆，志愿服务所要实现的服务社会、促进社会进步的目标，所传达的奉献、友爱、互助、进步的志愿精神，都得到最大程度的实现。同时，志愿服务使博物馆的公共服务质量得以提高，公益性得到了充分的彰显。博物馆和志愿者在共同的公益事业中，所表现出来的高度的社会责任感，以人为本的情怀、促进社会进步、造福社会的价值观都能

得到社会的认可和关注，从而产生了积极的社会效应。

二、志愿服务在博物馆公共服务中的重要作用

一直以来，博物馆的工作人员是比较紧缺的。2002年我国第一个公开招聘志愿者的中国国家博物馆，就是由于"面对每年近百万的观众我们现在只有四位专职讲解员，无论如何也不可能满足观众想听讲解的要求"的巨大压力，才想到了通过招聘志愿者来解决这个问题。经过严格的审查、考核、培训等程序，几个月后，130名中国国家博物馆第一批志愿讲解员走上岗位。130比4这样的比例，其效果应该是显而易见的。2008年1月中宣部、文化部等四部局下发了《关于全国博物馆、纪念馆免费开放的通知》，要求2009年文化文物系统除文物建筑及遗址类博物馆外全部免费开放后，许多平时门庭冷落的博物馆展厅的人数一下子翻了几倍甚至十几倍，博物馆人员不足的矛盾就更加突出了。就在这个时候，许多志愿者放弃了休息时间，应博物馆的召唤，到博物馆为广大参观者义务服务，志愿者的加入大大缓解这一矛盾，保证了博物馆免费开放的安全、有序、有效。大量志愿者承担了义务讲解、咨询导览、观众疏导、交流接待、展览策划、课题研究等工作，成为保证博物馆免费开放重要的社会支撑。2008年是首都博物馆免费开放的第一年，有近200名志愿者参与了公共服务工作，年度志愿者义务讲解14 755小时，北京奥运期间全体志愿者服务时间总计3 560小时[4]。2009年，上海博物馆志愿者人数达318人，到馆服务5 768次，服务时间超过15 000小时[5]。

在一些观众特别多的时段或特别的展览、特殊服务中，志愿服务更是有优势。今年7月，笔者去上海博物馆参观，由于正值世博会和暑假期间，馆内人头涌涌，观众人数应该达到了最大饱和量。除了入口处几

位工作人员外,见到的是大量的佩戴志愿胸卡的志愿者,他们穿梭在人群中,有条不紊地忙碌着。在青铜器展厅,两位讲解员也都是义务讲解员。博物馆的工作人员是固定的,很难在短时间内有大量后备人员进行调配。而志愿者却是一个巨大的资源库,平时储备人才,在急需的时候可以即时调配。中国美术馆在举办"俄罗斯国立特列恰科夫美术博物馆馆藏珍品300年特展"时,招聘了中央美院学生为主的70多位志愿者,在展览近两个月的时间里,志愿讲解员共接待了近4万名观众,提供了1300小时的服务,其中26位累计服务超过了20小时。专业讲解员的知识也不可能涉及方方面面,尤其一些平时较少接触到的领域,他们对俄罗斯艺术的认识和领悟能力应该远不如艺术专业的学生,所以中国美术馆这次展览的讲解是一次非常好的尝试,也是一次高质量的公共服务。

英国人伊凡·威廉斯是广州博物馆的志愿者。2000年9月,他将珍藏的70余幅外销通草水彩画捐赠给广州博物馆。多年来,威廉斯先生一直为广州市博物馆搜集外销画线索、资料,并不断将自己的研究成果提供给广州博物馆。外销画为广州历史的一部分,但流传路径有其特殊性,在国内并不好收集。威廉斯先生正好利用了他个人便利条件,填补了广州博物馆这一方向收藏的不足。

不仅仅是一些特定场合和工作,在平常工作中,志愿者也承担着非常多的琐碎细致的工作,如展厅导览、咨询,博物馆资料发送,观众互动活动的辅助,维持秩序,博物馆资料收集整理、文字编辑等工作。中华世纪坛世界艺术馆副馆长冯光生说:"对于像我们这样需要扩充教育力量又长期面临资金困境的艺术馆来说,志愿者撑起了一片天!"[6]志愿服务撑起的一片天空,不仅仅是面临困境的艺术馆,而是所有博物馆的一片天。在公共文化需求越来越高、越来越多样化的今天,需要有更多的力量与博物馆共同来履行其社会职能,将博

物馆的公共服务推向一个更高的水平,志愿者就是与博物馆同行的一支重要力量。志愿服务不仅使博物馆的公共性提升到一个更高的台阶,也提高了博物馆自身公共性责任的履行能力。

三、志愿精神对建设具有公共精神的博物馆文化的作用

在我国,志愿精神被总结为"奉献、友爱、互助、进步"。这一精神是人们的传统道德情操与时代精神、人类进步、文明的有机结合,是一种高尚的道德情操、先进的文化理念。博物馆文化是指博物馆员工在长期工作中形成的共同的价值观念、行为规范、制定的规章制度,是博物馆可持续发展的内在动力。志愿者走进博物馆,将志愿精神带进博物馆,对博物馆员工的服务精神、服务意识、员工与员工之间关系的处理,都有着积极的引导作用,对博物馆文化必然产生深远的影响。首先,志愿者自愿走进博物馆,不计任何报酬,满腔热忱地工作,他们这些行为举止肯定会深深影响着博物馆员工,改变一些员工狭隘、自私的观念,树立主人翁的责任感,同样以无私奉献的精神状态投入自己的工作甚至更多的社会工作中。其次,志愿者帮困扶贫、友爱互助的精神,能让员工们对内紧密团结,相互关心,相互帮助,在工作中拧成一股绳,共同为博物馆事业的发展而努力工作。对外,尊重观众、关爱观众,急观众所急,想观众所想,更高质量地完成公共服务工作。第三,志愿者自觉自愿服务社会的行为,让员工不断审视自己的自觉性,更加自觉遵守馆内的规章制度,提高对自己的岗位责任与社会责任的认识。第四,志愿者所体现的文明、进步的精神,也能促使博物馆员工积极学习,争取进步,从而形成一种积极向上、文明进步的精神文化。

志愿文化是一种先进文化,它所传达的是充满社

会责任感和友爱、互助的公共精神。从志愿者进入博物馆开始志愿服务起,这种精神就潜移默化地融入到博物馆文化中,从方方面面影响着博物馆员工,通过塑造博物馆员工主人翁精神,增强社会责任感,营造团结、友爱、平等、互助的工作氛围,建立积极向上的精神状态,博物馆文化逐渐成为一种重社会责任、重公众服务的具有公共精神的文化。具有公共精神的博物馆文化有着强大的凝聚力和向心力,能够提高博物馆整体战斗力和创新力,全面推动博物馆事业的发展。

正是基于博物馆的公共性,志愿者才能走进博物馆,开展志愿服务活动,真正做到奉献于社会,奉献于公众,体现志愿精神的价值,实现志愿工作的最终目的。博物馆的公共性给志愿服务提供了一片广阔的天空,志愿服务促进了博物馆的公共性发展,两者相得益彰,共同成为改善社会服务、促进社会进步的重要力量。

（作者单位：佛山市博物馆）

注　释

[1] 冯英、张惠秋、白亮编著《外国的志愿者》,中国社会出版社2008年版。

[2] 史吉祥《论博物馆的公共性》,《中国博物馆》2008年第3期。

[3] 程露《博物馆公共性研究》,南京师范大学考古学与博物馆学方向硕士论文。

[4] 首都博物馆网站《首博召开志愿者工作总结表彰大会》,http：//www. capitalmuseum. org. cn /Contents /Channel_381 /2009 /0120 /12358 /content_12358. htm。

[5] 上海志愿者网《上海博物馆志愿服务基地简介》,http：//www. volunteer. sh. cn /Website /News /NewsItem. aspx？id＝467。

[6] 蔡闯《越是聪明的博物馆越重视志愿者》,《光明日报》2007年版。

论博物馆志愿者的再教育

曾　光

世界范围内的志愿工作已有近百年的历史,现在它已经发展成具有多种服务功能的社会团体,博物馆的志愿者就是其中重要的一支。志愿者是一个城市乃至国家文明的重要标志,博物馆志愿者是美的桥梁,它让展品和希望了解展品文化信息的人们靠得更近。

21世纪初,全世界各大博物馆都处于高速发展时期,中国的博物馆时代也即将到来。北京、上海、广州、香港等地博物馆都在充分发挥志愿者在公益文化事业上的作用,志愿者已成为博物馆服务的不可或缺的一支重要力量。同时,也面临着随之而来的志愿者再教育问题。

教育与服务是博物馆的主要社会职能之一。当代博物馆事业的发展,其中重要的一个方面是博物馆教育观念的更新和教育方法的创新。当今博物馆教育中传播给观众的知识信息量越来越大,新科学技术含量越来越多,知识的传播不再是教育者向受教育者的单向传递,而是双向交流,互动影响。当代博物馆教育的新观念有以下两点:

(1) 我国博物馆学著名学者苏东海认为"博物馆是通过为观众自我学习提供服务而实现教育目的的"。

(2) 西方有的博物馆学者认为:博物馆教育的目的并不在"教",而在帮助观众"学"。有的学者更主张应该用"交流"一词代替教育,认为"交流"更能反映现代博物馆教育活动的实质。

博物馆是传承历史文化和社会文化的社会教育部门,它的工作目的,就是从历史的角度传播优秀文化,对现实社会解疑释惑,起到化解矛盾的作用。通过加强联系,强化合作,逐步形成社会基层单位与博物馆的固定素质教育基地,是新时期博物馆发挥社会教育功能的新的重要形式。二是推动和鼓励建设社区博物馆,在有条件的社区,利用历史形成的特有的民俗文化、民间文化,建设小型的博物馆,繁荣社区文化,是稳定社区秩序的重要形式。三是注重下一代的健康成长,抓好未成年人的思想教育和社会知识教育。未成年人的大部分生活时间在社会、在家庭,博物馆如何通过学校,通过社区,加强沟通合作,真正建立起未成年人的素质教育基地,是新时期博物馆配合社会教育、发挥自身教育功能的一种重要形式和任务。

在全球化博物馆教育新观念的影响下,对博物馆志愿者再教育要以这种新的教育观念为指导,创造出更多富有博物馆文化特色的教育方式和方法。

对深入探讨和掌握博物馆的理念,需要加深认识。特别关注的是深化博物馆教育问题:如何使公众真正理解科学,如何通过博物馆教育切实把全面提高公众科学文化素质落在实处。对博物馆志愿者在教育方面不仅要重视,更重要的是要不断总结博物馆教育的新经验,以促进博物馆的发展。现针对博物馆志愿者再教育问题论述以下五个方面的观点:

一、志愿者要立足阵地,接受爱国主义教育宣传

做好博物馆志愿者爱国主义教育宣传应注意以下三点:

(1) 增强民族自尊自信和自强教育。一个强大的国家是国民自尊、自信、自豪感的重要之柱。因此,加快经济建设,加快迈向小康社会的步伐,重铸中华民族的鼎盛和辉煌,把中国建设成为富强、民主、文明的社会主义现代化强国,使人民过上富裕、幸福、美满的生活是我国发展的当务之急,国家强大了,人民富裕了,民族的自尊、自信、自强的精神就会显现出来。

(2) 加强公民意识和公民责任感教育。我国的《公民道德建设实施纲要》刚颁布不久,公民道德建设正在实施之中,目前公民教育在我国大陆还在理论探讨之中,还未曾作为正规课程教育进入学校课堂。公民教育是爱国主义教育的一个重要组成部分,《中华人民共和国宪法》中就规定了公民享有劳动权、休息权、受教育权等内容,还规定了公民的各种义务,包括:"有维护国家统一和全国各民族团结的义务";"有维护祖国的安全、荣誉和利益的义务,不得有危害祖国的安全、荣誉和利益的行为";"保卫祖国、抵抗侵略是中华人民共和国每一个公民的神圣职责";"有依法纳税的义务",等等。把公民教育纳入学校教育也是爱国主义教育的一个拓展渠道。

(3) 加强渗透式教育。长期以来,我国开展思想政治教育是旗帜鲜明的灌输教育,政治理论课是我国思想政治教育的主渠道主阵地,依靠这些阵地和大力灌输的方式,我国爱国主义教育取得了一定成效。但是,随着世界全球化的发展,互联网的普及应用,人们价值取向多元化发展,渗透式的教育方式为更多人接受。我们应该重视渗透式教育方式,以耳濡目染、潜移默化、春风化雨般的方式将爱国主义教育渗透到社会生活和学校生活的方方面面,使爱国情感和行为变成人们自觉的情感和自觉的行为。

举一个例子,秦俑博物馆 8 000 件规模宏大、气势雄伟的兵马俑以及两乘工艺精湛、造型逼真的大型彩绘铜车马是爱国主义教育的生动教材。博物馆立足馆内阵地,对每年进入博物馆的 100 多万观众、40 多万大、中、小学校学生,开展多形式、多层次、全方位的爱国主义教育活动。

首先,发挥宣教部在爱国主义教育中的作用。秦俑馆宣传教育队伍庞大,拥有讲解员 20 多名,具备汉语、英语和日语几个语种。这支力量承担着博物馆宣传讲解的主要任务,对大、中、小学生以及部队官兵坚

持免费讲解,并针对不同层次观众,灵活把握讲解难易程度,尽量满足观众的多方面要求。在每年暑假期间,积极配合学校,开展各类夏令营活动,举办学生有奖征文,爱国主义教育活动搞得有声有色。因此,宣教部被团中央命名为"青年文明号"。

其次,博物馆为满足馆内大量零散观众的个人参观喜好,除了给予人工导游讲解,还在一、二、三号坑及铜车马展厅内配备了十多台电脑触摸屏,将博物馆陈列、秦陵新发现、文物保护与修复以及对外文化交流等各方面的内容全方位地介绍给观众,并配以精彩照片与图例说明,使观众在参观遗址的基础上,从理论角度进一步加深印象,使这一段凝固的历史立体地再现于观众脑海。同时还在一、二、三号坑展厅,全天播放录像。

二、志愿者要走向社会,参与举办有特色的临时展览,加大教育的宣传力度

博物馆在不断完善、改进基本陈列的同时,近年来又想方设法举办各种类型的国内外精品文物临时展览。

国际友谊博物馆是专题性博物馆,具有独特的藏品特点,由于没有自己的展厅,20多年来,在开创"开放型"博物馆方面独辟蹊径,积累经验。尤其是巡展方面,宣传内容更是丰富和精彩。

国际友谊博物馆向广大观众展示多彩的世界艺术,宣传新中国辉煌的外交成就,以及党和国家领导人廉洁自律的高风亮节,贯彻落实"三贴近"的要求,配合"红色旅游"的开展,于2004年策划了以"国礼神州行"为品牌的国礼系列巡回展览活动,并于2005年全面推出,使全国范围内很多省、市、县的广大观众在自己的家门口就能领略到党和国家领导人的珍贵国务礼品的

风采。这些精彩的宣传,得到广大公众的喜爱和欣赏,网上点击率很高,很多网站都转载和介绍了国际友谊博物馆"国礼神州行"品牌展览的情况。

其中有个例子,国际友谊博物馆近20年来在全国各地举办了百余个巡回展览,观众达上千万人。2005年9月,在新疆少数民族自治区办展还是第一次。馆领导对这次展览十分重视,调动业务部门做了大量前期准备工作。举办这次展览题材新颖、内容丰富、时代感强,同时展品充实。为了把这次展览办好,馆领导决定要有目的地开展文物征集工作,特别是少数民族中央领导的外事礼品一定要在新疆展览中有所体现。国家民委外事司综合处的领导在百忙中抽出人员专门负责此项工作,他们认真查找档案,很快将3件2000年8月埃塞俄比亚代表团赠送给人大常委会副委员长司马义·艾买提同志的外事礼品提供给国际友谊博物馆。

在新疆展览期间,观众对司马义·艾买提同志的礼品饶有兴趣,很多观众都是从新疆不同的地方赶来看展览的,其中有的是从很远的地方赶来的。国际友谊博物馆将观众的良好反映立即反馈到国家民委,得到国家民委有关部门领导的赞誉和支持。

还有,这些年来,秦俑馆走出馆门,面向社会,尽量把爱国主义教育工作做得扎实、具体,博物馆先后与西安市、临潼区、湖南长沙等大、中、小学校建立爱国主义教育基地,小分队不定期奔赴学校、部队进行宣讲,带上制作的照片版面,把中国古代灿烂的文化介绍给他们。实践证明,走向社会的爱国主义教育宣传方式倍受学校师生、部队官兵欢迎。

秦俑博物馆将再接再厉,坚持以爱国主义教育为工作重点,将社会效益放在首位,充分利用一切形式,把爱国主义教育工作做得更有成效、更加生动。以"文物安全,观众满意"为工作宗旨,为创建世界一流博物馆而努力。

像这些专题博物馆的临时展览,对志愿者颇有好

处,要多参与这样的展览,扩大自己的视野,增强博物馆宣传教育意识。

三、志愿者要学习对青少年教育的新经验

博物馆作为社会教育机构,应当通过自己在校外教育中所扮演的特殊角色,培养志愿者,充分发挥自身在素质教育工作中的优势,努力开展内容健康、丰富多彩、生动活泼的活动,并使思想教育寓于其中。博物馆需要让志愿者意识到,要激发青少年的参与意识,引导青少年感受博物馆的氛围,逐步养成参观习惯,进而实现博物馆与青少年的相互认知,建立良好的互动关系。为此博物馆在针对青少年开展教育活动时提出了"走进博物馆"、"体验博物馆"、"爱上博物馆"的整体思路。

在当前社会转型期,青少年思想道德方面存在的诸多问题,引起了一些忧虑。而博物馆具有青少年思想道德教育的优质资源,对于青少年的知识积累、道德养成、人格塑造,都会发挥很好的作用。在青少年思想道德建设上,博物馆应有针对性地在如下方面下功夫:培养青少年正确的世界观、人生观、价值观;培养青少年志气、理想和责任心;注重青少年品行、修养、操守的教育;注重青少年的能力培养。著名儿童教育专家"知心姐姐"卢勤老师曾用六句话精辟地指出了我们在开展青少年教育时必须重新认识的六个重要性:"成人比成功重要;成长比成绩重要;对话比对抗重要;激励比指责重要;付出比给予重要;经历比名次重要。"

在青少年思想道德建设上,很多博物馆都开展了丰富多彩的活动:各类展览、巡展、专题讲座,开设第二课堂,举行大型互动活动(舞蹈、快板、诗歌朗诵等),举办特色冬夏令营(考古夏令营、古代游艺冬令营、传统文化夏令营、探寻革命遗迹夏令营、爱心夏令营等),建立青少年社会实践基地,组建志愿者队伍,制作相关视频软件,编写适合未成年人阅读的书籍,提供可触摸的文物模型和文物标本,开辟"爱国主义教育基地"青少年假期活动场所,讲解大赛,书法、绘画、摄影比赛,有奖征文,座谈会,提供各种主题仪式服务等。

为了让更多的人亲近历史,大葆台西汉墓博物馆改变以往孤芳自赏的僵硬教育模式,在多次论证和调查的基础上,决定利用遗址博物馆的优势,以继续推进青少年教育工作的深度和广度为重点,把先进的教育理念和教育方法引入博物馆教育当中,率先推出了青少年动手参与项目的尝试,开发了"考古小奇兵"活动。这一活动一经推出就受到了青少年朋友的青睐。每年都有上千名学生参与"考古小奇兵"活动,收到了很好的社会效益。这种教育模式,充分调动了参与者的积极性,使参与者在活动的过程中,不但获得了快乐,而且增加了知识,可谓一举两得。

2004年,大葆台西汉墓博物馆推出了针对中小学生的"历史实践课"。为了使更多的中小学生参加"历史实践课",博物馆主动与丰台区各中学进行联系,把中学的历史实践课教育引入博物馆。许多中学与博物馆建立了联系,把历史课堂搬进了博物馆。此外,大葆台西汉墓博物馆还始终坚持把自己的展览推向社会。2005年7月,大葆台西汉墓博物馆与市科委联系,参加了第二届青少年科技博览会,把"穿越时空,体验古代科技生活"系列互动展览搬到了博览会。这一展览受到了青少年朋友的喜爱,展出的几天里,展览前总是围满了青少年观众,他们通过动手参与,了解了我国古代科技文明的发展。通过这次展览,更多的人知道了大葆台西汉墓博物馆,了解了大葆台西汉墓博物馆。博览会后,许多家长带着孩子慕名来到博物馆参加活动。

除了常见的做法外,要教育志愿者结合一些博物馆的自身特点,参与很多有益尝试:

南京市博物馆和江苏旅游广播电台合作了专业节目《走近历史》,节目立足于该馆并延伸至南京市各家

场馆的介绍和文物的鉴赏。并通过电话连线,直接回答听众特别是青少年们关于博物馆的问题;中国人民抗日战争纪念馆与北京市少管所联系,组织在押犯到馆内参观学习。此外还采取跟踪教育,来到少管所与少年犯一起举行"受教育,做新人"的座谈会,使参观抗战馆的教育成为他们重新做人的具体行动;天一阁推出的"我与天一阁"千人征文、"天一书缘"万人征文活动,征文对象主要就是青少年。最终评出优秀作品不但汇编成册永久地保存在天一阁,而且陆续在较有知名度的报刊上刊登。并组织获奖者赴绍兴、杭州、湖州等地寻访我国现存私家藏书楼,对我国的民族优秀文化作再次关注和感悟。

四、志愿者要学会利用信息网络进行博物馆教育

从教育的角度来讲,博物馆具有社会教育的特殊功能。博物馆陈列的文物,是历史文化的直观再现,它是联结家庭教育与学校教育的纽带和桥梁,可以把前两者的教育功能延伸和升华、激发人们的爱国主义热情。博物馆面对的是来自社会各个阶层、不同年龄、不同职业、不同文化程度、不同理解能力、不同参观目的、不同兴趣与爱好的观众群。所以博物馆教育是与其他教育不同的一个特殊领域。信息网络时代,博物馆的特殊社会教育的功能应该得到更好的利用和发挥。

现在大多数志愿者是具备较高素质的大学生、研究生等,他们对信息网络非常熟悉。要鼓励和引导他们利用信息网络进行博物馆教育,这也是重要的一环。

1. 博物馆教育功能的延伸

作为大教育系统的一个组成部分,博物馆的教育对弘扬中华民族传统文化,向人民传播历史文明,开阔知识视野,丰富精神生活,提高文化素养,起到了其他行业都无法替代的积极作用。以陈列展览为主要业务活动形式的博物馆,是通过宣传教育与讲解语言,把陈列物品介绍给观众,以达到交流沟通的目的。而陈列物品的社会价值,即艺术性、思想性、科学性、知识性、趣味性,在过去都是通过社教职能人员——讲解员的语言,艺术地再现出来,使观众在获得有关人文历史、自然科学知识的同时,还可以得到艺术感染和精神享受,使爱国主义与社会主义思想的内涵同时为之吸收。无论参观者是何种动机和心态,只要注重把博物馆的教育职能在讲解过程中体现出来,就会使观众客观上有意或无意地在情操上受到陶冶、精神境界得到升华。所以,社教工作是博物馆最重要的一项任务。必须认真对展品进行选择陈列,安排内容与撰写解说词;讲解活动中的节奏、语气、情绪、仪态以及围绕展品而制作的标牌、版面、环境布局与参观顺序,都必须在实物、音像、文字的综合演示中,浑然融为一体。给观众的印象、感受、记忆自然而明晰,生动而深刻,美好而难忘,达到物人合一,自然美与群体美完美结合的施教效果。

二十一世纪是知识化、智能化、信息化的时代。以电子信息、生物技术为代表的高新技术已成为推进社会发展的强大动力,也将为博物馆的教育功能广开门路。因此,博物馆的发展必须走信息化之路。现代化博物馆的语言展示,已进入了飞跃发展时期,博物馆的社会教育功能,爱国主义教育基地作用,青少年学习的第二课堂作用,已日趋显示出其高科技手段的优势。信息技术,已被用于博物馆事业,如中国科技馆的信息技术展示的二进制演示器,会说话的打字机、电脑顾问、计算机作曲、计算机照相、声音数字化、彩色电视教学板、卫星通讯、光纤可视电话和计算机多媒体技术等,成套微机处理机和多媒体计算机,使广大观众和儿童都能上机操作,流连忘返。博物馆与信息技术的结合,把古老文化与新技术联结起来,充分体现出信息网络时代博物馆教育的独特功能、巨大的吸引力和广阔的发展前景。

2. 博物馆触摸屏导览

博物馆作为社会教育机构，应当紧跟社会发展的步伐。信息时代的到来，信息技术的应用势不可挡。博物馆应该抓住机遇，迎接挑战，不断用新技术、新设备、新宣传教育形式来吸引观众、增强博物馆的生命力。触摸屏导览系统以新颖、高效、方便、快捷的教育形式已成为博物馆电化教育的手段之一，成为现代化博物馆科技含量的重要标志之一。

导览系统中储存的信息，可以为观众提供参观路线、通讯、购物、研究资料等多种服务，同时也可以减轻工作人员的劳动强度。

银雀山汉墓竹简博物馆是中国在遗址上建立起来的第一座专题汉墓竹简博物馆，所陈列的银雀山1、2号西汉墓和墓中出土的以《孙子兵法》、《孙膑兵法》为主的竹简书，以其在考古学、历史学、军事学、古文字学、书法艺术研究等方面的重大影响而蜚声海内外，享有很高的声誉，并被社会各界广泛关注，吸引了众多慕名而来的观众。目前，该馆科技含量已显不足，宣传教育手段落后，开发《银雀山汉墓竹简博物馆触摸屏导览信息系统》已经十分必要。该系统的设计程序，应该包揽银雀山汉墓竹简博物馆、博物馆平面游览图、银雀山、金雀山汉墓群、银雀山1、2号西汉墓介绍、发掘现场、整理竹简、竹简陈列、文物陈列、文物藏品、图书资料、纪念介绍、购物指南等内容。程序设计要力求做到内容与形式的统一，把银雀山汉墓竹简文化，特别是流传于古今海内外的《孙子兵法》制作成一个弘扬优秀民族文化，传授历史知识的多媒体导览软件作品。努力使屏幕画面的构图、色调、音乐、配音、动画及历史知识的介绍高度统一、力求完美。设计过程既要考虑到观众的多层次性和求知的多元性，又要突出重点、展示全面、覆盖面宽。让观众在动手触摸操作中增加参观兴趣，满足求知的需要，在触摸屏上随意看到自己想看的部分，并能灵活掌握所需的时间和内容。

3. 发挥数字博物馆的优势，扩大博物馆教育

信息技术革命的挑战，已经使传统的博物馆纷纷触网、织网，互联网上建立的虚拟博物馆拉近了人们与博物馆的距离。博物馆藏品数字化、操作电脑化、传递网络化、信息存贮自由化、资源共享化和结构连接化，崭新的高科技已经把古老的文明结合起来，使博物馆教育、博物馆形象正在产生根本的转变和历史性的跨越。

数字博物馆最大的优势是打破了时间与空间的限制，突出了自身优势，以藏品特点、展览风格和研究成果取胜，在远程教育中，形成了互联网上一道道亮丽的风景线。不出门就可以跨越时空，访问那古老的文明，无论是想浏览埃及的金字塔，还是要一睹那蜿蜒雄伟的万里长城；只要按动鼠标，法国卢浮宫的名画，一代兵圣孙武的军事思想就会展现在眼前，所需要的研究资料，无需实地考察就会获取到信息。数字博物馆不受开放时间限制，人们可以在网上随时了解到博物馆的最新动态，可以加强博物馆之间的交流与合作。总之，数字虚拟博物馆的出现克服了传统博物馆在空间、时间、距离、内容等方面的限制，满足了人们随时随地参观博物馆的需求，使博物馆的教育功能得到了更广泛化和多样化的发挥。

应该看到，博物馆的发展是以物为基础的，传统博物馆中的建筑、陈列物品、人的交流，是数字虚拟博物馆所不能替代的。网上的宣传是为了扩大博物馆的影响，提高博物馆的社会教育功能，其目的是为了吸引观众，最终走进真实的博物馆，网上所了解的信息无法与身临其境的感觉相比拟。但是，信息网络将给传统的博物馆带来活力，这预示着博物馆的教育功能又翻开了崭新的一页。银雀山汉墓竹简博物馆曾借助新华社的网站，设计了自己的网页。在2000年接待的观众中，就有许多人先在网上进行了访问，然后又有很多人千里迢迢慕名而来。其中就有以日本财团法人书道院

大野篁轩先生为团长的近 200 人的日本汉文化考察团。

数字博物馆如同变幻的窗口,折射出 5 000 年的古老文明,闪耀着当代科技的精华,为弘扬中国传统文化、建设社会主义精神文明发挥着日益重要的作用。

要让志愿者意识到,博物馆的教育与服务包括诸多方面,主要是为广大观众提高思想品德和文化素养服务,为在校学生的校外教育服务,为社会教育服务。只有转变教育观念,创新教育方法,才能更好地发挥博物馆的教育功能。

五、志愿者要汲取外国博物馆教育的新经验

国外的博物馆无论规模大小、档次高低,一切工作通常都是围绕着观众及社会教育来进行,围绕为人服务来展开,始终把人放在主体和中心位置上。这点,对志愿者今后的工作也非常重要。博物馆通过改进展览、强化服务等手段,采取更加积极主动的方式吸引观众,引导公众来博物馆参观,并为公众提供各种教育性与娱乐性的文化服务项目。作为文化传播的载体,博物馆具有开放性的特点,为公众与社会服务已成为当今博物馆的基本任务,国际博协远景规划规定:"虽然传统认为博物馆是文物收藏和文物保护的场所,但当代的博物馆是为社会及其发展服务,并逐渐成为社会变革的工具。"作为信息和交流的中心,博物馆是社会教育的理想场所。

博物馆积极开展各种形式的科学教育活动,特别是对少年儿童学生的教育,是博物馆教育活动的最基本的内容。美国博物馆与学校教育的配合十分普及。在美国,不论大小博物馆都设有教育部门,有的称为公众教育部,有的称为教育服务部。(1) 在它们的服务项目中,大量的是配合学校教育工作者,为学生设立专门

教室、实验室;开办专供儿童参观的陈列室或"儿童博物馆";(2) 提供有偿借用的图片、幻灯、标本、模型等。一些大型博物馆还专门编制了讲座教材。如纽约自然历史博物馆有两套为 3—9 年级学生准备的讲座,内容是《我们居住的世界》。每次讲座大约一小时左右,另有一小时结合讲座内容安排参观陈列,进行直观教育,把启发少年儿童热爱知识的兴趣与传授知识结合起来。

目前,我国博物馆的校外教育活动开展得还很不够。不少博物馆对这项工作的重要意义认识不足,措施不力,没有开展什么活动。即或开展了这一活动的博物馆,也大都没有制度化、经常化,活动形式还比较简单,活动效果有待进一步提高。随着传统教育向激发和培养学生创新意识发展,博物馆的校外教育的功能日趋重要。学生是我国博物馆数量最大的观众。我国的大中小学,加上各级各类职业、技术学校的学生,合计有两亿人,几乎占全国总人口的 1/5。因此,我国的各级各类博物馆必须对校外教育工作予以足够重视,从组织机构、人员配备、工作重点、教育方式等方面进行必要的改革,迅速加强这一工作,充分发挥博物馆作为"校外教育基地"的作用,为全面培养和提高广大青少年的现代素质贡献力量。

博物馆的社会教育功能的含义也应得到深化,它不仅是宣传国家的意识形态,更重要的是展示一个国家或城市的文化与文明,增强民族自豪感与自信心,特别是那些具有高超的技巧、高度的艺术性的藏品,不仅能够扩大人们的知识面,增长见识,而且还使人们得到艺术的熏陶。比如西方一些国家的馆校合办策略,就充分地发挥了博物馆的社会教育功能。在欧美的一些国家,孩子们的历史课就在博物馆里上,在香港,中小学生每年要在博物馆里学习 58 个学时,博物馆成了青少年的第二课堂。

博物馆是一部大百科全书,无论大学生、中学生、

小学生,他们在学校学不到的东西,都可以通过参观博物馆而得到解决或部分解决。这一教育市场的观众主要是中小学、大中专院校的学生。这一市场是博物馆的传统市场,有着广大的现实观众群。同时,它又是一个巨大的潜在市场。因为学生在成年之后,将成为博物馆的"消费"者,而他们也会为博物馆带来并培养更多的现实和潜在观众,从而形成良性循环,使博物馆建立起稳固的观众群。

教育学家认为,人们最关键的是掌握知识,掌握知识的途径是学习,因而学校教育最重要。人们在掌握知识的同时,还应懂得知识的运用,才能产生效果,因而社会教育也至为重要。人们把博物馆的社会价值定位于"教育",作为最佳切入点。

随着全球现代化的进程,信息产业与知识经济的高速发展,现代意义上的博物馆在社会职能方面发生了巨大而深刻的变革。在世界范围内博物馆开始由传统的对收藏文物标本的看重,变为对社会大众精神文化需求的关注,即由以藏品为本的博物馆转变为以人为本的新博物馆。这一过程在国际博物馆界是从20世纪60年代开始的。60年代以后,博物馆学从社会学、教育学、心理学、行为科学、公共关系学等研究"人"的学科汲取有用的成分居多,博物馆学研究的重心已从"物"的研究转移到"人"的研究上来。西方博物馆开始由"藏品中心"向"公众中心"转化,即由一个学术研究机构向公众活动中心转化。如果说收藏是博物馆的心脏,那么社会教育则是博物馆的灵魂。传统博物馆是以藏品为中心,以馆舍为基础;现代博物馆则是以人为中心,面向全社会的发展态势;传统的博物馆侧重藏品的保护与研究,现代博物馆则以社会教育与文化产业为主,两者兼顾,并行发展,以社会发展促进自身发展,从而形成良性的运行机制。

总之,志愿者要深刻理解,由于博物馆的观众群生活在现实社会中,随着社会不断地发展变化,他们的价值观念、需求和知识水平等各方面处在不断变化之中。不同时代的观众来到博物馆会呈现出不同的需求。21世纪的博物馆观众的需求是多层次的,他们到博物馆参观除了要获得知识以外,还有获得审美、知识于一体的综合体验,进而"激发灵感"。在"以人为本"原则的指导下,博物馆的教育应改变传统观念,不断积累博物馆教育的新经验,使观众在博物馆参观过程中充分调动其视觉、听觉、触觉等多种感官,将学习知识与休闲娱乐有机地结合在一起,获得一定的审美感受,这就是当代博物馆教育的主流,也是当今世界博物馆教育的发展趋势,更是当代博物馆志愿者再教育的重点。

(作者单位:国际友谊博物馆)

参考文献

1. 苏东海《我对博物馆教育特性的认识》,《博物馆的沉思》,文物出版社,2006年版。

2. 马自树《博物馆要关注青少年教育》,《文博丛谈》,紫禁城出版社,2005年版。

3. 魏玉杰《跨文化交流与21世纪的中国》,"人民网",2008年5月。

博物馆志愿者的法律环境与法律保障

甄 敏

志愿者(volunteer)一词最早来源于拉丁文中的"voluntas",意为"意愿"。由于志愿者活动的发展历史与背景等因素的不同,对于志愿者含义的理解,不同国家的人存在不同的理解,其法律概念也存在很大的差异,因此有必要用法律的概念来规范定义志愿者地位以及志愿者应享有的法律保障。

一、志愿者的法律概念

1. 国外志愿者的法律概念

志愿者(有的国家称为"义工")活动在国外已有一百多年的历史,西方学者对于志愿者的表述主要是指志愿者的行为为个人行为,其提供服务是自愿的,是将其余暇时间或知识贡献给他人的;其活动动机完全是利他的,没有个人私利的;其活动不是独立的,是自愿选择将其时间、精力、技能、经验、服务等奉献给一个组织的人。

2. 国内志愿者的法律概念

国内学者对志愿者概念的界定主要是从精神文明建设的角度,把志愿者服务作为人们精神活动的内容,虽然"义工"和"志愿服务者"这些词走进人们生活的时间并不长,但国内早已广泛开展的"学雷锋活动"、"拥军优属活动"、"义务劳动"实际上都是义工活动的一种表现形式。进入 21 世纪后,志愿服务与国际接轨,因此,一部分学者将志愿者定义为自愿贡献个人的时间、精力、技能,为社会提供非盈利的、无偿地为社会公众服务的人。

综上所述,我认为志愿者首先是自然人,是有别于法人、社团组织的一个法律概念,志愿者本身不受民族、种族、国籍和身份等的限制,并且具有完全的行为能力,志愿者从事志愿服务活动,体现的是个人的尊严和价值。其次,志愿者作为完全行为能力人,能够自主决定自己的行为,所以志愿者的法律概念应该是在主观上自主自愿,将其时间、精力、技能、经验、服务等奉献给一个组织的人。

3. 博物馆志愿者的法律概念

在西方社会,志愿者或志愿者组织是普遍现象,人们做志愿者已成为生活的一部分。博物馆的志愿者不仅"自愿、利他、不计报酬",而且还要有一定的相关知识和技能。因此,社会公众普遍将博物馆的志愿者看作受人尊敬且高尚的行为。

在我国,博物馆作为公益性的社会文化教育机构,从本质上说,它既是为了服务社会公众,又必须依靠社会公众的支持,而志愿者对于博物馆来说既是社会公众,又是博物馆的"内部公众",他们既是博物馆服务的对象,又是无偿为他人服务、支持博物馆事业的社会公众。因此,博物馆志愿者的法律概念应是具有较高的个人素养、热爱文博事业、热心社会公益事业、具有文物的基础知识以及相关的历史文化知识,愿意贡献自己的业余时间和精力,不以物质报酬为前提,在博物馆无偿为公众服务的人。

二、博物馆志愿者的法律环境

1. 博物馆志愿者的作用

志愿者组织是个非营利组织,在西方有许多这样的组织,如英国的社区部门,美国的志愿组织、义工部门、慈善部门、免税部门、市民社会、社区组织、社会团体等。他们在处理政府与市场、政府与社会、政府与公众的关系上,发挥着重要的作用。如美国志愿者,仅1991年非营利组织的志愿者就为全美提供了205亿小

时的服务,贡献了相当于900万就业人口的工作量,其劳动价值据估算是1 760亿美元,由此可见,非营利组织的作用不可小觑。

国外博物馆普遍使用志愿者,他们的工作范围很广,涵盖了文物收集、展览制作、讲解、文物保护和修复的领域,甚至会担任安全方面的角色。上世纪八十年代末,美国博物馆就已经吸引了377 000位志愿者为公众服务,是当时全美博物馆正式员工人数的2.5倍,而一些小型博物馆则完全由志愿者管理,因此可以这样说,美国志愿者在美国博物馆起到了至关重要的作用。

我国志愿者的活动最初是在1993年底由团中央发起实施,经过十几年的发展,志愿服务从大学生等青年群体逐步扩大到中老年等社会各个年龄段,成为全社会的共同行动,随着我国志愿服务事业的蓬勃发展,志愿者在社会服务、救援抢险、大型活动、扶贫开发、海外救援、城市社区建设以及环境保护等方面发挥了极其重要的作用,志愿者为推动人类发展、弘扬时代新风、促进社会和谐等做出了重要贡献。

2001年,联合国规定为"国际志愿者年",号召全球各国推动志愿服务工作,之后,我国博物馆相继开展了志愿者活动,担任的主要是讲解、导览服务,向公众宣传本地的历史、文化、经济、科技、社会概况等。博物馆一方面扩大了宣传教育的范围,另一方面志愿者从中获得知识,通过无偿地为社会公众服务,实现自己的人生价值和获得社会对个人能力的认可。实践证明,博物馆志愿者是博物馆服务队伍的补充和延伸,博物馆志愿者把博物馆理念、博物馆知识、博物馆文化进行了更为广泛的社会传播,起到了博物馆沟通社会的纽带和桥梁作用。

近年来,博物馆志愿者的工作提升了博物馆在公众中的形象,赢得了良好的社会声誉,他们理应得到公众的尊崇和礼遇。但是由于政策的缺失,志愿者在志愿服务过程中,其自身的合法权益往往得不到有效保

护,因此,应尽快进行我国志愿者(包括博物馆志愿者)和志愿服务保障的法律制度建设,将志愿者和志愿服务保障纳入制度化、法治化的轨道,进而为志愿者和志愿服务提供稳定切实的保障。

2.法律环境

在一些发达国家,义务服务的法律体系十分完善,组织运作规范,财务制度健全,比如,美国根据法律规定,对慈善事业不仅给予税务法律上的支持,而且还对向非营利机构捐款或以其他形式提供赞助的人士实行税务减免政策。民众普遍认为,凡是成功人士,都应该为社会做出更大的贡献,尤其是对博物馆的支持和赞助,因此,能到博物馆做义工被众多美国人认为是一件无比荣耀的事情。

在中国的现行法律体系中,明确鼓励和倡导志愿者活动的法律法规应该是1996年3月的全国人大八届六次会议批准的《中华人民共和国国民经济和社会发展"九五"规划和2010年远景目标纲要》,该《纲要》大力提倡开展社会志愿者活动,并把它列为精神文明建设的内容。纲要明确指出:"坚持不懈地开展群众性精神文明建设活动,普遍进行创建文明家庭、文明单位、文明城市的活动,军民、警民、工农共建精神文明的活动。提倡开展社会志愿者活动和社会互助活动。大力表彰和宣传各类先进典型,弘扬社会正气,破除陈规陋习和封建迷信,移风易俗,提倡科学、文明、健康的生活方式。"其后在《中共中央关于加强社会主义精神文明建设若干重要问题的决议》及2002年发布的《中国西部开发十年规划》和2003年发布的《中国21世纪可持续发展的行动纲要》中,明确提出要利用志愿服务的力量促进社会发展的目标。"充分发挥共青团、少先队团结和引导广大青少年进步的重要作用,深入开展'希望工程'、'青年志愿者'、'手拉手'等活动发扬互相关心、助人为乐的精神"。

随着我国志愿服务事业的蓬勃发展,我国已将志愿服务作为促进社会发展的重要因素之一,先后制定了一系列的法规:如国家为保护弱势群体,维护弱势群体的合法权益,1984年颁布了《残疾人保障法》,鼓励社会组织和个人为残疾人提供捐助和服务;2006年颁布的《未成年人保护法》,鼓励社会团体、企业事业组织以及其他组织和个人,开展多种形式的有利于未成年人健康成长的社会活动,爱国主义教育基地、图书馆、青少年宫、儿童活动中心应当对未成年人免费开放;博物馆、纪念馆、科技馆、展览馆、美术馆、文化馆以及影剧院、体育场馆、动物园、公园等场所,按照有关规定对未成年人免费或者优惠开放;1992年的《妇女权益保护法》,1996年的《老年人权益保护法》等都是倡导社会对弱势群体的理解、尊重、关心和帮助,并在法律层面鼓励和支持志愿者为他们提供服务。

三、博物馆志愿者的法律保障

对于非营利组织为公民服务的活动及社会地位,在西方一些国家都有明确的法律规定,如英、美有《公民服务法》、《劳动法》,里面明确地规定了,非政府组织的活动、社会地位受法律的保护,志愿者的行为受到法律的管束和保护,志愿者本身的权益得到了有效的保障,《公民服务法》为整个社会的志愿者行为创造了良好的社会和法律氛围。

而我国针对社会团体的政策,只有1950年颁布的《社会团体登记暂行办法(暂定规则)》,1989年颁布的《社会团体管理条例》和1998年颁布的《社会团体登记管理条例》,这3次法律条例规定:"社会团体,是指中国公民自愿组成,为实现会员共同意愿,按照其章程开展活动的非营利性社会组织。"而在这些条例中没有规定志愿服务应该享有的权利和履行的义务以及应承担的法律责任。

近年国家针对博物馆颁布了《中华人民共和国文

物保护法》,文化部出台了《博物馆管理办法》,但是尚未有一部全国统一的博物馆志愿服务法,因此应尽快制定有关的法律法规,为志愿者提供法律保障,为志愿服务事业创造良好的环境。笔者认为:在相关的法律法规内容上,应对志愿服务范围、社会支持、经费来源、表彰奖励、法律责任等进行具体的规定,规范志愿服务活动。博物馆要为志愿者提供必要的安全、卫生、医疗等条件和保障,要开展相关的知识和技能培训,保障志愿者合法权益,这样才能更好地促进志愿服务事业蓬勃健康发展。具体的来说,法律保障制度建设主要有以下几个方面:

1. 博物馆志愿者合法权益的保护

虽然志愿者提供志愿服务具有无偿性、公益性,但并不代表不需要对其合法权益进行相应的保护。志愿者在志愿服务过程中,有些被服务对象往往借无偿服务,对志愿者任意使用、侮辱、贬低、伤害志愿者等,严重违背了志愿服务的初衷,伤害了志愿者"公益之心"。因此,制定博物馆志愿者制度,建立科学合理的志愿者权益保护体系是必要的。

2. 制定博物馆志愿者规章制度

明确博物馆志愿者的权利和义务,比如,志愿者要遵守博物馆的管理规定,完成博物馆安排的服务活动,参与博物馆安排的教育与培训,维护义务服务及志愿者的声誉及形象,尊重被服务者的权利等等;如博物馆违约时,志愿者有权自由退出,而志愿者违约时,博物馆也有权强令志愿者退出等。

3. 建立博物馆志愿者保险制度

解决志愿者后顾之忧,鼓励志愿者从事博物馆志愿者服务,应通过立法为志愿者提供人身安全、意外医疗保障等社会保险,为他们开展志愿服务工作提供必要的保障。

总之,博物馆要想更好地扮演自身的角色,实现自身的价值,就必须加快法制化的进程。博物馆作为公益性的社会服务机构,必须从制度入手,明确博物馆志愿者的法律地位,在此基础上出台相应的法律加以规范。完善的制度是任何一项事业得以发展的保障,只有这样,博物馆的志愿者才能更好地为公众服务,才能更有效地促进博物馆事业的发展,也就是本文所要表达的:用法律的手段促进博物馆事业的发展和进步。

(作者单位:故宫博物院)

参考文献

http://www.yg0752.cn/bbs/archiver/?tid-4229.html

http://www.lunwen88.com/New-703.html

宋玉芳《奥运会志愿者管理研究》,北京体育大学出版社,2008年版。

曾春红《志愿者的法律地位初探》,"中国法院网",2004年4月。

Neil Kotler Philip Kotler《博物馆战略与市场营销》,北京燕山出版社,2006年版。

郭富纯 史吉祥《2002博物馆公众研究》,吉林人民出版社,2003年版。

郝亚钟《论我国博物馆的法律地位》,北京博物馆学会《新世纪博物馆的实践与思考——北京博物馆学会第五届学术会议论文集》,北京燕山出版社,2008年版。

瑞光楼下听"琵琶"
——揭秘高明与宁波的三次因缘

龚　成

"**瑞**光楼"在今宁波国际机场东南栎社星光村河畔,原称"沈氏楼"。这幢普通的二层楼民宅,因曾经诞生过一部被称为我国古代戏曲主要流派"南戏"的经典剧本《琵琶记》而闻名于世。

《琵琶记》作为"南戏鼻祖",自元末至明清间,流传的刻本多达70余种,创下了我国戏曲史上版本最多、流传最广、影响最大的历史纪录。她的诞生,不仅为南方的"四大声腔"(余姚腔、海盐腔、弋阳腔、昆山腔)所赖以依存的传奇体制奠定了基础,且为中国戏剧独特的表现形式指明了发展方向。一些较著名的戏剧作家都受到过它的影响与熏陶,尤其是明清以来的顶尖剧作家,都把《琵琶记》作为创作的楷模,最著名的便是明末清初盛极一时的由张凤翼创作的《红拂记》南曲剧本,它是从高明创作的《琵琶记》直接借鉴成功的最典型范例。

自高明《琵琶记》问世之后,小小的星光村从此名人辈出,这里不仅产生过沈明臣、沈一贯、沈一中等沈氏名人,还诞生过被誉为一代抗清将士、"台湾文献初祖"的沈光文。而流传几百年的《琵琶记》的作者高明,在该村定居、创作、终老于此的这段情缘,已经深深地凝固在宁波文明的历史长河中。

一、缘　　起

高明创作的《琵琶记》剧本,在明清戏曲界应该是如雷贯耳。然而,六百多年光阴消逝,又随着高明仙逝、南曲尘封、瑞光楼倒塌,几乎让盛极一时的南戏鼻祖的《琵琶记》与作者,以及众说纷纭而讹传再三的《琵琶记》的创作时间与地点,一起被埋没而销声遁迹。

近来，笔者在文物考察中忽然发现，曾经在栎社风光一时的沈氏楼老匾"瑞光堂"，仍然完好地藏在沈氏宗祠内（图一、二）。触景生情，这让笔者勾想起小时候耳熟能详的《琵琶记》蔡中郎的故事。于是，重新翻箱倒柜，寻找出"文革"后笔者曾经写过的《瑞光楼下听琵琶》的旧稿。又将多年来求真考证的笔记进行精筛爬理，追本溯源，重新揭开《琵琶记》及作者与宁波有关的鲜为人知的情结和蒙在人们心中的种种谜团，让一代名剧《琵琶记》的故事重放异彩。

图一　瑞光堂

图二　沈氏宗祠

二、高明一生与宁波的三次因缘

有关高明的生卒年代，历来争论不休而各执一词。笔者现据《崇儒高氏宗谱》所知，高明，字则诚，又字晦叔，号菜根道人，人称"东嘉先生"。出生于元成宗大德九年（1305）。为永嘉郡崇儒里高宅腕人（今瑞安市阁巷镇柏树村人）。他出身于书香门第，其父高功甫、伯父高彦、祖父高天锡、外祖父陈则翁都是名震一方的诗人。高家与同村陈姓世有姻连，高明祖母和妻子都是陈家之女，后高明之女又复作陈氏媳妇。陈家四世同堂，十五人都能文善诗，通晓音律。高明自幼聪颖，六岁时就能吟诗作对，深得陈家赏识。其外祖父陈则翁官至"南宋广东安抚使"，宋亡后弃官回乡，捐资兴办书院培养人才，高明自幼就进入陈家书院，跟随学有成就的陈氏长辈们学习传统文化知识。少时又从名家宿儒游学，自奋读《春秋》，故而早有"自少以博学称"的美誉。清《瑞安县志》称他为"学博而深，文高而赡"。弱冠又拜元末著名理学家黄溍为师，学习经史。黄溍（1277—1357），字晋卿，延祐二年进士，义乌人，官至台州、宁波丞、诸暨判官、翰林院侍讲学士。他为官清廉，并以忠孝见称，为人正直刚毅，颇受时人尊重。其学生众多，为当时理学思潮的领军人物。黄溍与高明朝夕相处，情同父子，将平生所学悉数传授，使高明学有所长，并将廉孝铭刻于心。在以后漫长的人生历程中，高明的思想品格与文学创作，都受其影响较深。当时黄溍对宁波也十分了解，曾给学生介绍过宁波书院，使高明第一次听到并了解宁波，内心对宁波充满着美好憧憬。

至正乙酉年，高明辞别师长晋京询学。然而，黄溍在高明住所（悬藜阁）壁上发现了高明平时创作的南戏词曲《蔡伯喈》剧本草稿，剧情精美生动，读后使他惊喜，赞其"文辞淹博，意义精工"，赞叹学生身怀绝学之才。于是,他立马追赶,当面鼓励高明赶考。为别此行,特在东阳一亭中设宴饯行。为此,黄缙追高明、三杯作饯行的历史在《东阳县志》里留下了一段千秋传诵的佳话,大儒黄缙举贤惜才的高风亮节为后人所称颂。现在,由清重建的"三杯亭",已成为东阳市郊的一处人文胜景。

1. 第一次与宁波有缘

至正十二年,高明从绍兴路判官离任后,调任浙东闽幕四明都事、庆元路推官时,才与宁波亲密接触。现据高明门人李孝谦在永乐间所修的《宁波府简要志》中说,高明任庆元路推官时曾作诗文行之而著称于时,亦多有政绩。"时四明多冤狱,因事无验,高明治之,操纵允当,囹圄一空,郡称神明,民立碑祀之也"。推官,官名。唐朝始设,属节度使,各州府皆置一人,是专门管理一府刑狱之责的官职,或称刑厅。庆元路,为元代行政区划,治鄞县(今宁波市)。至正二十七年十二月,元末农民起义领袖朱元璋起兵讨伐庆元路首领方国珍,庆元路府城被攻占,朱元璋遂将庆元路改名"明州府"。

朱元璋攻占庆元路后曾邀请高明委任要职被拒。在庆元路(宁波府)被攻占前,高明在任上不仅政绩卓著,且时时关心民间疾苦,不屈于地方权势,公正廉明地为百姓申冤昭雪,受到地方百姓的爱戴。"民立去思碑,刘基撰文记之"。这是宁波百姓对高明的高度好评。四年工作期间,高明对宁波已十分了解,并对之钟爱不已。宁波的优美环境、四季适宜的气候、得天独厚的地理位置,以及宁波文明开放的人文氛围等因素,对其以后的隐退和长居,应该在他心理上已经奠定了扎实的思想基础。

2. 第二次续缘宁波

至正十六年后,朝廷任命他为福建行省都事之职,这时他已无意赴任,最大因素应与他想续缘宁波有关。"前辈谓士子抱腹笥,起乡里,达朝廷、取爵位,如拾地芥,其荣至矣,孰知为忧患之始乎!余昔卑其言,于今

乃信!"这是高明在宁波与朋友所说的萌发退意的一番心里话。"叹息已身似王粲处乱世而怀才不遇,应如伯玉悔省而遁世。"当时,高明途经庆元,曾被招安委任的庆元路首领方国珍强留幕下任职。高明已看透方国珍与腐败的政府,借故不从,欲以礼教子弟亦又不就,朝廷又不准其归家,便顺势旅居庆元,走遍宁波城乡,饱览三江六岸美景。之后,朝廷又下旨任命他为国史院典籍官。然而,再大的官他已无意恋栈而拒任。这时,他隐退宁波的决心更为强烈和迫切。

高明生于乱世,虽有远大抱负,但却流离困顿,有家难回,终生郁郁而不得志。自中进士初任处州录事始,回顾几十年仕宦生涯他感慨万千:"曾向天涯钓六鳌,引帆风紧隔银涛。江山有恨英雄老,天地无情雨露高。七国游谈厌犀首,十年奔走叹狐毛。争如蓑笠秋江上,自脍鲈鱼买浊醪。"(《次韵酬高应文》)十年辛劳,天地无情,既入仕途又身不由己,常为宦事所羁绊。

3. 第三次定缘宁波

高明的父辈们也都经历过宋亡于元的国难。而生于元末,一生在战乱中度过的高明,同样也是面对异族入侵的痛苦,他们的诗作都表露出较深的民族感情,普遍带有遗民诗的特征。高明就在这种遗民情结、亡国之痛的氛围中成长的,从小就受到民族压迫和民族反抗精神思想影响。所以,他对元朝的愤慨间接地在诗文里流露出来。同时,他对当朝官僚买办也深恶痛绝。在这种消极思想的驱动下便有退隐之念。"得与乡人子弟诗书礼义,以时游赤堇、四明诸山,俯涧泉而仰云木,犹不失故吾也。"于是,在至正十八年,高明正式辞官退隐,从宁波一路寻访到栎社"贸山书院"讲学作诗,并寓居沈氏楼,以词曲自娱之。

三、高明与宁波书院的情结

书院是封建社会特有的一种教育方式,主要是培

养年轻学子、传播学术思想和宣传政治文化的场所。书院一般属民间捐资兴建的教育机构,除了教育还兼有藏书、供祀两大功能。

宁波最早的书院创建,是在唐朝大中四年(约850)创办的蓬莱书院。北宋初年又建公讲所,在月湖竹洲设正义楼公讲所,后改城南书院。首场开讲者为"庆历五先生"之一楼郁(月湖先生),他讲学长达三十馀年之久。至元代后,宁波书院一改二宋时期民间兴建为官方办学,并首次确立以理学为基础,尊朱熹学说为宗旨。元末宁波最大的书院便是贸山书院,名气最大的是宝峰书院。

贸山书院创办于元大德二年(1298),创办人赵寿(吴人,今苏州人),元朝著名书画家、思想家。最初建在城西大卿桥西南(今柳西新村西北,今师范附小旧址),后移迁栎社。初创动机是为了纪念朱熹而建祭祀场所,划田一百馀亩。初建时曾上报省府,经礼部和行省任命备案,创办者将立为州县教官。设山长主之,并委任丁若水为山长。丁若水,字咏道,擅于乐府音律,曾与高明共诗文。随着地方官办书院的迅速发展,理学思潮的迭起,自贸山书院创立之后,在不同时期宁波又先后创办了宝峰、南山、长春、鲁斋、甬东、慈湖等书院。高明久慕宁波的书院,他先后在宝峰、贸山处交流讲授儒学与诗文唱酬。

现据民国《慈溪县志》载:宝峰书院建于元末,在县西二里大宝山麓(今慈城),创始人为元末大儒赵宝峰。赵宝峰,名偕,字子永,入元不仕,学宗杨简,曾隐居大宝山之东麓读书写诗,讲授孔子儒学。一时乡弟子多从他游学,弟子中就有名震明代的礼部尚书桂彦良(宁波人),还有县令陈麟、《三国演义》作者罗贯中、《琵琶记》作者高明(高则诚)等颇多乡贤名士。高明久慕慈城宝峰书院与赵宝峰之名气,专程入院拜宝峰为师深造儒学。然而,在他正式退隐之后,便到栎社已迁沈氏楼的贸山书院定居。在这之前,高明曾客居在萧山好友戴宗鲁、任原礼处。此时,戴往仕途发展,高想进书院讲学。于是,经戴介绍高明径直慕名前往名震浙东的贸山书院造访(图三、四)。

图三　纪念碑

图四　明朝时的原迹沈氏楼的废墟地块遗址

在沈氏楼隐居后,高明过着十分惬意的清闲生活,这时使他恍惚地想到,这种生活不正是自己一生追求的夙愿与心意所在吗?于是在沈氏楼开始创作《琵琶记》长篇剧本。

四、《琵琶记》原创背景的思想动因

高明创作《琵琶记》是有感而发的,动机非常单纯自然,既未想出书成名,也不想凭此书获取功名利禄。作为元蒙时代极少数侥幸从科举走上仕途的一名儒生,他不仅历经了元朝统治由盛至衰的历程,在经历过官场险恶之后,高明已视功名为忧患之始。在忧国忧民而找不到出路之际,走向退隐而独善其身之时,尤其是他人生的最后十年,目睹烽烟遍地求天而不可得时曾叹息"从来杞国最多忧"。在出与处、忠与孝的两难情形下,这种心境在流传的《蔡中郎》故事中十分巧合地得到了明显的体现。虚构故事中的蔡中郎就是现实中的高明。这是一个无能为力又思想矛盾的知识分子在那个时代、那种情势下的正常反应和本能的一种思想流露。这应该是高明创作《琵琶记》最初的思想萌动。其次,从惟一保存至今高明创作的诗文《柔克斋集》及《阁巷陈氏清颖一源集》二书中反映,大多数有对孝子节妇的称颂,这完全吻合《琵琶记》剧情中子孝妻贤的思想主题。他还在担任处州录事时曾表彰过一名陈姓孝妇,而在宁波(慈溪县)他还写过《王节妇诗》:"升堂奉甘脆,篝灯训诗书。庶以未亡人,慰彼泉下思。"在常州作有《华孝子故址记》,在黄岩作过《孝义井记》,而他创作的戏曲中也有孝子故事《闵子骞单衣记》。他对时局看法有变,惟对于孝子节妇十分敬颂,无论处于哪个时局与朝代,从不会改变他对忠孝的看法。所以,在他创作《琵琶记》之前就对忠、孝二字尤为看重,这是一个熟读儒家经典的儒生最基本的信仰。

远在宋元时期的宁波,民间早就在流传着关于蔡中郎的故事。当时有句俗语:"死后是非没人管,到处传唱蔡中郎。"《琵琶记》在高明创作前的原型就是民间流传的《赵贞女蔡中郎》小戏,即蔡伯喈弃亲背妇被暴雷打死,成为一个不忠不孝、背信弃义的反面人物。而在高明隐居栎社

后,对流传满街被诽谤的蔡中郎十分同情,对照自己的身世遭遇,遂萌发将在悬蔡阁曾经草编过的《蔡伯喈》剧本重新推倒进行创作。明徐渭《南词叙录》:"永嘉高明经历元明,避乱四明之栎社,惜伯喈被谤,乃作《琵琶记》雪之。"就将原来蔡弃亲负妻的反面人物改为忠孝两全的正面形象,使剧情双线交错发展,以富衬贫,以喜托悲,二者形成鲜明对比,有力地突出了封建时代的社会矛盾,加强了悲剧的气氛。剧中主人公蔡中郎影射东汉名人蔡邕(字伯喈)与妻赵贞女(五娘),他们新婚才二月,迫于父母之命赴京赶考得中状元,当朝牛丞相强欲招赘为婿,蔡苦辞不从。时家乡遭饥荒,赵五娘卖发换粮侍奉公婆,自己即咽糠充饥。公婆发现后抢糠,食之噎死,五娘含悲用罗裙抱土筑坟埋公婆。又身背琵琶上京寻夫君,在廊庙与牛丞相之女相会相知,才知其夫忠孝不变,最后一夫二妻团圆。全剧共四十二出戏。

高明创作的思想动因就是强调封建伦理道德的重要性,并希望通过戏曲感人的教化力量,在抬高南戏的社会地位的同时,深刻揭示由封建伦理自身存在的矛盾所产生的社会悲剧。应该说《琵琶记》是在民间传唱的笃班小戏中,经过系统整理改编而成的最成功的完整的南戏剧本。不仅使民间小戏得以正规化,同时一改早期南戏粗糙杂乱的弊病。全剧关目细腻,布局周密,文辞优美,声情并茂,结构完整流畅,曲词典雅精美,使南戏创作提高到艺术上雅俗共赏的新篇章,堪称明代戏曲典范。

自高明创作《琵琶记》流传后,过去宁波民间就有这样的传说:"极富极贵牛丞相,施仁施义张广才。有贞有烈赵五娘,全忠全孝蔡伯喈。"剧中的仁义贞烈,忠孝俱全,是高明一生追求的忠孝节义儒家行为准则,通过戏曲十分巧妙而成功地反映出来了。

五、《琵琶记》在宁波的诞生地以史为证

自元明《琵琶记》问世后,各种版本、名称、创作地

点众说不一,历代争论不休。清朝名士刘廷玑首先认为《琵琶记》的诞生地应该在丽水西郊的姜山悬藜阁,理由是高明曾与义乌儒学大师黄缙有往来,高明走后是黄缙在高明住处中发现《蔡中郎》的剧本手稿,是《琵琶记》的雏形。《浙江通志》也载有黄、高饯别东阳的"三杯亭"古迹。清人周亮工则说《琵琶记》是在杭州昭庆寺中创作的,现在,寺中还留有高明写此剧本时手拍的几案;"手按拍处,痕深寸许。"但是,萧山人说是高明在客居其友人萧山任原礼家时写的,清康熙《萧山县志》也载有此文。可清初《新昌县志》却说高明与新昌人丁若水共编《琵琶记》而行于世。对此,《琵琶记》的诞生地争夺战愈演愈烈,它的产地与作者都成了一桩多头公案。

然而,无论怎么传说,终以史实为证。明永乐《瑞安县志》、明嘉靖《宁波府志》都有记载,一致公认高明因避战乱在四明栎社沈氏楼创作《琵琶记》。并指出作者常在夜间燃双烛写作此剧,当写到"吃糠"一出戏时,剧中有如下曲文:"糠和米本一处飞。"此时,两支烛火忽然合而为一,瑞光交错,光色奇丽。此事被村民传为街头巷尾的美谈,历代相传。也由于因为出现"双烛交花、瑞光闪烁"的传说,沈氏楼主遂改名"瑞光楼"。宁波栎社也就成为高明名正史实的《琵琶记》诞生地、一生的归宿地。

(作者单位:宁波古林镇人民政府)

图书在版编目（ＣＩＰ）数据

浙东文化论丛.2010年.第1、2合辑 ／ 孟建耀主编.——上海：上海古籍出版社，2011.6
ISBN 978-7-5325-6004-2

Ⅰ.①浙… Ⅱ.①孟… Ⅲ.①文化史－浙江省－文集 Ⅳ.①K295.5-53

中国版本图书馆CIP数据核字(2001)第143257号

浙东文化论丛（二〇一〇年第一、二合辑）
孟建耀 主编
上海世纪出版股份有限公司
上海 古 籍 出 版 社 出版
（上海瑞金二路272号 邮政编码200020）
（1）网址：www.guji.com.cn
（2）E-mail:guji@guji.com.cn
（3）易文网网址：www.ewen.cc
上海世纪出版股份有限公司发行中心发行经销
上海丽佳制版印刷有限公司印刷
开本890×1240 1/16 印张15.5 字数420,000
2011年6月第1版 2011年6月第1次印刷
印数 1-2,300
ISBN 978-7-5325-6004-2
G·534 定价：72.00元
如有质量问题，读者可向工厂调换

表了一套又一套正确的见解,以证明自己业已开悟。没想到,船子和尚脸一沉,说道:"一句合头语,万世系驴橛。"所谓"合头语"就是正确的答案,或曰"正觉"、"正见"。在船子和尚看来,恰恰是那些看起来十分正确的东西常常成为最容易束缚人的心灵自由和自觉的羁绊和牢笼。这是多么深刻的真知灼见!但是,另一方面,思想解放到这个份上,宗教意义上的禅宗已经没有存身之地,美学意义上的禅宗出场了。

追求绝对的自由,反对一切束缚——包括外在的束缚和内在的束缚,就是禅宗的美学神韵之所在。铃木大拙在《禅宗与日本佛教》一书中指出:"禅宗无视保守主义、现实主义、公式主义,即任何约束和限制的东西,禅宗象征着绝对自由。"《坛经》反复强调:"来去自由,心体无滞。"(《般若品》)"去来自由,无滞无碍。"(《顿渐品》)那些林林总总的禅宗公案,看似令人摸不着头脑,其实无非是指示着某种自由自觉的门径。宋代雪窦重显禅师提出"禅悦自贻"(《明觉语录》)的命题,不仅揭示了禅境即美境,而且喻示了那种自由自觉的境界,完全是一种"自贻"。这一点,对于我们感悟赵州古佛"吃茶去"具有重要启迪。

二、茶的美学分析

西方古典美学大师康德和黑格尔都认为审美具有令人解放的性质。从这个意义上来看茶和酒,它们都具有一种不同于一般饮料的美学品格,即都具有一种可以令人获得解放的感觉。但截然相反的是,茶与酒的解放过程以及后效却是大相径庭。

有人戏言饮酒有三境界:第一境界是"豪言壮语",第二境界是"胡言乱语",第三境界是"不言不语"。如果说在饮酒的第一境界,在酒的作用下,人的思想和言论都获得了解放,既可能是像刘伶那样酒后吐狂言,也可能是像李白那样酒后秀名诗。那么,到了饮酒的第

二境界,很可能就会导致酒后无德、酒后乱性了,而这显然就不再是美学意义上的解放,而是世俗意义上的放纵了。至于第三境界已经是烂醉如泥、不省人事,归于昏寐了。

茶的解放则完全不同,那真是一种心身俱畅而又与世无碍的解放。皎然在一首饮茶歌中是这样描述的:"一饮涤昏寐,情思爽朗满天地。再饮清我神,忽如飞雨洒轻尘。三饮便得道,何须苦心破烦闷。"再如卢仝著名的"七碗茶"是这样描写的:"一碗喉吻润,二碗破孤闷。三碗搜枯肠,惟有文字五千卷。四碗发轻汗,平生不平事,尽向毛孔散。五碗肌骨清,六碗通仙灵。七碗吃不得也,唯觉两腋习习清风生。"

酒当然也是文化,有深刻的美学意味,德国著名美学家尼采就提出过"酒神精神"的美学命题。即使在中国,酒的地位开始也比茶的地位高。酒与礼乐相提并论,所谓"无酒不成礼仪"、"对酒当歌"。而茶一直是与柴米油盐相提并论,所谓"粗茶淡饭"、"瀹蔬而啜",属于日常生活琐事的项目之一。将"柴米油盐酱醋茶"的"茶"提升到"琴棋书画诗酒茶"的"茶",成为"越众而独高"的一种独特的精神享受,即将茶由生活层面升华为美学层面,一般认为是茶圣陆羽的功绩。陆羽第一次总结了饮茶的精神内涵,认为"茶性俭"、"为饮最宜精行俭德之人"。之后,"又因鸿渐(陆羽字鸿渐)之论,广润色之,于是茶道大行"(封演《封氏闻见记》)。

不过,茶和酒虽然并列为同等层面之艺事,但属于不同的美学境界。酒的美学是一种激情美学、激愤美学甚至是极端狂野的美学。它容易将人导致心智昏聩、神志不清的状态。所以酒的特性所体现出来的文化内涵往往是与"激情"、"狂放"乃至无序失范的"昏乱"联系在一起的。与酒相反,茶性洁净,茶味冲淡。茶的美学是虚静美学、淡定美学、雅逸美学。饮茶能使人心智清静、神智清爽,"发乎情止乎礼"、"从心所欲不逾矩"。茶的特性所体现出来的精神文化内涵是与

"静"和"慧"联系在一起的。所以皎然在诗中将茶的"三饮便得道"与酒的"一醉解千愁"相比较后,高标茶为"此物清高世莫知",贬斥酒说"世人饮酒多自欺"。

三、禅茶一味在禅茶之外

关于"茶禅一味"的来历,前人论述已经很多,今人还在不断地复述,也有学者提出质疑。本文对此不再多言,而将重点讨论禅和茶为什么会成为"一味"以及"味"在何处这两个问题。

对于第一个问题,可以转换成如下话语:"禅茶一味"是一种偶然的机缘还是一种必然的逻辑。目前大体上有两种对立的观点。一种是认为禅与茶天然一味;另一种观点则认为"禅茶一味"不过是禅人借茶论道,与茶及茶的文化理论本身并无直接关系。

前一种观点从茶的物理特性、禅者坐禅的困顿等方面立论,认为茶与禅最早结缘,就是为了解决属于生理层次的实际问题。持此论者喜欢引唐代封演《封氏闻见记》卷六《饮茶》中的记载:"开元中,泰山灵岩寺有降魔师,大兴禅教,学禅务于不寐,又不夕食,皆许其饮茶。人自怀挟,到处煮饮。从此,转相仿效,遂成风俗。"还有人进而总结出茶有三德,即茶的三大药理作用。第一,茶为提神之药,可以防止犯困;第二,茶为化食之药,可以帮助消化;第三,茶为不发之药,可以抑制性欲。茶的这些特色功效恰好迎合了坐禅的需要,极有利于丛林修持,于是由"茶德"生发出禅宗茶道。这种观点比较通达,但略显浮泛。而且言外之意,似乎那些禅者之所以能够静心坐禅,完全是靠了茶的功效才得以维持的,这就不仅过分抬高了茶的价值,而且将本质上空无依傍的禅说成是傍茶而成,显然是违背了禅的精神和真义。

第二种观点是从日本茶道的形成立论,认为"茶禅一味"与"品茶"根本就不是一个层次上的问题。持此论者喜欢引日本茶道开创者珠光的名论:"一味清净,法喜禅悦,赵州知此,陆羽未曾到此。人入茶室,外却人我之相,内蓄柔和之德,至交接相互间,谨兮敬兮清兮寂兮,卒以及天下泰平。"所谓"赵州知此,陆羽未曾到此",意思就是说"禅茶一味"乃是赵州法脉,而与陆羽无关。换句话说,"禅茶一味"其实与饮茶无关。再进一步说,禅者可以饮茶,但饮茶并不能成为禅者。但问题是,以此推论,必然会得出"茶味"并不能够通于"禅味"的结论,而这样一来,"禅茶一味"之说岂不成了英雄欺人之谈。

看来还须回到赵州古佛"吃茶去"这个"禅茶一味"的原点。

赵州的三个"吃茶去"到底是何意呢?笔者是从三个层面来体会的。第一个层面是"无心而平淡"。我们知道,赵州作为当时的高僧,知名度和美誉度都是相当高的。而名气本身就是一种"执"和"缚",对此,赵州自然是十分清楚的。所以对于那些慕名而来的僧人,无论是以前来过的还是初次拜访的,他都是淡淡的一句"吃茶去",浇灭了这些激情燃烧的崇拜者们的心头之火,实际上就是去执、解缚;第二个层面是"有意课平等"。对于院主的质疑,他仍旧是以"吃茶去"作答。粉碎了院主的较真心与分别心,还是在去执、解缚;第三个层面是"平常心是道"。这里笔者作为一个俗人斗胆猜想,当初赵州古佛并非有意制造这个公案来逗机说法,是为"无心而平淡";院主的执迷使他不得不"有意"说出第三个"吃茶去",是为"有意课平等"。然而事情到此,公案已成。赵州当时的一句"吃茶去"是言者无心,尔后流传开来却是传者有意。于赵州,原是无心圆觉;于传者则是执迷于参究正解。实际上禅之圆融只在一句"平常心"。赵州早年参南泉时,"问泉曰:'如何是道?'泉曰:'平常心是道。'师曰:'还可趣向也无?'泉曰:'拟向即乖。'师曰:'不拟争知是道?'泉曰:'道不属知,不属不知,知是妄觉,不知是无记。若真达不